本书得到云南财经大学博士学术基金全额资助以及国家社科基金重大项目
“‘互联网+’背景下的税收征管模式研究”（17ZDA053）资助出版

公共预算绩效管理的决策机制研究

Research on Decision-making Mechanism of Public Budget Performance Management

袁 娇/著

中国财经出版传媒集团
经济科学出版社
Economic Science Press

图书在版编目（CIP）数据

公共预算绩效管理的决策机制研究/袁娇著. —北京：经济科学出版社，2020.10
ISBN 978-7-5218-1987-8

Ⅰ.①公… Ⅱ.①袁… Ⅲ.①国家预算-经济绩效-预算管理-研究-中国 Ⅳ.①F812.3

中国版本图书馆 CIP 数据核字（2020）第 208526 号

责任编辑：于海汛 陈 晨
责任校对：隗立娜 蒋子明
责任印制：李 鹏 范 艳

公共预算绩效管理的决策机制研究
袁 娇 著
经济科学出版社出版、发行 新华书店经销
社址：北京市海淀区阜成路甲 28 号 邮编：100142
总编部电话：010-88191217 发行部电话：010-88191522
网址：www.esp.com.cn
电子邮箱：esp@esp.com.cn
天猫网店：经济科学出版社旗舰店
网址：http：//jjkxcbs.tmall.com
北京季蜂印刷有限公司印装
787×1092 16 开 11.25 印张 230000 字
2020 年 10 月第 1 版 2020 年 10 月第 1 次印刷
ISBN 978-7-5218-1987-8 定价：46.00 元

前　言

“财政为庶政之母，预算乃邦国之基。”倘若说公共预算是政府的“血液和生命”，那么预算决策则可喻为公共预算的“中枢神经”。预算决策之所以重要，不仅因其决定了政府的收支计划，还因其聚焦于政府治理的两个核心历史命题：一是政府应该做什么？二是政府应该怎样做？虽然，在现实中，预算常因其纷繁复杂的数字报表而饱受诟病。如何从浩瀚如烟的数字报表背后，抽丝剥茧般探寻预算决策过程的本质与真相，一改“外行看不懂，内行看不清”的窘境，就显得尤为必要。

鉴于此，本书聚焦于预算决策机理问题，跳出纷繁复杂的数字报表，尝试构建一幅清晰的预算参与主体利益角逐图景，以对预算“理性”与“角力”进行全面解构，并将决策主体行为偏好、心理认知等作为解释和勾勒预算决策过程中各参与主体间博弈情景的各色笔调，使令人望而生畏或具有某种神秘色彩的预算决策过程，更加鲜活地展示在众人面前。让大众知晓公共预算不仅仅是数字游戏，更能准确反映当前社会政治经济条件下，各参与主体的政治倾向、支出偏好以及对未来的美好期冀。

在怀揣揭开预算决策神秘面纱的美好憧憬下，本书按照“立足于过去—激辩于当下—放眼于未来”的研究思路，遵循“立题—探题—解题—破题”逐层递进的技术路线，共建构了以下七个章节：

第一章绪论。本章主要介绍本书的选题背景及意义、国内外相关研究述评、研究思路、结构安排及研究方法，旨在引出意欲探索的中心议题，即预算决策过程究竟是“理性”成分居多？还是“角力”成分居多？抑或是二者双生于预算管理的全过程？以及如何才能实现预算决策绩效的提升？

第二章公共预算“理性”与“角力”之迷思。本章立足于过去，从宏观上考察预算“理性”与“角力”之争。具体涵盖以下几个层面的内容：首先，梳理了学界对预算“理性”与“角力”思辨的观点，归纳得出预算决策本质上是“理”与“力”的结合。其次，回顾预算源流演进，发现“理性”与“角力”一直双生于现实预算管理全过程，历次预算改革都是追求理性的结果，且逐渐呈现出“政策、预算、绩效”三合一的演变趋势。并在此基础上，进一步透视预算演进史，发现无论是预算编制阶段，还是立法审议阶段，都充斥着现实利益的角逐与妥协，这再次验证了现实预算决策过程是“理”与“力”的结合。

第三章预算管理模式之理性追求——瞻前与顾后的中期预算改革。本章立足于过去，重点围绕各国中期预算改革展开分析。在深入剖析中期预算改革的作用及其利弊的基础上，对各国中期预算改革进行历史回溯与现实反思，最后落脚于我国中期预算改革现实。为使探讨的国别样本更具可比性，在此按照群体分类方法，将中期预算改革国家划分为发达国家、发展中国家与新兴市场国家两大类，并据此展开深入细致的考察，总结各自的经验教训，期冀于为我国中期财政规划改革的纵深推进提供可资借鉴的经验。

第四章预算决策中的“理”与“力”——基于预算编制阶段的考察。本章激辩于当下，主要探讨三个方面的内容：第一，对预算编制流程进行国际透视与比较，重点挑选几个有代表性的国家进行横向对比分析，从中窥探我国预算编制流程上的缺陷与不足。第二，从前景理论视野出发，对各利益主体的预算决策行为进行重点剖析。第三，构建预算决策行为前景博弈模型，分别从静态与动态两个维度考察不完全信息下利益主体的预算决策行为偏好。

第五章预算决策中的“理”与“力”——基于立法审议阶段的考察。本章亦为激辩于当下，主要探究三个方面的内容：第一，考察立法与行政预算分析员对预算决策的影响。第二，重点考察立法机构与行政机构间的预算决策与均衡，主要通过构建双主体预算分配决策模型，分析双元利益角逐下的预算决策均衡，以及双元利益制衡下特定群体的支出限额。第三，进一步考察行政与立法拉锯所酿成的苦果，即预算决策僵局。

第六章预算决策绩效提升的现实路径与机制设计。本章在前面理论探究与实证考察的基础上，放眼于未来，结合中国预算管理的现实，提出颇具可操作性和前瞻性的政策建议。主要包括三个“增效剂”：一是时间与培训上的增效，多维纵深推进中期财政规划改革；二是预算参与上的增效，重塑利益主体共同治理的良性预算管理机制；三是信息与评估上的增效，实现绩效信息与动态预算周期的有机融合。在此过程中，还应做好“加减乘”，深化“放管服”，为预算决策绩效的提升搭建一个切实可行的平台。

第七章结语与展望。作为总结陈词、展望未来的章节，本章在对前述章节进行总结的基础上，也对我国未来预算改革充满期待与信心，并提出下一步欲将探究的两个议题：预算僵局之“美国特性”与“国际共性”之谜、预算决策“群体行为”与“个体行为”差异之谜。

综上所述，本书的增色之处主要体现在：突破了以往传统预算决策研究所采用的“渐进主义”决策范式与“理性主义”决策范式的分析思路，立足于预算源流演进历程，凝练出公共预算“理性”与“角力”之内核，创新性地提出了预算决策“理”与“力”的分析框架，先从宏观层面探讨公共预算的“理”与“力”，再从中观层面考察预算管理模式理性追求之中期预算改革，进而从微观层面依次全面模拟和透析预算编制阶段与立法审议阶段中的“理”与“力”，最后收官于预算决策绩效提升的现实路径与机制设计。在此研究框架内，无论是在理论纵深推进或是实证模拟考察上，本书都有所创新精进。

目　录

第一章

绪　论

第一节　选题背景及研究意义

一、选题背景：国际环境的使然与国内环境的催化

“财政为庶政之母，预算乃邦国之基。”早在100多年前，杨度先生就曾指出：“监督会计及预算之制，其严重如此，是皆国会重要之职权，即立宪国所以建设责任政府唯一之武器也。”这些关于政府预算之于现代国家治理重要性的认识，时至今日仍旧发人深省①。

在现代国家，公共预算作为一切政府活动的基础，其重要性不言而喻。事实上，各国的发展都与财税体制改革密不可分，甚至可以说，人类历史上的每一次重大改革，几乎都带有深刻的财政烙印②。而在全面深化改革的过程中，财税体制改革毫无悬念地成为当前各方关注的焦点。党的十八届三中全会通过的《中共中央全面深化改革若干重大问题的决定》（以下简称《决定》）中高屋建瓴地指出，财政是国家治理的基础和重要支柱，《决定》明确了财税体制改革是全面深化改革的重点之一，而作为现代财政制度基础的现代预算制度，则构成了国家治理体系与治理能力现代化的重要基础性制度载体。

《南皮县志·风土志下·歌谣》有云：“兵马不动，粮草先行。”公共预算之于国家治理，正如粮草之于战役。公共预算犹如国家治理的“粮草”，其在整个政府公共治理结构中，构成了现代国家治理的核心与关键，公共预算的形式和内

---

① 马蔡琛．变革世界中的政府预算管理：一种利益相关方视角的考察［M］．北京：中国社会科学出版社，2010：1.

② 高培勇．论国家治理现代化框架下的财政基础理论建设［J］．中国社会科学，2014（12）：102－122.

容则反映了政府治理过程中的政策目标及导向，公共预算是政府各项职能得以运行的有力保障和重要途径。毋庸置疑，没有良好的预算管理，就不可能有良好的公共治理，而没有合理有效的预算分配决策，预算管理也将难以为继。对此，美国著名预算政治学创始人阿伦·威尔达夫斯基（Wildavsky）也曾说过："如果你不能预算，你怎能治理?"（If you can't budget，how can you govern?）[①]。总而言之，一个没有预算的政府是"看不见的政府"，而一个看不见的政府不可能是负责任的政府[②]。

倘若说公共预算是政府的"血液和生命"，那么预算决策则是公共预算的"中枢神经"。现实中，作为政府活动血液的预算资金应该如何分配及供决策使用，已成为建设服务型政府的关键。当然，预算决策之所以重要，不仅因其决定了政府的收支计划，还因其聚焦于政府治理的两个核心历史命题：一是政府应该做什么（What）？二是政府应该怎样做（How）？早在20世纪40年代，美国著名政治学家科伊（Key）在《预算理论的缺乏》一文中就已提出颇具政治哲学意味的经典预算"元命题"："基于什么标准，X美元被分配给A活动而不是B活动?"（On what basis shall it be decided to allocate X dollars to activity A instead of activity B?）[③]，这就是著名的"科伊问题"。

回顾过去半个多世纪，预算学者试图从不同角度与层次分析公共预算的基本问题，亦即"科伊问题"。然而，令人遗憾的是，至今仍没有一个令人满意的答案。过去的相关文献似乎付诸太多心力在建构规范性预算理论以及预算改革上，而鲜少探讨预算决策过程的本质与真相是什么？抑或说，预算决策是如何形成的（How）？为什么（Why）？公共预算究竟是理性决策的成分居多？还是向现实利益妥协的决策居多？抑或是理性决策追求与现实利益角力妥协的结合？如何才能实现预算决策绩效的提升？欲回答"How"和"Why"，以及"理性"与"角力"等问题，就需要把预算决策研究视角拉回真实的预算世界，透过预算源流演进历程以及利益主体间的互动行为找寻蛛丝马迹。以上这些问题都是本书所亟须探索的议题。

（一）国际财政预算环境的使然

20世纪60年代，当预算渐进主义被提出后，在理论界和实务界曾盛极一时。

① Wildavsky A. If You Can't Budget，How Can You Govern?［M］. In Thinking about America：The United States in the 1990s，edited by A. Anderson and D. L. Bark. Stanford，CA：Hoover Institution Press，1988：265－275.

② 王绍光．美国"进步时代"的启示［M］. 北京：中国财政经济出版社，2002：2.

③ Key V O. The Lack of a Budgetary Theory［J］. American Political Science Review，1940，34（6）：1137－1144.

于当时而言，渐进决策相较于传统决策方式（即纯粹的完全理性决策）确是一种进步。但随着信息与科技的不断进步，随着人们对预算决策认识的逐渐加深，以及理性主义者现实化的努力，理性主义并没有作为一种过时的范式而被历史彻底遗忘[①]。相反，在人类日趋懂得如何利用预算绩效信息和先期累积的知识来改善预算决策的背景下，理性主义又开始焕发出勃勃生机。所不同的是，此时的理性决策更多倾向于指“有限理性决策”，而非传统意义上的“完全理性决策”。实践证明，理性主义与渐进主义之间的矛盾也并非如过去所争辩的一样是永不可调和的，二者实则兼容于整个预算决策过程中，且逐渐呈现出“你中有我，我中有你”的演化趋势。因此，本书立足于过去，激辩于当下，放眼于未来，从公共预算“理性”与“角力”之迷思入题，从多个维度深入剖析公共预算管理的决策机理，以期对我国公共预算管理决策水平的提升有所裨益。

（二）国内财政预算环境的催化

本书的选题纵使有国际预算理论发展大环境的使然，但更多是受到国内预算环境的催化。2017 年是《预算法》修改实施后的第三年，从预算报告分析，今年将进一步深化预算管理制度改革，尤其是预算绩效管理改革和部门预算改革，改革将触及民众关切的教育、医疗卫生等领域，此外，预决算公开力度也是本轮改革关切的重点之一[②]。这再次凸显了公共预算管理对财政管理乃至国家治理的重要性。虽然，预算之于国家治理的重要性再怎么强调也不为过，但遗憾的是，国内理论界对公共预算决策的机理常常避而不谈，实务界则更是讳莫如深。这一怪圈背后更深层次的原因可能在于公共预算具有较强的政治属性，而凡是与政治相关的问题常常也是一个难以言明的问题。

据全国政府预算研究会统计，2016 年在《财政研究》上以“政府预算”为主题的论文仅有 6 篇，占年度全部论文数量（共 118 篇）的 5.08%。作为目前正致力于公共预算研究的笔者而言，乍看到这则推文时，内心无疑是五味杂陈的，但转念一想，这恰好说明国内在公共预算研究领域仍有很大的发挥精进空间。国内公共预算这一“目前看似贫瘠实则沃土”的研究领域，有待各位学者去不断发掘、开垦、充实与提高。

但令广大预算学者困扰的是，在现时的中国，对预算问题的研究，仍面临着一个庞大的“黑箱”[③]，即预算数据与资料的获取较为困难。这大概能从表面上说明为什么在如此重要的一个领域，研究成果却凤毛麟角。在 2017 年的全国两

---

① 苟燕楠，董静．公共预算决策：现代观点［M］．北京：中国财政经济出版社，2004：145.

② 刘慧．财税改革攻坚战怎么打［N］．中国经济时报，2017－03－14.

③ 预算决策机制常被比喻为“黑箱”。此处的“黑箱”并非指决策过程混沌不清，毫无规则可循，而是指预算过程中的影响因素之多，调整过程之复杂，非简单原则和标准所能言明。

会上全国人民代表大会常务委员会预算工作委员会副主任刘修文介绍，中央现有119个预算部门，除了涉密部门之外，104家部门预算都提请全国人大审议，部门预算都将依法公开①。虽然，近年来预算公开的步伐逐步加快，但与国外预算研究，乃至国内其他经济学科相比，在公共预算实证研究方面，仍显得捉襟见肘。问题就在于起点太低，公开之路过于滞后，这就好比“别人在努力的时候，你在睡觉，而当你觉醒准备迎头赶上的时候，忽有一种时不待我的感慨如鲠在喉”。

对于公共预算研究而言，尽管现实略显沉闷，但这并不能阻碍研究者不断求索的步伐。所幸的是，公共预算决策不仅仅是一个技术层面的问题，更多体现的是一个政治层面的问题，这便为学界开辟了一条可行的研究路径，即从政治的宏阔视野出发，对公共预算的“理性”与“角力”进行全面解构，以揭开公共预算决策的神秘面纱。

二、研究意义：理论知识的累积与现实决策绩效的提升

（一）预算决策理论知识的累积

西方学者对公共预算政治过程的研究，兴起于20世纪60年代，研究热潮一直持续至今，近年来逐步蔓延至我国。截至目前，国内学界对预算政治进行了一些研究，并形成了为数不少的研究成果。但由于起步较晚，与西方丰富的研究成果相比，仍存有很大的差距。西方学者广阔而深邃的研究视野和理论构建的学术价值，无疑都是值得我们学习和借鉴的。

对于公共预算的研究与相关文献资料的保存，在国外受到专家学者的高度重视，尽管公共预算理论的建构与累积，距离完整现代预算体系的建立尚有一段距离，但是国外财政学、政治学、管理学、经济学与公共行政学等学者都视公共预算为一个重要的研究领域。然而，在国内，相较其他领域而言，公共预算研究却显得相当贫乏。特别是真实的预算决策过程，尤需深入研究，以期对我国公共预算领域的知识累积有所助益。

（二）现实预算决策绩效的提升

公共预算作为集中体现政府施政方针的政治文件，常因纷繁复杂的数字报表而备受诟病，如何从浩瀚如烟的报表和数字背后，抽丝剥茧般探寻预算参与主体

① 今年104个中央预算单位将依法公开部门预算［EB/OL］. http：//www. xinhuanet. com/politics/2017 -03/10/C_1120604173. htm.

间利益分配的政治奥秘，以实现“外行看得懂，内行看得清”的美好愿景，是当前亟待破解的难题。鉴于此，本书立足于预算源流演进，尝试从中凝练出公共预算“理性”与“角力”之内核，这对于破解当前预算理性之谜以及改善我国预算绩效管理水平而言，应当是具有一定启示价值和现实意义的。

从理论层面来看，绩效预算是将绩效管理方法，也即绩效信息引入预算管理中，引起预算管理模式、流程和内容的改变，但目前的研究重点还鲜少将决策机理纳入专门的预算管理研究框架中。从实践层面来看，我国自 2003 年开始，从中央到地方开始积极探索预算支出绩效评价，时至今日，绩效预算改革在中国仍方兴未艾[①]，涌现出许多较为成功的绩效预算试点，但也存在不少问题。其中，最为明显的便是预算与政策相脱节，这在一定程度上抑制了绩效预算改革的步伐，难以实现对预算资金的有效分配和利用。因此，从微观层面对预算决策机理进行探索，是我国当前预算管理的现实需要。

鉴于上述种种缘由，本书聚焦于预算决策机理问题，首先，立足于预算源流演进，从宏观层面对公共预算“理性”与“角力”进行全面解构。其次，从中观层面对预算管理理性追求之中期预算改革进行历史回溯与现实反思，以为我国中期财政规划改革的纵深推进提供现实参考。继而，从微观层面全面模拟和透析预算编制与立法审议阶段各参与主体间现实利益角逐与妥协的场景。最后，在前述基础上，试图将绩效信息纳入中期预算决策过程中，确保预算决策与绩效信息的有效衔接，以此形成共振效应，希冀于为预算管理决策绩效的提升提供更多的现实参考。

第二节 国内外相关研究进展

一、多维视阈下的预算决策研究

随着政府活动范围的不断拓展，预算决策行为逐渐引起了研究者的普遍关注，预算决策呈现与政治学、新制度经济学等多学科交叉研究的趋势，所取得的成果斐然。就国内外现有文献来看，相关研究主要围绕以下几个维度展开：

① 牟治平，肖汉宇．绩效预算改革中政府部门行为与观念的差异：基于 A 市的个案分析［J］．公共行政评论，2015（4）：134－152.

（一）政治权责视阈下的预算决策研究

1. 从政府治理视角展开研究。公共预算作为政府治理的一种重要工具，已从传统保证支出合法性与合理性的手段，逐渐演变成一种改善公共部门管理，以及提高资金使用效益的工具（OECD，2001）[①]。一国的治理水平很大程度上取决于其预算能力，取决于现代预算制度的成熟程度（邓研华，2011）[②]。

从更深层次来看，预算决策过程实际上是一个全面而具体的政治过程（Wildavsky，1961）[③]，而非简单的技术层面上的资源配置优化问题（鲁宾，2001；谢庆奎等，2009；Oyakojo，2015）[④⑤⑥]，面对公开的预算决策环境，所有参与者在预算过程中都试图去改变结果（Rubin，1990）[⑦]。威尔达夫斯基认为预算是渐进的，而非全面的，预算通常是建立在上年预算的基础上，只特别关注有限范围内的增长或削减[⑧]。此外，一些学者试图借鉴发达经济体公共治理以及预算管理实践经验，从财政透明度、公共受托责任、财政可持续性以及预算编制与执行中公众参与等方面着手，为我国政府预算管理改革提出了一些有益的政策建议（安秀梅，2005）[⑨]。

在预算权力分配方面，以中山大学马骏教授为首的研究团队对此进行了一系列研究，从政治视角对我国公共预算的过程进行“故事”再现，对预算过程的权力结构、行为模式进行深入探讨[⑩]。李洺和侯一麟（2008）运用政策过程理论与方法，分析了预算过程、政策过程分离的现状，以及这种分离对预算权的消减[⑪]。陈孝和李小丹（2009）提出在预算管理三权分离机制下，预算编制权、预算执行和预算监督权相互制衡，形成“三位一体”的权力制衡机制[⑫]。

在预算民主参与方面，一些学者对公众参与预算制度进行研究，并介绍了我

① 经济合作与发展组织．比较预算［M］．北京：人民出版社，2001.

② 邓研华．公共预算研究述评：基于政治学的视角［J］．武汉大学学报（哲学社会科学版），2011（5）：43－48.

③ Wildavsky A. Political Implications of Budgetary Reform［J］. Public Administration Review，1961，21（4）：183.

④［美］爱伦·鲁宾．公共预算中的政治：收入与支出，借贷与平衡［M］．北京：中国人民大学出版社，2001：91.

⑤ 谢庆奎，单继友．公共预算的本质：政治过程［J］．天津社会科学，2009（1）：56－58.

⑥ Oyakojo M. The Political Dynamics Behind Government Budgeting Process［EB/OL］. February 17，2015. http：//patimes. org/political－dynamics－government－budgeting－process/.

⑦ Rubin I. The Politics of the Budgeting：Getting and Spending，Borrowing and Balancing［M］. Chatham，New Jersey：Chatham House Publishers，Inc，1990.

⑧［美］阿伦·威尔达夫斯基，娜奥米·凯顿等．预算过程中的新政治［M］．北京：中国人民大学出版社，2014：40.

⑨ 安秀梅．公共治理与中国政府预算管理改革［M］．北京：中国财政经济出版社，2005.

⑩ 林慕华，马骏．中国地方人大预算监督研究：“钱袋子”权力的兴起［C］．北京论坛，2011－11－04.

⑪ 李洺，侯一麟．我国地方财政预算权及其决策过程分析［J］．中国行政管理，2008（7）：37－41.

⑫ 陈孝，李小丹．浅探建立财政预算管理三权分离机制［J］．财会月刊，2009（32）：20－21.

国基层政府实行的参与式预算改革，如浙江温岭在其预算改革过程中，实现了代议制民主与协商民主的有机结合，对我国预算民主发展具有重要的参考意义（牛美丽，2007；张献勇，2008）①②。

鉴于预算在本质上是政治性的，预算决策不得不考虑政治周期。对此，帕茨等（Patz et al.，2015）认为，欧盟当前的周期性预算可以为今后的政治预算周期奠定基础，欧盟多年期预算周期必须与其为期五年的选举周期同步，并减少预先分配资金的程度，以便为年度预算程序提供足够的变革空间③。对政治预算周期的研究表明，在大选之前公共支出往往会有所增加（Shi et al.，2006）④，不过经验丰富的选民，很可能惩罚那些在选举前为了权力而明显操纵公共开支的政客（Brender et al.，2005）⑤。

此外，一些研究者认为，预算行为的中心倾向取决于相应的真实社会背景，主流的社会文化对预算分配的结果具有决定性影响（Wildavsky，2003）⑥。并且预算决策很大程度上取决于领导的风格和部门的性质。因此，在描述和解释预算决策的影响和与行为选择模式时，必须充分考虑政治权力结构和预算环境等因素（Gosling，2002）⑦。对此，阿科斯塔等（Acosta et al.，2008）实证分析了政治制度及预算程序对接受援助和资源依赖国家预算治理的影响。研究表明，较大的行政权力与资源依赖国家的财政绩效改善之间呈正相关关系，但这也与其政党竞争和民主水平相对较低有关。反之，更高水平的援助依赖则与行政权力和财政绩效负相关⑧。

2. 从公共选择理论视角展开研究。尼斯坎南（Niskanen，1971）运用公共选择理论，研究分析了官僚体制和官僚行为，并提出了预算最大化模型⑨。此后，其进一步研究了立法机构与行政机构在公共预算及服务供给过程中互动行为的现实影响，其认为，为提高政府施政效率以及公共服务的供给效率，应减少官僚可自由

① 牛美丽．预算民主恳谈：民主治理的挑战与机遇——新河镇预算民主恳谈案例研究［J］．华中师范大学学报（人文社会科学版），2007，46（1）：14－20.

② 张献勇．关于公众参与预算制度的思考［J］．财政研究，2008（1）：17－19.

③ Patz R. From Politicised Budgeting to Political Budgets in the EU?［C］. International Conference on Public Policy，Milan，1－4 July 2015.

④ Shi M，Svensson J. Political Budget Cycles：Do They Differ Across Countries and Why?［J］. Journal of Public Economics，2006，90（8－9）：1367－1389.

⑤ Brender A，Drazen A. Political Budget Cycles in New Versus Established Democracies［J］. Journal of Monetary Economics，2005，52（7）：1271－1295.

⑥ Wildavsky A，Naomi C. The New Politics of the Budgetary Process. 5th ed［M］. New York：Longman，2003.

⑦ Gosling J J. Budgetary Politics in American Governments［M］. New York：Routledge，2002.

⑧ Acosta A M，Renzio P D. Aid，Rents，and the Politics of the Budget Process［J］. Institute of Development Studies，2008.

⑨ Niskanen W. Bureaucracy and Representative Government［M］. Chicago：Aldine，1971.

支配的预算份额，改革制度安排以强化对公共预算的监督（尼斯坎南，2004）①。

为保证公共资源分配的公平，政府预算决策者应更多考虑社会要求，承担更大的社会责任（瑞宾和林奇，1990）②。对此，不同学者的研究重点亦有所不同，黄明（2001）着重研究了当今中国政府预算行为中的收入、支出、财力以及制度等方面③。刘京焕（2000）对公共预算需求以及财政预算决策机制问题进行了探析④。王金秀（2000）从效率视角出发，围绕政府预算过程、分级分层决策系统的构建，以及效率目标的实现方式等问题展开了研究⑤。此外，荀燕楠和董静（2004）就决策要素以及两种主流决策范式（即渐进主义和理性主义）对预算决策影响的差异性进行了研究，并探讨了公共财政框架下的预算决策问题⑥。

3. 从问责角度展开研究。公共预算于19世纪初在西欧创立，作为民主治理的工具，预算编制通过其程序规则促进民主，这些规则旨在使当选以及任命的官员对纳税人和公民负责。预算是确保公共责任的重要机制，而问责制则是现代国家治理的核心。现代预算史的演进脉络显示，早期的预算问责侧重于强调议会的外部监督，随着20世纪80年代预算改革浪潮的推动，预算问责逐渐向纵深推进，即从合规控制到公民参与的转变（马蔡琛，2014）⑦。

就问责制的形式而言，主要包括选举的垂直问责制、立法机构的横向问责制以及以公众为主体的社会问责制，这三种问责制共同构成了“三位一体”的问责机制。参与式预算涵盖了这三种问责制（Wampler，2004）⑧。其中，选举垂直问责制是最主要的表现形式，选民通过在下一次选举中投票支持或反对备选官员，以对其进行回报或惩罚（O'Donnell，1998）⑨。横向问责制主要是指各级政府通过向同级立法机构报送预（决）算信息，方便立法机构监督政府资金的使用，实现立法机构对同级政府的横向问责。社会问责制则强调公众的自发行动，依靠媒体曝光政府的过失并形成公共议题，激发相关机构的干预（Smulovitz & Peruzzotti，2000）⑩。

---

① ［美］威廉姆·A. 尼斯坎南，王浦劬．官僚制与公共经济学［M］. 北京：中国青年出版社，2004.

② ［美］杰克·瑞宾，托马斯·D. 林奇著，丁学东等译．国家预算与财政管理［M］. 北京：中国财政经济出版社，1990.

③ 黄明．政府预算行为效率［M］. 北京：经济科学出版社，2001.

④ 刘京焕．公共需求研究［M］. 北京：中国财政经济出版社，2000.

⑤ 王金秀．政府预算研究［M］. 北京：中国财政经济出版社，2000.

⑥ 荀燕楠，董静．公共预算决策：现代观点［M］. 北京：中国财政经济出版社，2004.

⑦ 马蔡琛．现代预算制度的演化特征与路径选择［J］. 中国人民大学学报，2014，V28（5）：27－34.

⑧ Wampler B. Expanding Accountability Through Participatory Institutions：Mayors，Citizens，and Budgeting in Three Brazilian Municipalities［J］. Latin American Politics and Society，2004，46（2）：73－99.

⑨ O'Donnell G A. Horizontal Accountability in New Democracies［J］. Journal of Democracy，1998，9（3）：112－126.

⑩ Smulovitz C，Peruzzotti E. Societal Accountability in Latin America［J］. Journal of Democracy，2000，11（4）：147－158.

“预算公开—媒体问责—政府回应”是提升政府治理，打造“透明政府”“责任政府”的重要途径之一。张琦和吕敏康（2015）对预算公开中媒体问责的有效性进行实证考察。研究发现，媒体质询显著提升了政府回应的可能性，媒体对不同级别政府与不同类型信息的问责效果存在差异①。吕侠（2013）要想从根本上改变财政资源配置低效率的现状，就必须建立预算绩效问责机制，从源头控制预算，落实问责措施，确保公共资金的安全使用②。此外，一些学者从预算问责制视角，指出如果缺乏适当的预算控制制度，选举问责制本身并不能保证整个政府负责，当选官员很可能会滥用税收和支出权力。中国最近的预算改革表明，实行问责制具有一定可行性，但也有限制和约束（Ma & Hou，2016）③。虽然两国在许多方面存在很大的差异，但进步时代（20 世纪早期）美国和当代中国预算改革之间存在着“显著的历史相似性”（Yang，2004）④。美国和中国的经验表明，为使政府对财政更加负责，实行行政和立法预算控制对一个有效且高效的政府至关重要。诺顿和埃尔森（Norton & Elson，2002）重点考察了预算过程中的政治、权力和问责制，试图探寻预算的本质和真相⑤。

（二）利益博弈视阈下的预算决策研究

（1）从利益博弈视角对预算决策展开研究。现实中的预算决策过程，体现为多数人未来利益与少数人既得利益之间的博弈，其最终结果的达成往往意味着双方讨价还价的交易结果（马蔡琛，2010）⑥。一些学者认为，公共预算从编制到最终形成始终是一种利益交锋的竞争过程，其作为政府调节不同群体、不同阶层利益的工具，可被视为一份合同或契约，即一种以公法为基础的合约结构。在预算决策中，由于信息交换的不对称性以及利益相关者逆向选择和道德风险的存在，这种合约结构往往呈现为不完全信息动态博弈，预算博弈的结果就是能够达成一种博弈各方都能够接受的某种结果，即达成一种均衡（程瑜，2008）⑦。帕塔什尼克（Patashnik，1996）认为，预算是一项契约的观点并非最近才提出的，

---

① 张琦，吕敏康．政府预算公开中媒体问责有效吗？［J］．管理世界，2015（6）：72－84.

② 吕侠．论预算绩效问责机制建构［J］．中南财经政法大学学报，2013（1）：66－70.

③ Ma J，Hou Y. Budgeting for Accountability：A Comparative Study of Budget Reforms in the United States during the Progressive Era and in Contemporary China［J］. Public Administration Review，2009，69（Supplement）：S53－S59.

④ Yang Dali. Remaking the Chinese Leviathan：Market Transition and the Politics of Governance in China［M］. Stanford，CA：Stanford University Press，2004：299.

⑤ Norton A，Elson D. What's behind the budget? Politics，rights and accountability in the budget process［J］. Language，2002（100）.

⑥ 马蔡琛．变革世界中的政府预算管理：一种利益相关方视角的考察［M］．北京：中国社会科学出版社，2010：54－55.

⑦ 程瑜．政府预算契约论——一种委托—代理理论的研究视角［M］．北京：经济科学出版社，2008：52.

虽然其理论力量至今尚未被充分发掘。预算决策与执行也更多地体现为一个制定和实施预算合同的过程①。不同组织在实施预算合约时，采取的机会主义行为策略也有所不同（马蔡琛，2014）②。

就现实而言，预算过程体现为一个利益博弈的治理过程，各利益相关方经过复杂的讨价还价形成集体偏好，当其相互作用达到新的均衡时，最终的预算方案也就形成了（苟燕楠，2004）③。在预算决策的博弈中，决策者会评估各种策略行为，刻意选择那些他们认为会产生预期效果的行为策略（栾晓峰，2015）④，博弈各方自身的行为成本会影响他人的行为选择（江钰辉和吴金光，2015）⑤。美国学者舒曼（Shuman，1984）从行政与立法部门间互动角度，考察美国政府预算形成过程，认为预算与政治是分不开的。就公共资源的分配而言，“行政—立法”关系并非简单意义上的零和博弈（Limongi et al.，2005）⑥。戴维·杜鲁门（2005）将集团论引入政府预算过程的分析，强调所有的集团都通过某种方式对预算决策和管理产生影响⑦。冯·诺依曼（2004）将博弈这一对抗条件下的决策模型引入政治活动，包括预算决策和管理的研究中⑧。

针对预算决策博弈模型而言，威尔达夫斯基率先构建了“守护人—花费者”（guardian - spender）的行为框架，通过关注参与者间策略行为的相互作用，来解构预算结果。事实证明，这种行为框架能够灵活解释不同政治制度之间的预算绩效差异（Savoie，1990）⑨，以及预算改革和经济环境差异对预算过程的影响（Caiden et al.，1974）⑩。此后，凯利等（Kelly et al.，2000）重新审视了预算政治模型的核心要素，重点考察了“守护人—花费者”二分法、“预算博弈”策略，以及新公共预算改革对预算政治的影响⑪。爱伦·鲁宾（2001）建立了预算中的政治模型框架，阐述了公共选择过程中权力平衡对预算的影响⑫。

---

① Patashnik E M. The Contractual Nature of Budgeting: A Transaction Cost Perspective on the Design of Budgeting Institutions [J]. Policy Sciences, 1996, 29 (3): 189 - 212.

② 马蔡琛. 现代预算制度的演化特征与路径选择 [J]. 中国人民大学学报, 2014, V28 (5): 27 - 34.

③ 苟燕楠，董静. 公共预算决策：现代观点 [M]. 北京：中国财政经济出版社，2004：15，69.

④ 栾晓峰. 公共预算权利、体制与文化 [M]. 北京：社会科学文献出版社，2015：42.

⑤ 江钰辉，吴金光. 财政监督嵌入预算编制的三方博弈分析与制度优化 [J]. 湖南财政经济学院学报，2015，31 (1)：37 - 44.

⑥ Limongi F, Figueiredo A. The Budget Process and Legislative Behavior: Individual Amendments, Support for the Executive Branch, and Government Programs [J]. Dados, 2005, 48 (3): 737 - 776.

⑦ [美] 戴维·杜鲁门. 政治过程：政治利益与公共舆论 [M]. 天津：天津人民出版社，2005.

⑧ [美] 冯·诺伊曼，摩根斯顿著，王文玉等译. 博弈论与经济行为 [M]. 上海：生活·读书·新知三联书店，2004.

⑨ Savoie D J. The Politics of Budgeting in Canada [M]. Toronto: University of Toronto Press, 1990.

⑩ Caiden N, Wildavsky A B. Planning and Budgeting in Poor Countries [M]// Planning and budgeting in poor countries/. Transaction Books, 1980: 538.

⑪ Kelly J, Wanna J, Bank W. New Public Management and the Politics of Government Budgeting [J]. International Public Management Review, 2000.

⑫ [美] 爱伦·鲁宾. 公共预算中的政治：收入与支出，借贷与平衡 [M]. 北京：中国人民大学出版社，2001.

值得注意的是，公共预算除受决策者间策略行为博弈的影响，还与决策的时间成本有关。就预算决策的时效性而言，强制性（自上而下）的预算编制方式缩短了决策的时间（Anwar，2007）①，也相对更有效率，而参与式（自下而上）和协商式预算尽管可以为预算审议赢得更多的支持（Robinson，2007）②，但往往以决策时间的拖延为代价。将太多的时间花在预算讨论和繁文缛节上，使得员工很难做好自己的本职工作（Raghunandan et al.，2012）③，难以实现既定的绩效目标。此外，布兰德等（Brender et al.，2013）考察了选举与预算的变动关系，发现政府的换届很有可能拖延预算变更的进度④，也就是说，选举的预算效应可能存在时间滞后性（Monge，1990）⑤。

（2）从新制度经济学中的交易费用视角展开研究。公共预算在属性特征上具有交易过程的倾向，预算过程的演进体现了彼此交易的运行轨迹，现实的预算具有更多交易过程的色彩（马蔡琛，2006）⑥。政府预算体现为公众与政府所形成的一种委托—代理关系，预算协议和预算分配也是一种交易（彭健，2008）⑦，预算协议实质上就是充斥在预算政治中的机会主义、不确定性和信息不对称的交易（Bartle & Ma，2001）⑧。有学者认为横向预算权力配置过程中存在预算效率损失，预算交易特征和参与者特征都会影响预算交易费用，改变预算交易特征可以影响主要预算参与者的行为，减少机会主义，从而降低预算交易成本，提高政府治理能力（李淑芳和张启春，2016）⑨。此外，程瑜（2008）从契约经济学视角出发，从多个层面探讨了中国政府预算理论与制度创新问题，其认为信息和激励约束是影响政府预算契约效果的两个最重要因素⑩。

（三）行为认知视阈下的预算决策研究

早在1947年，赫伯特·西蒙（Herbert A·Simon）就率先将行为论和决策论

① Anwar S. Public Sector Governance and Accountability Series：Participatory Budgeting ［R］. The International Bank for Reconstruction and Development/ The World Bank，Washington，2007.

② Robinson M. Performance Budgeting：Linking Funding and Results ［M］. Palgrave Macmillan，New York，2007.

③ Raghunandan M，Fyfe D，Kistow B，et al. Examining the Behavioural Aspects of Budgeting with particular emphasis on Public Sector/Service Budgets ［J］. International Journal of Business & Social Science，2012.

④ Brender A，Drazen A. Elections，Leaders，and the Composition of Government Spending ［J］. Journal of Public Economics，2013，97（1）：18－31.

⑤ Monge P R. Theoretical and Analytical Issues in Studying Organizational Processes ［J］. Organization Science，1990，1（4）：406－430.

⑥ 马蔡琛．初论公共预算过程的交易特征［J］．河北学刊，2006，26（5）：156－159.

⑦ 彭健．中国政府预算制度的演进（1949～2006年）［J］．中国经济史研究，2008（3）：118－125.

⑧ Bartle J R. Ma J. Applying Transaction Cost Theory to Public Budgeting and Finance ［A］. In John Bartle. Eds. Evolving Theories of Public Budgeting. New York：JAI Press，2001.

⑨ 李淑芳，张启春．横向预算权力配置与政府治理能力：一个预算交易费用的视角［J］．地方财政研究，2016（12）：37－43.

⑩ 程瑜．政府预算的契约经济学分析——委托—代理理论的研究视角［J］．财贸研究，2008，19（6）：62－68.

引入预算决策分析中，其强调理性分析，尤其是信息对决策质量的重要性，认为现实中的决策判断取决于有限理性，人们寻求的是“满意解”，而非“最优解”，其将效率作为评判决策的重要标准①。

现实中，预算决策过程涉及诸多不确定因素（Berry，1990）②，预算不可避免地会产生偏差（Auerbach，2014）③，因此，完全理性的预算决策是不现实的，这会给决策者施加难以承受的压力（董静等，2004）④。巴蒂等（Bhatti et al.，2015）认为，近三年来的美国联邦预算偏差源于随机财政冲击以及认知偏差。在过去40年中，预算偏差已然增加了25%，相应增加了3万亿美元的公共债务，以致限制了政府应对财政冲击和经济结构变化的能力⑤。洛普等（Leloup et al.，1988）认为，美国国会两党对政府预算认知上的差异及冲突，影响了预算决策及其结果，曾数度造成联邦政府的“预算僵局”⑥。对此，赫恩等（Hearn et al.，2016）基于行为研究的视角，指出应在预算决策中增加一个长期预算约束，并提高预算决策中绩效信息的使用频率⑦。

就预算决策行为的动机而言，尼斯坎南（Niskanen）认为，官员的预算决策行为倾向于预算最大化，其论述主要基于官僚机构与其出资者（政客或议员）之间的双边垄断（bilateral monopoly）关系（李允杰等，2003）⑧。然而，一些学者对此持反对观点，认为典型的职业技术官僚具有极深的专业认同，其行为以所认知的公共利益作为出发点，同时，为避免受政治不确定性的影响，较为注重追求行政上的自由裁量权，即设法极大化自由裁量的预算，而非预算总额的增加（Meo，1984）⑨。

（四）决策时效视阈下的预算决策研究

不少学者尝试从决策时限视角对预算决策展开研究。譬如，乔伊斯（Joyce，

---

① ［美］赫伯特·西蒙著，詹正茂译．管理行为［M］．北京：机械工业出版社，2004.

② Berry W D. The Confusing Case of Budgetary Incrementalism：Too Many Meanings for a Single Concept［J］. The Journal of Politics，1990，52（Volume 52，Number 1）：167－196.

③ Auerbach，Alan J. Fiscal Uncertainty and How to Deal with it［C］. Hutchins Center on Fiscal and Monetary Policy at the Brookings Institution Conference，The Long－Run Outlook for the Federal Budget：Do We Know Enough to Worry? Washington. D. C. December 15，2014.

④ 董静，苟燕楠．公共预算决策分析框架与中国预算管理制度改革［J］．财贸经济，2004（11）：38－42.

⑤ Bhatti I，Phaup M. Budgeting for Fiscal Uncertainty and Bias：A Federal Process Proposal［J］. Public Budgeting & Finance，2015，35（2）：89－105.

⑥ Leloup L T. From Micro budgeting to Macro budgeting：Evolution in Theory and Practice in Irene Rubin，ed.，New Directions in Budget Theory［M］. State University of New York Press，Albany，1988.

⑦ Hearn J J，Phaup M. Making Better Budget Decisions Easier：Some Changes Suggested by Behavioral Research［R］. A Series of Discussion Papers on Re－Imagining the Federal Budget Process，No. 5，June 17，2016.

⑧ 李允杰，孙克难，李显峰，林博文．政府财务与预算［M］．台北：五南图书出版股份有限公司，2003：150.

⑨ Moe T M. The New Economics of Organization［J］. American Journal of Political Science，1984，28（4）：739－777.

2012）指出，在近37年中，美国只有4个州在新财年开始之前，按时通过了预算拨款法案①。大多数研究者认为，政府分立、多数投票规则、税收政策、波动的收入结构、选举周期，以及总统和国会之间的政策差异等，都是影响预算决策延迟的潜在因素（David et al.，2016；Brass et al.，2014；Meyers，1997，2009）②③④⑤。譬如，安德烈斯等（Andersen et al.，2012）利用美国州政府1988～2007年的预算数据进行实证分析，研究发现23%的州预算存在延迟现象，不断变化的经济环境以及分立的政府是预算延迟背后的驱动因素⑥。党派间意识形态的差异加剧了预算冲突（Clarke，1998）⑦，党派纷争是造成预算僵局的主要因素之一（Binder，1999；Masket，2007）⑧⑨。州立法机构全国会议（NCSL，2010）认为，极端的财政状况（包括正面和负面）增加了预算决策及时性的难度，不利的经济环境增加了财政的不确定性以及达成一致预算的交易成本，并相应提高了预算延迟的风险⑩。然而，更多的财政资源也可能引发更为激烈的资金竞争，且当预算规模增加时，预算分配中涉及的计算量也相应增加，以至于难以及时做出决策（Andersen et al.，2010）⑪。

就预算延迟的影响而言，康明斯（Cummins，2012）的研究显示，预算延迟会导致严重的财政后果，譬如较低的信用评级以及较高的借款成本⑫。安德森等（Andersen et al.，2014）认为，预算延迟不仅会迫使部分公职人员休假、国家公

---

① Joyce P. The Costs of Budget Uncertainty: Analyzing the Impact of Late Appropriations [R]. IBM Center for the Business of Government, 2012: 7. http://www.businessofgovernment.org/report/costs-budget-uncertainty-analyzing-impact-late-appropriations.

② David I, Fligstein S. The Causes of Budget Gridlock in California - Institutions, Parties, and Conflict [D]. University of California, Los Angeles, 2016.

③ Brass, Clition T. Shutdown of the Federal Government: Causes, Processes, and Effects [R]. Congressional Research Service, September 8, 2014.

④ Meyers R T. Late Appropriations and Government Shutdowns: Frequency, Causes, Consequences, and Remedies [J]. Public Budgeting & Finance, 1997, 17 (3): 25-38.

⑤ Meyers R T. Biennial Budgeting by the U. S. Congress [J]. Public Budgeting & Finance, 2009, 8 (2): 21-32.

⑥ Andersen A L, Lassen D D, Nielsen L H W. Late Budgets [J]. American Economic Journal Economic Policy, 2012, 4 (4): 1-40.

⑦ Clarke W. Divided Government and Budget Conflict in the U. S. States [J]. Legislative Studies Quarterly, 1998, 23 (1): 5-22.

⑧ Binder S A. The Dynamics of Legislative Gridlock, 1947-96 [J]. American Political Science Review, 1999, 93 (3): 519-533.

⑨ Masket S E. It Takes an Outsider: Extralegislative Organization and Partisanship in the California Assembly, 1849-2006 [J]. American Journal of Political Science, 2007, 51 (3): 482-497.

⑩ NCSL. Late State Budgets [EB/OL]. August 27, 2010. http://www.ncsl.org/research/fiscal-policy/late-state-budgets.aspx.

⑪ Andersen A L, Lassen D D, Nielsen L H W. The Impact of Fiscal Governance on Bond Markets: Evidence from Late Budgets and State Government Borrowing Costs [J]. Epru Working Paper, 2010, 109.

⑫ Cummins J. An Empirical Analysis of California Budget Gridlock [J]. State Politics & Policy Quarterly, 2012, 12 (12): 23-42.

园关闭以及暂停非必要服务等，还会导致大量的债券收益利差，使政府信誉受损[①]。此外，克拉尔纳等（Klarner et al.，2012）认为，预算延迟会产生政治和私人成本，其规模主要由制度和政治环境的特征决定。当公共和私人延迟成本较高时，预算决策及时的可能性就会有所提高；反之，预算延迟的频率和时间则会有所增加[②]。

在预算延迟的应对方面，穆迪（Moody，2012）指出，经济和收入增长有助于克服预算僵局，及时预算（timely budgets）的盛行反映了收入趋势的改善[③]。伊莱恩等（Elaine et al.，2016）研究发现，预算决策者（尤其是领导人）的特性对预算决策至关重要，明确的预算规则、谈判和妥协的意愿、更长的领导任期以及有效的领导能力，都有助于提高预算决策的及时性[④]。

二、绩效信息在预算决策中的应用及其影响研究

20 世纪 80 年代，在新公共管理运动改革浪潮的推动下，绩效预算在发达国家重新兴起，美国、澳大利亚、新西兰、加拿大等经济合作与发展组织（OECD）国家率先展开了绩效预算改革。迄今为止，世界上已有 50 多个国家或地区相继实施绩效预算，以期改善预算管理水平。随着国内外实践的不断发展，学术界对于绩效信息在预算决策中的重要地位已经达成共识，对绩效预算与预算决策的研究成为当今预算管理领域中的重要主题，以及预算管理向纵深研究的切入点。具体而言，现有研究主要集中于以下几个方面：

（一）绩效预算内涵及模式

作为预算领域研究的“新宠”，与“绩效预算”[⑤] 相关的学术研究可谓汗牛充栋，但遗憾的是，究竟什么是绩效预算，学术界乃至各国实践中至今仍未形成一个统一且权威的定义，也没有唯一的模式可言。

就绩效预算内涵而言，学术界可谓是仁者见仁，智者见智。一些学者认为预

---

① Andersen A L，Lassen D D，Nielsen L H W. The Impact of Late Budgets on State Government Borrowing Costs ［J］. Journal of Public Economics，2014，109（1）：27 – 35.

② Klarner C E，Phillips J H，Muckler M. Overcoming Fiscal Gridlock：Institutions and Budget Bargaining ［J］. The Journal of Politics，2012，74（4）：992 – 1009.

③ Moody. Trend of on Time State Budgets Continues as Revenues Improve ［R］. Moody's Investor Service，2012：4.

④ Elaine L Y，Chen G. A Day Late and A Dollar Short? A Study of Budget Passage in New York State ［J］. Public Budgeting & Finance，2016，36（3）：3 – 21.

⑤ 绩效预算（performance budgeting）与其他广泛使用的术语，诸如以绩效为基础的预算（performance – based budgeting）之间，尚无清楚地界定。此外，还有一系列其他术语，这些术语在文献中或多或少地被同义使用，譬如，结果预算（results – based budgeting）和绩效资金（performance funding）等。

算是绩效管理的财务部分，绩效预算是指明确将预算资源增加与产出或结果相联系的预算（Soulet，2003；OECD，2003）①②。将绩效增量与资源增量相挂钩的绩效预算实质上是一种决策规则，亦即绩效信息决定预算决策（马媛，2012）③。同样地，罗宾逊等（Robinson et al.，2007）也认为绩效预算是指旨在通过在资源分配决策中，利用绩效管理系统中正式的绩效信息，以加强公共部门资金与成果或产出之间联系的一种程序或机制④，重点强调在预算编制和决策过程中纳入和使用绩效信息（Curristine & Flynn，2013；GAO，1999）⑤⑥。

一般来说，上述绩效信息是指在政府预算绩效评价过程中所产生的，有关于绩效指标与评价结果等信息的统称（晁毓欣，2012）⑦，即绩效评估、衡量产出与结果所对应的成本信息，抑或是政府在预算绩效评价过程中产生、搜集、整理、传输、发布、使用的所有绩效数据（朱国玮等，2005；张创新等，2006；胡春萍等，2009）⑧⑨⑩。因此，也有一些学者认为，绩效预算的核心和主要议题在于绩效评估，绩效评估是绩效预算实施的主要依托工具，而绩效预算又为绩效评估提供新的视角（卓越，2007）⑪。譬如，威洛比和梅尔克斯（Willoughby & Melkers，2000）即将绩效预算定义为“战略规划”加上“绩效评估”⑫。总体而言，绩效预算是技术要素与预算管理改革的结合体，通过对预算结果或产出效果的科学测量以及客观评估，以增加预算编制及决策中的科学性（马媛，2014）⑬。

就绩效预算模式而言，各国实践表明，绩效预算可根据目标而采取不同的模式，有的使用它来改进支出的优先次序或强调项目的技术效率，有的使用它来为未来的预期成果提供资金支持，或用以加强对过去结果和未来支出决定间联系的理

---

① Soulet A，Crémilleux B，Rioult F. The Performing State：Reflection on an Idea Whose Time Has Come but Whose Implementation Has Not [J]. Oecd Journal on Budgeting，2003，volume 3（2）：74－108（35）.

② OECD. Public Sector Modernization：Governing for Performance [R]. GOV/PUMA，2003：7.

③ 马媛. 政府绩效预算中的绩效信息研究 [D]. 厦门：厦门大学学位论文，2012（5）.

④ Robinson，M. “Cost Information”，in M. Robinson（Ed.），Performance Budgeting：Linking Funding and Result [M]. International Monetary Fund，New York，2007：46－62.

⑤ Curristine T，Flynn S. In Search of Results：Strengthening Public Sector Performance. In Cangiano M，Curristine T，Lazare M. Public Financial Management and Its Emerging Architecture（1st ed.）[M]. Washington DC：International Monetary Fund，2013：225－258.

⑥ General Accounting Office. Managing For Results：State Experiences Provide Insights for Federal Management Reforms [J]. GAO/GGD－95－22，1994：4.

⑦ 晁毓欣. 论政府绩效评价的动力机制——政府绩效信息供需螺旋互动模型 [J]. 山东财政学院学报，2012（5）.

⑧ 朱国玮，黄珺，汪浩. 政府绩效信息的获取、使用与公开制度研究 [J]. 情报科学，2005，23（4）：621－625.

⑨ 张创新，芦刚. 地方政府绩效评估信息失真的成因及其治理 [J]. 中州学刊，2006（6）：41－43.

⑩ 胡春萍，孟凡蓉，Richard Walker. 中国地方政府绩效评估信息来源的现状——基于德尔菲法的研究 [J]. 情报杂志，2009，28（10）：10－14.

⑪ 卓越. 政府绩效管理概论 [M]. 北京：清华大学出版社，2007：255.

⑫ Willoughby K G，Melkers J E. Implementing PBB：Conflicting Views of Success [J]. Public Budgeting & Finance，1999，20（1）：85－120.

⑬ 马媛. 政府绩效预算中的绩效信息 [M]. 北京：国家行政学院出版社，2014：27.

解；有的用其强调产出，而有的则强调结果（Robinson，2007）①。当前笼统的绩效预算概念，涵盖了各种形式的绩效预算，包括美国经典的绩效预算模式：胡佛委员会提出的“绩效预算”（performance budgeting，PB）及其变形、“计划项目预算”（planning programming budgeting，PPB）、“零基预算”（zero - base budgeting，ZBB）②③。当然，也包括后来在其他国家发展起来的模式，譬如，新西兰和澳大利亚的“产出—购买预算制度”（output - purchase budgeting systems，OPBS）④，以及英国的“公共服务协议制度”（public service agreement system，PSA）⑤。

根据各国实践情况的差异，OECD（2007）将绩效预算分为三种类型：提交型预算（presentational budgeting）、绩效知晓型预算（performance informed budgeting）、直接或公式型的绩效预算（direct or formula performance budgeting）⑥，如表 1 - 1 所示。

表 1 - 1　　不同类型绩效预算的比较

类型	绩效信息与预算的联系	计划或实际的绩效	预算过程的主要目的
提交型绩效预算	没有联系	绩效指标或绩效结果，或两者皆有	提高负责程度
知晓型绩效预算	松散的间接的联系	绩效指标或绩效结果，或两者皆有	计划或提高负责程度，或两者皆有
直接或公式型绩效预算	紧密的间接的联系	绩效结果	资源配置和提高负责程度

资料来源：Bouckaert G，Halligan J. Managing performance：international comparisons [J]. VABB - 2，2007（June 10）.

① Robinson M. Performance Budgeting Models and Mechanisms [M]. In M. Robinson（Ed.）Performance Budgeting. Linking Funding and Results. New York，Palgrave Macmillan，2007：1 - 18.

② Mikesell J L. Fiscal Administration：Analysis and Applications for the Public Sector [M]. Wadsworth Publishers，2014.

③ Diamond J. From Program to Performance Budgeting The Challenge for Emerging Market Economies [R]. IMF Working Paper，2003，03（169）.

④ “产出—购买预算制度”是指政府将公共服务外包给其他机构，政府则根据这些机构所提供的服务质量支付相应预算资金的一种制度。（资料来源：Robinson，Marc. Output - Purchase Funding and Budgeting Systems in the Public Sector [J]. Public Budgeting & Finance，2002，22（4）：17 - 33. Tyrone M. Carlin. Accrual Output - Based Budgeting Systems in Australia - A Great Leap Backwards? [J]. Public Management Review，2003，5（2）：41 - 47.）

⑤ 自 1997 年开始，英国财政部与各部门签订为期三年的公共服务协议（PSA），该协议明确了各部门预算资金支出应达到的绩效目标，财政部对各部门进行综合性预算支出评估审查和绩效考核的重要依据。其目的是提升公共服务质量，利用目标系统和财政投入相挂钩的方式，对公共服务机构进行监管。该协议于 2010 年 6 月废止。（资料来源：http：//www.cssn.cn/zzx/zzxll_zzx/201405/t20140515_1163615.shtml）

⑥ OECD. Performance Information in the Budget Process：An Overview of OECD Country Experiences [J]. Sourceoecd Governance，2007（28）：23 - 99（77）.

与提交型绩效预算不同的是，在直接型绩效预算中，财务与非财务信息之间的联系更加紧密，这使得预算决策者能够基于一些非财务信息进行更为现实的预算资源分配。而当采取知晓型绩效预算，以及直接型或公式型绩效预算时，明确预算资源分配的绩效结果则显得更为重要。乔伊斯（Joyce，2003）认为，知晓型绩效预算是最能反映何为绩效预算的概念①。目前，大多数国家采用知晓型绩效预算，其目的在于利用绩效信息以提升预算管理能力，实现绩效信息向绩效计划的转变，绩效预算是一个协同合作过程，每个参与者在其中都发挥着重要的作用②。

（二）绩效预算与绩效管理之间的关系

绩效预算是政府实行绩效管理的核心环节，政府预算绩效管理宜采取“流程再造、积极试点、分步实施”的推进思路（刘明等，2010）③。20 世纪 70 年代末 80 年代初的新公共管理运动时期的绩效预算改革浪潮（New Public Management，NPM）（Curristine & Flynn，2013）④，旨在通过更好的资源分配来提高公共服务的质量，提高预算资源的使用效率、经济性和有效性，并加强问责制（Aritzi et al.，2010）⑤。艾伦等（Allen et al.，2013）认为时至今日仍存在这种需求，其指出全球金融危机比以往任何时候都更加强调“政府制定强大的制度来管理财政的重要性”。因此，应在绩效信息和财务信息之间建立紧密联系，以确保经济环境变动时，能够及时采取应对措施⑥。

由于当前财务管理与绩效管理密切相关，为向决策者提供更多关于预算决策所需的短期及长期结果信息（Hughes，2012）⑦，需要将绩效预算纳入更广泛的绩效框架和绩效管理制度中（Garsse & Windey，2006）⑧。在当代预算改革实践

---

① Joyce P G. Linking Performance and Budgeting: Opportunities in the Federal Budget Process [J]. Managing for Results, 2003: 6.

② Lu Yi. Performance Budgeting: The Perspective of State Agencies [J]. Public Budgeting & Finance, 2007, 27 (4): 1-17.

③ 刘明，欧阳华生. 深化政府预算绩效管理改革：问题、思路与对策 [J]. 当代财经，2010 (4): 35-41.

④ Curristine T, Flynn S. In Search of Results: Strengthening Public Sector Performance. In Cangiano M, Curristine T, Lazare M. Public Financial Management and Its Emerging Architecture (1st ed.) [M]. Washington DC: International Monetary Fund, 2013: 226.

⑤ Aritzi P, Brumby J, Manning N, Senderowitsch R, Thomas T. Results, Performance Budgeting and Trust in Government [M]. Washington DC: World Bank, 2010: 15.

⑥ Allen R, Hemming R, Potter B H. Introduction: The Meaning, Content and Objectives of Public Financial Management [M]//The International Handbook of Public Financial Management. Palgrave Macmillan UK, 2013: 1-12.

⑦ Hughes O E. Public Management and Administration. An Introduction (4th Ed) [M]. New York: Palgrave Macmillan, 2012: 250.

⑧ Garsse V S, Windey J. Handleiding Invoeren Van Elementen Van Prestatiebegroting [J]. Instituut Voor De Overheid Faculteit Sociale Wetenschappen, 2006.

中，许多 OECD 国家都采用了绩效预算，试图将绩效信息纳入预算编制过程，以便在基于活动、产出或结果的预算分类上，实施新的或可调整的程序（Curristine et al.，2013）[①]。因此，传统预算模式正演变成与资源相联系，且具有战略性政策目标的预算模式（Curristine，2005）[②]。楼继伟（2016）指出，应及时公开绩效评价结果、相应的绩效报告、绩效评价报告等绩效信息，并将其纳入预算绩效管理中[③]。

近年来，公共财政管理的重点逐渐从“投入导向”，转向更加注重“产出和结果导向”的管理类型。现实中，新绩效预算强调对“结果”负责，而并非以“投入”为标准来进行预算拨款。因此，一些学者认为，绩效预算特别契合新公共财政管理的目标，其特点是政府财务报告制度的变化、绩效评估方法的发展以及预算的弹性授权等（Guthrie et al.，2002）[④]。罗宾逊（Robinson，2007）认为，绩效预算应该被看作是政府绩效管理中一个独特的要素，其强调对预算绩效信息使用的关注。“绩效管理”或“结果管理”重点强调利用正式的绩效信息，以提高公共部门的整体绩效，特别是在人力资源管理、战略规划以及预算决策等领域[⑤]。

布克尔特和哈利根（Bouckaert & Halligan，2008）指出，绩效管理包括三个维度，即绩效信息的评估、纳入及其使用，并据此将绩效管理划分为五种理想类型：绩效施行前（pre performance）、绩效行政管理（performance administration）、管理绩效（management of performances）、绩效企业管理（performance management）和绩效治理（performance governance）[⑥]，具体情况如表 1 – 2 所示。有学者认为以上维度和理想类型，也可以作为绩效预算的维度，这三个维度形成了“数据收集——将数据集成到预算管理系统——最终将信息应用到预算决策工作中”的逻辑顺序（Demeulenaere et al.，2013；Dooren et al.，2015）[⑦⑧]。

① Cangiano M，Curristine T，Lazare M. Public Financial Management and Its Emerging Architecture（1st ed）[M]. Washington DC：International Monetary Fund，2013：225 – 258.

② Curristine T. Performance Information in the Budget Process：Results of the OECD 2005 Questionnaire [J]. OECD Journal on Budgeting，2005，5（2）：87 – 131.

③ 楼继伟，张少春等．深化财税体制改革 [M]. 北京：人民出版社，2015：100.

④ Guthrie J，Olson O，Humphrey C. Debating Developments in New Public Management：The Limits of Global Theorising and Some New Ways Forward [J]. Financial Accountability & Management，2002，15（3 – 4）：209 – 228.

⑤ Robinson M. Performance Budgeting Models and Mechanisms [M]. Palgrave Macmillan UK，2007.

⑥ Bouckaert G，Halligan J. Managing performance：international comparisons [J]. VABB – 2，2007（10）.

⑦ Demeulenaere E，Corvo L，Bouckaert G，et al. Measuring Performance Based Budgeting in Flemish and Italian Municipalities [J]. Paper Presented at EGPA，Edinburgh，September 2013：11 – 13.

⑧ Dooren W V，Bouckaert G，Halligan J. Performance Management in the Public Sector [M]. London：Routledge，2015：6.

表 1-2　　绩效管理的理想类型和维度

维度	传统类型	理想类型			
	绩效施行前	绩效行政管理	管理绩效	绩效企业管理	绩效治理
评价	直观的 主观的	管理数据登记、客观的、主要是投入和过程	专业的绩效评价体系	层次绩效评价体系	综合绩效评价体系
纳入	没有	一些	不同体系具有特定的管理功能	内部系统性的整合	内部和外部系统的整合
使用	没有	有限的、内部的、单一的、循环的	不连续的	连续的、全面的、一致的	社会使用
局限	不了解功能	指定的、有选择性的、基于规则的	不连续的	复杂的、不可持续作为一个稳定的系统	不可控的、难以管理的

资料来源：Bouckaert G，Halligan J. Managing performance：international comparisons［J］. VABB-2，2007（10）.

（三）绩效信息在预算决策中的应用

近年来，学界开始关注和讨论绩效信息在公共管理决策中的使用情况，且目前已就绩效信息使用的重要性达成共识，即普遍认为绩效信息的使用是评判绩效评估和绩效管理实践成功与否的一个重要标准（Wholey，1999；麦基，2009；董静，2014）①②③。公共部门领导是否会使用绩效信息协助其管理，这正是绩效信息的价值所在（Hatry，2002）④，将预算绩效信息纳入政务信息化建设的宏观战略，有助于降低政府绩效管理的成本（颜佳华和盛明科，2006）⑤。

哈里·哈特瑞（Hatry，2008）以西方政治行政体系为背景，将绩效信息的潜在最终使用者归为行政机构、立法机构和公众（媒体）三类，不同的使用主体形成了不同的绩效信息使用途径⑥。绩效信息的使用方式具有多样性，罗伯特·贝恩

① Wholey J S. Performance - Based Management：Responding to the Challenges［J］. Public Productivity & Management Review，1999，22（3）：288.

②［澳］凯思·麦基. 建设更好的政府：建立监控与评估系统［M］. 北京：中国人民大学出版社，2009.

③ 董静. 绩效信息得到有效使用了吗？——对各国政府绩效管理效果的审视［J］. 兰州大学学报（社会科学版），2014，42（3）：73-79.

④ Hatry H P. Performance Measurement：Fashions and Fallacies［J］. Public Performance & Management Review，2002，25（4）：352-358.

⑤ 颜佳华，盛明科. 基于网络技术的政府绩效信息资源开发与共享研究［J］. 电子政务，2006（6）：77-81.

⑥ Hatry H. Epilogue：The Many Faces of Use［M］// Performance Information in the Public Sector. Palgrave Macmillan UK，2008.

(Behn，2003) 提出了8种使用方式，认为可将绩效信息用于预算、控制、评估、激励、提升、改进、学习以及庆祝①。沃特·得瑞 (Dooren，2006) 在罗伯特·贝恩的基础上提出了44种绩效信息的使用方式②，认为可将绩效信息用于组织内部学习、激励与监督使用，也可用于外部问责使用 (Dooren et al.，2015) 两个维度③。此后的实证研究中，学界也验证了绩效信息内部使用与外部使用维度的存在性 (Hammerschmid et al.，2013；Saliterer et al.，2013)④⑤。

一般而言，有效的绩效信息是公共预算管理过程中的重要辅助工具，它能够减少预算决策中的不确定性，间接提升预算管理水平 (卓越和赵蕾，2008)⑥，全面真实的绩效信息是预算绩效管理的重要组成部分 (赵亚明，2007)⑦，是实现预算决策绩效的现实基础 (蒋会强，2005)⑧。一些学者根据国际绩效预算实践，揭示出绩效信息与绩效预算之间的互动关系 (马洪范，2008)⑨。梅耶斯 (Meyers，2005) 概括了绩效信息在公共预算过程中的应用前景，其认为根据预算绩效评价结果信息来分配预算资源孕育了一种预算文化，其坚信在宏观层面上使用绩效信息来进行预算分配决策是必然趋势，只是仍需假以时日⑩。

有效使用绩效信息或绩效结果以支持预算决策，是确保绩效管理有效性和可持续性的重要内容。为了寻求效率、有效性和财政的可持续性，政府倾向于搜集更多的绩效信息，并试图在预算、规划和问责过程中纳入和使用绩效信息 (Curristine et al.，2013)⑪。一些学者详细介绍了部分地方政府绩效预算实践，研究发现地方政府应用了大量的“绩效预算元素” (Bleyen & Lombaert，2014；

① Behn R. Why Measure Performance? Different Purposes Require Different Measures [J]. Public Administration Review，2003，63 (5)：586－606.

② Dooren W V. Performance Measurement in the Flemish Public Sector：a Supply and Demand approach [J]. Kul Nieuwe Reeks Van Doctoraten in De Sociale Wetenschappen，2006，96.

③ Dooren W V，Bouckaert G，Halligan J. Performance Management in the Public Sector [M]. London：Routledge，2015.

④ Hammerschmid G，Walle S V D，Stimac V. Internal and External Use of Performance Information in Public Organizations：Results from an International Survey [J]. Public Money & Management，2013，33 (4)：261－268.

⑤ Saliterer I，Korac S. Performance Information Use by Politicians and Public Managers for Internal Control and External Accountability Purposes [J]. Critical Perspectives on Accounting，2013，24 (s7－8)：502－517.

⑥ 卓越，赵蕾．绩效评估：政府绩效管理系统中的元工具 [J]. 公共管理研究，2008 (6)：207－217.

⑦ 赵明亚．绩效管理三要素 [J]. 中国电力企业管理，2007 (12)：24.

⑧ 蒋会强．绩效信息：绩效预算与绩效评价的现实基础 [J]. 中国财政，2005 (3)：42－44.

⑨ 马洪范．绩效预算信息论：信息视角下的政府绩效预算管理与改革 [M]. 北京：经济科学出版社，2008.

⑩ [美] 罗伊·T·梅耶斯．公共预算经典 (第1卷) ——面向绩效的新发展 [M]. 上海：上海财大出版社，2005.

⑪ Cangiano M，Curristine T，Lazare M. Public Financial Management and its Emerging Architecture (1st ed) [M]. Washington DC：International Monetary Fund，2013：225－258.

Weets，2012）[①②]。通过绩效管理改革，新西兰在20世纪80年代就将占GDP约9%的预算赤字扭转为盈余，并使某些机构的单位服务成本降低了20%以上（马蔡琛和童晓晴，2006）[③]。

尽管绩效信息的重要性已被普遍认知，但学界研究发现，绩效信息在实际预算决策中的使用程度并不高，绩效信息利用不足俨然成为预算绩效管理的短板（Lægreid et al.，2006）[④]。学界也开始对此进行反思，并认为这是绩效管理中的一大问题，需要得到足够的重视（Moynihan & Pandey，2010）[⑤]。有研究发现，目前最为重视绩效信息的群体当属政治家，一些市领导通常使用这些信息来支持既有改革及调整政策方向，而主管改革部门官员则倾向于使用绩效信息来改善公共服务（胡春萍等，2009）[⑥]。就现实而言，我国绩效信息未能得到充分有效利用，可能源于绩效信息与预算绩效管理融合不足，预算绩效信息尚未与绩效问责紧密结合，以及绩效信息公开透明度较低等多重因素的综合。

罗伯特和罗纳德（2002）调查了美国财政预算决策的方法，以及在预算决策过程中不同类型信息被使用的方式[⑦]。罗宾逊（Robinson，2007）指出，现实中大多数“结果管理”并不关注预算编制过程中绩效信息的使用（performance information use，PIU）情况[⑧]。将绩效信息纳入预算过程主要是指将信息纳入整个预算周期，以及在绩效和财务信息之间建立联系。绩效信息的纳入意味着将这些信息整合到预算过程中。然而，程序的融合并不能确保绩效信息的充分使用，绩效信息的利用程度也因国而异（Curristine，2007）[⑨]，但可以肯定的是，至少绩效信息的纳入会使得预算程序更加完善（Dooren et al.，2015）[⑩]。苏建华（2013）指出，要通过参与使预算决策建立在充分的信息基础之上，实现预算绩效信息与

---

① Bleyen P，Lombaert S. The Integration of Performance Information in the Financial Cycle – Mapping and Explaining Performance Budgeting Practices in Flemish Local Governments [R]. Paper to be Presented at EGPA，Speyer，September 2014：8 – 9.

② Weets K. Van Decreet Tot Praktijk? – Een Onderzoek Naar de Invoering Van Elementen Van Prestatiebegroting in Vlaamse Gemeenten. [From Decree Till Practice? – Research Concerning the Introduction of Elements of Performance Budgeting in Flemish Municipalities] [C]. Unpublished doctoral dissertation，KU Leuven，Leuven，2012.

③ 马蔡琛，童晓晴．公共支出绩效管理的国际比较与借鉴［J］．广东社会科学，2006（2）：30 – 34.

④ Lægreid P，Roness P G，Rubecksen K. Performance Management in Practice：the Norwegian Way [J]. Financial Accountability & Management，2006，22（3）：251 – 270.

⑤ Moynihan D P，Pandey S K. The Big Qquestion for Performance Management：Why do Managers Use Performance Information? [J]. Journal of Public Administration Research and Theory，2010，20（4）：849 – 866.

⑥ 胡春萍，孟凡蓉，Richard Walker. 中国地方政府绩效评估信息来源的现状——基于德尔菲法的研究［J］．情报杂志，2009，28（10）：10 – 14.

⑦ 罗伯特·D. 李，罗纳德·约翰逊．公共预算系统［M］．北京：清华大学出版社，2002.

⑧ Robinson M. Performance Budgeting Models and Mechanisms [M]. Palgrave Macmillan UK，2007：1 – 18.

⑨ Curristine T. Experience of OECD Countries with Performance Budgeting [M]// Performance Budgeting. Palgrave Macmillan UK，2007.

⑩ Dooren W V，Bouckaert G，Halligan J. Performance Management in the Public Sector [M]. London：Routledge，2015.

预算参与的有机整合[①]。晁毓欣和赵文芳（2016）在公共生命周期模型的基础上，建构了预算绩效信息产生和利用的理论框架，并提炼出三种绩效信息利用模式：管理促进型、理性决策型以及绩效问责型，倡导应逐步提升绩效信息利用的科学化与理性化程度[②]。

自2007年以来，OECD开展了绩效预算调查，据此得出绩效预算指标，指标分值越高则意味着绩效信息在预算和会计中的高度整合，绩效信息被用于决策过程和预算报告的频次越高（OECD，2009；2011；2013）[③④⑤]。然而，调查结果显示，OECD可用绩效信息量的大量增加，并没有导致信息使用率的相应增长（Curristine，2007）[⑥]。这一现象可归因于许多因素，譬如数据的质量、相关性和可信度、体制能力、制度设置、政治和经济背景、技术复杂性以及引起绩效变化的文化等（Liguori，2012）[⑦]。有学者指出，只有使用合理、可靠、相关的绩效数据，绩效评估以及决策才是合理的（Bouckaert et al.，2007）[⑧]。值得注意的是，绩效信息的使用并不意味着盲目地滥用，在使用过程中，应考虑信息使用的成本和效益（Dooren et al.，2015）[⑨]。有学者研究发现，较强的绩效激励，尤其是“晋升激励”会对评估对象的绩效信息内部管理使用以及外部责任使用产生正向激励，促使评估对象更为认真地使用外生的绩效信息（卓越和张红春，2016）[⑩]。

针对是否应将绩效信息纳入公共管理，一些学者则持反对声音，譬如，艾伦等（Allen et al.，2013）认为，当前使用市场原则指导公共管理改革，以及采用私营部门商业模式作为公共部门运营的指南，是不太合理的[⑪]。政治家更喜欢非正式的非绩效信息，因为其缺乏使用绩效信息的专业知识，并且其并非将绩效信息用于指导和控制，而是将其用于问责目的，这会使得绩效预算实践的基本原理

---

① 苏建华．政府预算内部控制制度设计［M］．北京：中国财政经济出版社，2013：256.

② 晁毓欣，赵文芳．现阶段我国预算绩效信息利用的主要模式与问题［J］．财政科学，2016（10）：100－107.

③ OECD. Government at a Glance 2009［M］. OECD Publishing，2009.

④ OECD. Introduction to 2011 OECD Performance Budgeting Survey［C］. Paper presented at the 7th Annual Meeting on Performance & Results，2011.

⑤ OECD. Government at a Glance 2013［M］. OECD Publishing，2013.

⑥ Curristine T. Experience of OECD Countries with Performance Budgeting［M］//Performance Budgeting. Palgrave Macmillan UK，2007：129.

⑦ Liguori M. Radical Change，Accounting and Public Sector Reforms：A Comparison of Italian and Canadian Municipalities［J］. Financial Accountability & Management，2012，28（4）：437－463.

⑧ Bouckaert G，Halligan J. Managing Performance：International Comparisons［J］. VABB－2，2007（June 10）.

⑨ Dooren W V，Bouckaert G，Halligan J. Performance Management in the Public Sector［M］. London：Routledge，2015：7.

⑩ 卓越，张红春．绩效激励对评估对象绩效信息使用的影响［J］．公共行政评论，2016，9（2）：112－133.

⑪ Allen R，Hemming R，Potter B H. Introduction：The Meaning，Content and Objectives of Public Financial Management［M］//The International Handbook of Public Financial Management. Palgrave Macmillan UK，2013：1－12.

与预算决策的复杂政治过程不相容（Bogt，2004；Grossi et al.，2010）[①②]。由此不难看出，绩效预算的成功在很大程度上取决于领导、组织能力和利益相关者的参与（Demeulenaere et al.，2013；Ho，2011）[③④]。

总体而言，20 世纪 80 年代后的绩效预算有三个主要特征：目标上和总额上的集中控制、手段分权和对结果负责。但在实践过程中，绩效信息的采集和使用始终存在较大的问题，完全以过去的绩效表现来决定未来政策的优先级也不全然恰当。譬如，预算决策可能需要权衡利益相关者的偏好，考虑有无适当的替代方案等（Pollitt，2000）[⑤]。也就是说，如若没有相应的技术支持和配套措施，绩效与预算的整合将较为困难。

（四）绩效预算对预算决策的影响

一个多世纪以来，预算改革者一直在寻找各种方法，试图以考虑项目效率和效果来取代严格依据政治因素的预算决策。第二次世界大战后，改革者制定了一系列的分析程序，以衡量改革方案的效率和效果，并倡导基于分析结果进行预算分配决策。这些措施包括计划项目预算、零基预算以及目前最受欢迎的绩效预算。尽管许多政府已将这些综合分析技术纳入其预算程序，但研究表明，这些机制对预算分配决策几乎没有影响（Goodman，2004）[⑥]。此外，奥巴马政府认为，以结果为中心的绩效管理能够转变政府的工作方式，但并不一定能保证成功，绩效信息的合理利用才是成功的关键（晁毓欣，2011）[⑦]。如果想要了解绩效预算改革是成功还是失败，关键在于绩效信息是否用于预算决策。奥巴马总统的首席绩效官员也认为，绩效信息是检验绩效管理改革的重要方式（Dooren et al.，2015）[⑧]。

正如乔伊斯（Joyce，1993）所言，绩效测量被联邦机构计划管理者用于预算编制，以及获得预算拨款后的资源管理，而较少用于预算拨款，其认为将绩效

---

① Bogt H J T. Politicians in Search of Performance Information? – Survey Research on Dutch Aldermen's Use of Performance Information [J]. Financial Accountability & Management, 2004, 20 (3): 221 – 252.

② Grossi G, Reichard C, Ruggiero P. Appropriateness and Use of Performance Information in the Budgeting Process of Municipalities: Some Experiences from Germany and Italy [J]. Public Performance & Management Review, 2015, 39 (3): 581 – 606.

③ Demeulenaere E, Corvo L, Bouckaert G, et al. Measuring Performance Based budgeting in Flemish and Italian Municipalities [R]. Paper presented at EGPA, Edinburgh, September 2013: 11 – 13.

④ Ho T K. PBB in American Local Governments: It's More than a Management Tool [J]. Public Administration Review, 2011, 71 (3): 402 – 404.

⑤ Pollitt C. Integrating Financial Management and Performance Management [J]. OECD Journal on Budgeting, 2001, 1 (2): 7 – 37.

⑥ Goodman D, Clynch E J. Budgetary Decision Making by Executive and Legislative Budget Analysts: The Impact of Political Cues and Analytical Information [J]. Public Budgeting & Finance, 2004, 24 (3): 20 – 37.

⑦ 晁毓欣. 美国联邦政府绩效管理改革三部曲 [J]. 山东财政学院学报, 2011 (2): 46 – 51.

⑧ Dooren W V, Bouckaert G, Halligan J. Performance Management in the Public Sector [M]. London: Routledge, 2015: 73 – 81.

测量当作管理工具似乎比作为预算工具更为有效①。OECD（2011）认为，实施绩效预算可以为预算决策提供所需的绩效信息（无论是作为预算分配决策的直接投入，还是作为预算规划背景信息的间接投入），提高整个预算过程的透明度以及问责度（通过向公众提供有关绩效目标和结果的信息）②。但有学者也明确指出，将绩效信息纳入预算过程可能会面临以下三个困难：一是评估绩效的办公室往往与资源分配办公室相分离。二是预算过程和评估过程按不同的时间观念运作：预算是日历驱动（calendar - driven）的，而评估通常是事件驱动（events - driven）的。三是预算分析员和项目评估者采用不同的分析框架。因此，一些学者认为，绩效预算并未达到预期效果（Havens，1983）③。譬如，艾伦·希克（Schick，2003）曾指出，以绩效为基础的预算努力几乎总是失败的④。很少有证据表明，国家、州和外国政府的绩效预算实践取得了令人瞩目的进展，绩效评价信息对资源分配的影响非常有限（CBO，1993）⑤。

绩效预算是否正如一些批评者所认为的，只是“乌托邦式”的预算管理王国呢？帕克等（Parker et al.，2006）构建了预算编制过程中上下级之间的纵向信息共享模型，这对了解绩效对预算参与和组织承诺的作用来说是一个重要的参与变量⑥。考虑到方法上的困难，要求明确确定绩效预算的效果是不现实的。正如琼斯和凯特尔（Jones & Kettl，2003）在全球公共管理改革方面所说的那样：“我们有必要明确改革的短期和长期结果，但这在短期内几乎是不可能的，即便是在长期内也是非常困难的”⑦。由此不难看出，公共部门绩效评估的困难，是评估绩效预算改革对配置效率和生产效率影响的主要障碍。除此之外，在评估绩效预算的具体影响方面至少还面临三个困难：一是由于绩效预算只是作为更广泛的管理改革的一部分，如何区分绩效预算的影响与其他管理改革的影响，这似乎是一个棘手的问题。二是绩效预算和其他管理改革的成功，不仅取决于这些改革的技术设计，还取决于一系列其他背景因素，包括政治制度、政治文化和财政环境，其影响之大通常难以测量。三是绩效预算的概念并不总是很明朗。

---

① Joyce P G. Using Performance Measures for Federal Budgeting: Proposals and Prospects [J]. Public Budgeting & Finance, 1993, 13 (4): 3 - 17.

② OECD. Introduction to 2011 OECD Performance Budgeting Survey [C]. Paper presented at the 7th Annual Meeting on Performance & Results. OECD Conference Centre, Paris. November 2011: 9 - 10.

③ Havens H S. Integrating Evaluation and Budgeting [J]. Public Budgeting & Finance, 1983, 3 (2): 102 - 113.

④ Schick A. The Performing State: Reflection on an Idea Whose Time Has Come but Whose Implementation Has Not [J]. OECD Journal on Budgeting, 2003, 3 (2): 71 - 103.

⑤ Office U S C B. Using Performance Measures in the Federal Budget Process [M]. William S. Hein, 1993: x.

⑥ Parker R J, Kyj L. Vertical Information Sharing in the Budgeting Process [J]. Accounting Organizations & Society, 2006, 31 (1): 27 - 45.

⑦ Jones L R, Kettl D F. Assessing Public Management Reforms in an International Context [J]. International Public Management Review, 2003, 4 (1): 1 - 19.

绩效预算的效率包括分配效率（公共支出实现的结果）和技术效率（实现结果的成本）。绩效预算的核心是绩效指标（performance measures）的质量，而其核心目标是提高公共支出的生产效率[①]和分配效率（Robinson et al.，2005）[②]。不同的绩效预算制度试图以不同的方式，将绩效信息与资金决策联系起来，这毫无疑问导致了不同的分配效率。分配效率之所以重要，是因为它并非政府预算范围内一个简单的资源分配功能，各预算制度在资源分配决策权上有所不同，即使在大多数集中决策制度中，大量的分配决策也必然是在其预算当局内，由各机构自行决定[③]，信息成本和决策者的有限理性使得这种情况在所难免。绩效预算并非仅限于政府预算范围内所做的资源分配决策，包括在其内部以及向其下辖的公共部门分配资金，其实施效果还与各机构执行预算的方式有关。正如乔伊斯（Joyce，2003）所指出的，绩效预算假定资源分配只发生（或至少大部分发生）在联邦预算办公室或立法机构中，这导致在政府预算编制层面上，对预算分配影响的实证关注过于狭窄[④]。

针对绩效评估对预算分配决策的作用，一些学者进行了问卷调查，在所有受访者中，有43%的人认为绩效评估在很大程度上被用于资源分配决策，45%的人认为可利用绩效评估标准确定优先支出重点（GAO，2001）[⑤]。只有少数受访者认为绩效评估在改变预算拨款方面是“非常有效”或“有效”的，其余多数人均认为绩效评估在预算决策中没有足够分量，这已成为有效利用绩效评估的“重大问题”（Melkers et al.，2002）[⑥]。但遗憾的是，这一调查仍未能阐明绩效对预算分配的影响程度。吉尔莫和刘易斯（Gilmour & Lewis，2005）运用布什政府2003年设计的PART项目评级工具（program assessment rating tool），分析了绩效评估对总统预算建议的影响。研究发现，PART分数以及政治支持对预算管理办公室（office of management and budget，OMB）内的预算决策具有显著影响，且评估分数对中小项目的后续影响比对大项目的影响还要大[⑦]，但如果考

① 生产效率是指以最低成本提供特定数量或质量的产出（或执行特定活动）。这与公共管理文献中使用的术语“效率”相对应。生产效率囊括了微观经济效率中两个不同的经济概念：一是技术效率，即对于给定的投入价格，选择生产有关产品或服务的最低成本组合；二是没有浪费意义上的效率（这有时涉及Liebenstein1996年所提出的成本扭曲的X无效率）。

② Robinson M，Brumby J. Does Performance Budgeting Work? An Analytical Review of the Empirical Literature［R］. IMF Working Paper，November 2005.

③ 实际上，有三个层次的决策涉及经济学上“配置效率”的概念：政府预算范围内的资源分配决策、机构内部的资源分配决策，以及影响项目有效服务（产出）的设计决策。

④ Joyce P G. Linking Performance and Budgeting：Opportunities in the Federal Budget Process［J］. Managing for Results，2003：7.

⑤ Office U S G A. Managing for Results：Federal Managers' Views on Key Management Issues Vary Widely Across Agencies［J］. Government Accountability Office Reports，2001（1）.

⑥ Melkers J，Pratrik M. Case Study：Wisconsin. Use and Effects of Using Performance Measures for Budgeting，Management and Reporting［R］. Government Accounting Standards Board，2002：21，29.

⑦ Gilmour J B，Lewis D E. Assessing Performance Budgeting at OMB：The Influence of Politics，Performance，and Program Size［J］. Journal of Public Administration Research & Theory，2005，16（2）：169－186.

虑政治因素后，则 PART 管理对预算决策的影响会有所减弱（Gilmour & Lewis，2006）①。

绩效评估会产生大量绩效信息，这些信息如果得不到充分使用，绩效评估效果则会大打折扣（马亮，2014）②。在预算中使用绩效数据，意味着将有关产出和效果的信息融入预算分配决策中，其目标是运用绩效信息做出更为客观的预算分配决策，而倡导在预算决策中使用绩效信息更多是源于问责制的要求（Polster，2001）③，绩效信息的使用能够减少预算决策过程中有可能面临的诸多不确定性，有利于预算决策的稳定性（Moynihan，2006）④。OECD 国家在绩效数据的数量上已取得很大的进步，但在数据质量及相关性上仍存在诸多问题，主要问题在于绩效信息能否用于预算决策。大多数 OECD 国家的经验表明，现实中绩效指标未能与预算编制紧密联结，绩效指标也并未用于预算资源的配置决策。克里斯汀（Curristine，2005）研究发现，绩效预算很少与绩效结果直接相关，绩效信息同其他信息一样，大多被用来形成预算，但却不能用于预算分配决策，这是因为缺乏将绩效信息融入预算过程的方法⑤。此外，在一项有关美国州政府如何使用绩效测量在资源配置决策上的研究中，约旦和哈巴特（Jordan & Hackbart，1999）指出绩效预算在不同州的应用程序差异很大，他们发现有 44 个州使用绩效测量，但只有 13 个州的绩效测量对预算资源分配产生显著影响⑥。

绩效信息的使用依赖于信息质量以及使用者的偏好，为切实改进预算管理绩效，应建立绩效信息使用的正式与非正式制度，确保绩效测量的信度、效度以及信息的质量，促进绩效信息与内部管理系统的动态融合（董静，2015）⑦。绩效预算中影响绩效信息使用质量的主要原因在于：预算参与主体间信息是否对称、绩效信息传播效率、传播手段以及绩效指标体系的设计等，现实中应改进绩效信息的传递方式以及公开程度，提升绩效指标的科学性（马媛和卓越，2013）⑧。盛明科和刘叶（2014）从新制度经济学视角，对政府绩效信息失真机制及规避路

---

① Gilmour J B，Lewis D E. Does Performance Budgeting Work? An Examination of the Office of Management and Budget's PART Scores [J]. Public Administration Review，2006，66（5）：742-752.

② 马亮. 政府绩效信息使用：理论整合、文献述评与研究展望 [J]. 电子科技大学学报（社会科学版），2014（5）：1-11.

③ 肖鸣政（译），Polster T H. 公共与非营利组织绩效考评：方法与应用 [M]. 北京：中国人民大学出版社，2001：179-196.

④ Moynihan D P. What do We Talk about When We Talk about Performance? Dialogue Theory and Performance Budgeting [J]. Journal of Public Administration Research & Theory，2005，16（2）：151-168.

⑤ Curristine T. Performance Information in the Budget Process：Results of the OECD 2005 Questionnaire [J]. OECD Journal on Budgeting，2005，5（2）：87-131.

⑥ Jordan M M，Hackbart M M. Performance Budgeting and Performance Funding in the States：A States Assessment [J]. Public Budgeting & Finance，1999，19（1）：68-88.

⑦ 董静. 论政府绩效信息的全程管理——导向绩效管理有效性的提升 [J]. 东北大学学报（社会科学版），2015，17（2）：175-180.

⑧ 马媛，卓越. 政府绩效预算中的绩效信息使用探析 [J]. 北京交通大学学报社会科学版，2013（1）：94-99.

径进行了研究，提出了应完善绩效网络信息技术，推进了绩效管理信息系统的建设[①]。一些学者从博弈论视角出发，构建了绩效信息使用者和提供者博弈模型，对绩效信息失真进行了探讨（毕鹏志，2007）[②]，认为引入第三方作为绩效信息的收集方，将有助于整治政府绩效评价中信息失真的问题（吴建南等，2008）[③]。

针对绩效测量是否有助于政府行政管理而言，王小虎（Wang，2000）对美国各地方政府相关官员的问卷调查结果显示，大多数的受访者（超过65%）都认为以绩效为基础的预算能够提高公共服务的效率、效能与问责[④]。威洛比和梅尔克斯（Willoughby & Melkers，1999）针对美国各州政府预算官员进行问卷调查，结果显示绩效基础预算制度的实施，有助于加强行政机构与立法机构的合作、提升机构计划的效率、改善政府决策、节约成本等。该研究受访者对绩效基础预算均持正面看法，其中，行政部门的预算官员比立法部门的预算官员更为支持绩效基础预算[⑤]。综合而言，虽然绩效测量已被普遍使用，但多数人对于绩效信息用于预算资源配置仍不乐观，但不可否认的是，持续与积极的绩效测量对于预算决策过程与沟通都有所助益。

三、预算决策相关研究之简要述评

在逾越两个多世纪的时间里，国内外对公共预算管理的关注和研究，呈多样化发展局面。一是注重预算管理理论体系的构建，融合政治学、公共管理学、经济学等多学科理论对预算决策进行分析，并在此基础上，对预算绩效管理理论进行拓展和深化。二是目前的研究针对绩效信息对预算决策的重要意义已经达成共识，这一认识有助于提升预算资金的分配效率，是未来公共预算管理的发展方向。三是对预算决策的研究不仅仅局限于政治权责、利益博弈视角，还扩大到行为认知和决策时效视角，这些研究成果也为预算决策绩效的研究提供了例证和借鉴。

目前，有关绩效信息在预算决策中的应用及其影响已成为国外学者关注的重要议题。尽管国际学术界已就此展开了一系列实证研究以及问卷调查，相关研究可谓是硕果累累，但单从这一主题文献的国别地域分布来看，来自中国本土的经验证据及相关文献则显得非常匮乏。国内似乎尚未将绩效信息纳入预算决策的专

---

① 盛明科，刘叶．政府绩效信息失真机制及规避路径研究——以新制度经济学为视角［J］．湘潭大学学报（哲学社会科学版），2014，38（3）：59－63.

② 毕鹏志．绩效信息失真的博弈分析［J］．科技情报开发与经济，2007，17（7）：83－85.

③ 吴建南，章磊，孟凡蓉．政府绩效信息失真的博弈分析［J］．统计与决策，2008（19）：73－75.

④ Wang X H. Performance Measurement in Budgeting：A Study of County Governments［J］. Public Budgeting & Finance，2000，20（3）：102－118.

⑤ Willoughby K G，Melkers J E. Implementing PBB：Conflicting Views of Success［J］. Public Budgeting & Finance，1999，20（1）：85－120.

门研究视野，仅有少量文献集中于政府绩效信息失真的原因、绩效信息获取、开发挖掘以及共享等问题，而将绩效信息与预算决策相结合的研究则少之又少。

由于文化背景和预算绩效管理时间上的差异性，若将西方所探讨的绩效信息利用不足的原因直接用作改进我国预算决策绩效的依据，无疑是非常危险的。正如哥哈格·哈默施密德等（Hammerschmid et al.，2013）所言，“绩效信息的应用研究需要考虑国别差异，关注不同文化背景下绩效信息使用不足的深层原因，并审慎考虑本土的经验证据”①。由此可知，无论是预算改革还是预算决策绩效提升的路径设计，都必须根据我国现实国情加以研判，而不能生搬硬套地将西方经验直接移植到我国预算绩效管理实践中。

此外，自2003年实行绩效预算改革以来，相关研究成果直线攀升，2013年达到了峰值，此后，研究热情便逐渐消退，研究成果也随之减少。就行为经济学而言，随着行为经济学的逐步推广，其主要理论——前景理论的重要性也被越来越多的学者所认知，并尝试用其解释各自研究领域的问题。总体而言，与其他研究主题相比，国内有关绩效预算、行为经济学、前景理论的研究成果相对较多，但近年来的研究热情也在逐渐消退，这三个主题的年度研究成果都经历了逐渐攀升到急剧下降的过程，而国内对预算决策、预算理性、预算绩效管理等主题的关注度显然不足，研究成果相对较少，这也为本书的研究提供了空间。

综上所述，虽然学术界已分别从政府治理、利益博弈、行为认知、决策时限以及绩效信息等多重维度对预算决策进行了研究，但鲜少将上述维度相互结合展开分析，且此前的研究多从个体决策视角出发，较少考虑决策群体的心理差异以及预算决策时效的动态博弈均衡问题。此外，就预算决策而言，尽管目前已有不少论著涉足其中，但多是从决策范式上进行探讨，较少对预算决策进行实证模拟考察。且就目前而言，专门针对预算决策“理性”与“角力”，以及预算决策绩效提升的文献仍鲜有所见，这也正是本书所致力探索的领域所在。

第三节　研究思路、结构安排及研究方法

一、研究思路：立足于过去—激辩于当下—放眼于未来

本书的研究并非简单地将“预算决策”笼统地作为一个孤立的单元来进行研

① Hammerschmid G，Walle S，Stimac V. Internal and External Use of Performance Information in Public Organizations：Results from an International Survey［J］. Public Money & Management，2013，33（4）：261－268.

究，而是将预算决策问题置于政治的宏阔背景下加以全方位考察。本书按照“立足于过去—激辩于当下—放眼于未来”的研究思路，从公共预算“理性”与“角力”之迷思入题，开启公共预算绩效管理决策机理的研究之旅。

具体而言，本书以经典的预算“元问题”—“科伊问题”开篇，引出预算“理性”与“角力”之迷思的探讨。并在此基础上，以“迷思为导向”，从预算源流演进之理性追求以及现实利益角逐与妥协等多维视角，展开了预算决策“理”与“力”的实证考察，以探寻预算决策绩效提升的现实路径与机制设计。

二、结构安排：立题—探题—解题—破题

本书依据“立题（第一章）—探题（第二章）—解题（第三、第四、第五章）—破题（第六章）”逐层递进的研究线索，分为六个章节。具体而言，本书的结构安排如下（见图1－1）。

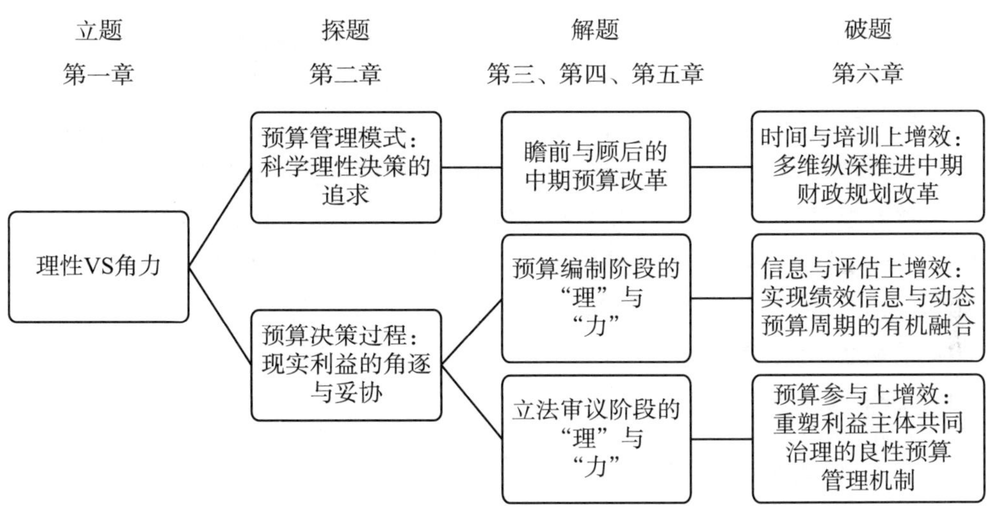

图1－1　本书逻辑框架结构

［立题］第一章为“药引”，旨在引出意欲探索的议题，即预算决策过程的本质与真相是什么？预算决策过程究竟是“理性”成分居多？还是“角力”成分居多？抑或是二者双生于预算管理的全过程？以及如何才能实现预算决策绩效的提升？

［探题］第二章为提纲挈领的一章，且将其比喻为“炼丹炉”。本章尝试从宏观层面搭建一个全新的预算决策机理分析框架，以为后续章节的纵深推进奠定坚实的研究基础，后续第二、第三、第四章均是在本章基础上延伸出来的议题。

[解题] 第三、第四、第五章为核心章节，且将其比喻为“内功输入”，旨在按照第二章搭建的框架，试图逐一解构第一章所提及的议题。主要按三阶段考察法进行全面解构：第一阶段，从中观层面探析预算管理模式理性追求之中期预算改革；第二阶段，从微观层面全面模拟和透析预算编制阶段的“理”与“力”；第三阶段，从微观层面全面模拟和透析立法审议阶段的“理”与“力”。

[破题] 第六章收官于预算决策绩效提升的现实路径与机制设计，且将其喻为“金丹出炉”。旨在凝聚前文之精华，助力预算决策绩效之提升。

此外，第七章为总结陈词、展望未来的一章，颇有“欲知下事如何，且听下回分解”之意。在本书研究的基础上，提出了未来意欲追踪探究的两个谜题。

三、研究方法

（一）多学科融合与整体结构主义相结合

综合运用财政学、管理学、政治学、统计学、行为经济学等多学科的研究方法，运用“整体（宏观）—结构（中观）—个体（微观）”三层次分析法，对既有预算理性经典理论进行梳理，提炼所需分析框架及内核，立体式地呈现预算决策“理性”与“角力”的分析场景，尽可能地逼近公共预算决策的“真实世界”。就宏观层面而言，重点考察预算源流演进中的理性追求与现实利益角逐。就中观层面而言，重点考察预算管理模式的现实理性归宿：中期预算改革；就微观层面而言，重点考察现实预算决策过程中的“理”与“力”，微观“一分为二”：微观之一详细考察预算编制过程中的“理”与“力”，微观之二则详细考察了立法审议过程中的“理”与“力”。

（二）理论规范与实证考察相结合

在对预算“理性”相关主流理论以及预算源流演进进行梳理归纳的基础上，对各国中期预算进行细致考察，通过对 A 省中期预算与财政绩效管理进行实地调研、深度访谈，进一步掌握了中期预算试点第一手资料，实现理论分析与实地考察相互印证的目标，使本书的政策路径设计更加现实、可行。此外，最为重要的是，本书试图通过构建实证模型考察预算决策中的“理”与“力”：一是构建预算决策行为前景博弈模型，以全面透析和模拟预算决策的真实世界；二是构建以立法和行政分权为特征的预算分配决策模型，实证考察双元利益角逐与制衡下预算分配决策的形成过程。通过理论与实证的结合，力求使本书研究有理有据，有远有近。

（三）静态分析与动态模拟相结合

无论是预算源流演进理性追求之思辨，还是预算决策过程之考察，本身就是一个“亦动亦静”的考察过程。就预算决策过程而言，无疑是各利益主体间不断博弈妥协折中的过程，本书通过构建实证模型，以动态模拟利益主体间的互动行为。为全面透析预算决策行为，本书专门构建了双群体静态前景博弈模型，并在此基础上，引入“时间”维度，构建不完全信息下双群体动态前景博弈模型，通过“动”“静”结合，试图勾勒出一幅清晰的预算决策图景。

（四）时间维度与空间维度相结合

就时间维度而言，本书立足于预算源流演进，试图从中提炼出预算“理性”与“角力”之内核，通过对中期预算改革的历史回溯与现实反思，归纳总结改革成功或失败之因，以为我国中期财政规划改革提供现实参考。于空间维度而言，本书对预算决策的研究具有一定的普适性，无论是预算“理性”与“角力”的考察，还是预算编制与立法审议阶段的实证考察，都涉及世界诸国，并未局限于一国或一家之言，一些规律性的总结及比较分析均源自世界各国的预算实践，虽未敢言涵盖所有，但至少是集典型国家、案例分析所得，具有一定的代表性。

第四节 主要研究特色与未来的研究方向

一、主要研究特色与创新之处：框架结构、观点结论、研究方法

（一）研究框架上的创新

本书突破了以往传统预算决策研究所采行的“渐进主义”决策范式与“理性主义”决策范式的分析思路，根据预算源流演进，凝练出公共预算“理性”与“角力”之内核，创新性地提出预算决策“理”与“力”的分析框架，从宏观上探讨预算“理”与“力”，再从中观上考察预算管理模式理性追求之中期预算，紧接着从微观上全面模拟和透析预算编制阶段与立法审议阶段中的“理”与“力”，最后收官于预算决策绩效提升的现实路径与机制设计。

（二）观点结论上的创新

通过对预算源流演进的考察，得出预算决策实乃“理性”与“角力”的结合，二者兼容于预算决策的全过程，具体体现在：预算管理模式的科学理性追求，以及现实预算决策过程中的利益角逐与妥协。

就中期预算改革而言，查阅大量文献发现，不少研究都曾提道，“与发展中国家和转型国家相比，发达国家的中期预算改革相对更容易成功”，然而，大多研究也就止步于此，尚未对其背后的原因进一步深究。为弥补这一缺憾，本书通过群体划分，对发达国家、发展中国家与新兴市场国家的中期预算改革进行深入剖析，归纳总结了两大类群体成功或失败更深层次的原因，可以说，这在先前研究者研究的基础上，向纵深推进了一步。

就预算决策过程而言，本书通过构建“两阶段”（预算编制与立法审议）实证模型，探究预算决策中的“理”与“力”，并提出了具有一定创新性的结论。

此外，就预算决策绩效提升而言，本书针对前述时间与空间双维分析、理论与实证分析，提出了具有一定创新性的政策建议，诸如，预算决策绩效提升的三个“增效剂”等。

（三）研究方法上的尝试与探索

本书尝试运用行为经济学中的前景理论与博弈论相结合的方法，试图将决策者行为偏好、心理认知差异等引入决策过程，并据此构造了双主体预算分配决策模型、双群体静态前景博弈模型，以及不完全信息下双群体动态前景博弈模型，继而对预算决策行为进行实证模拟分析，以使决策过程更加真实可信，也更有立体画面感。

二、未来的研究方向：研究的广度与深度

由于笔者时间、精力以及能力的局限，本书也存在诸多不足，有待以后继续推进，主要体现在以下几方面：

（一）相关研究结论数理检验问题

现实的中国，预算数据公开情况仍不尽如人意，至少是在时间维度的连续性，以及空间维度的完整性上还有所缺憾，难以进行“大数据”计量模拟分析，这使得本书在实证研究上具有一定的局限性。本书的研究大多基于理论模型的构建，较少涉及数据统计分析，结论尚未得到预算数据的支持验证。当然，这可能

是国内预算研究普遍的缺憾之处。本书研究结论的数理检验是下一步研究的方向。

（二）预算延迟研究的广度问题

针对预算延迟的问题，本书研究目前主要涉及美国，笔者在各大网站查阅相关资料时发现，几乎都是针对美国预算延迟的文献资料，而鲜少涉及其他国家的预算延迟，其背后的原因值得进一步探究。当然，这一方面可能是因为美国预算延迟现象较为突出，但也不排除其他国家也有类似情况，但只因笔者受语言障碍等因素的局限，而未能查阅到其他国家的预算延迟情况。下一步笔者将进一步挖掘其他国家预算延迟的资料，以弥补文中的这一缺陷。

（三）预算执行与决算阶段的考察问题

本书主要从预算决策视角展开研究，因此尚未涉及预算执行与决算阶段，但不可否认的是，预算执行与决算阶段也存在“理”与“力”的权衡，这也是有待笔者进一步深入研究的议题之一。

第二章

公共预算“理性”与“角力”之迷思

“预算”究竟是什么？用通俗的话说，预算是有关人类支出的行为。用学术术语说，预算则是探讨如何分配有限资源以满足人们偏好与需求的一门学问。因此，毫不夸张地说，预算过程实际上就是一种决策过程，其最终目的就是对有限预算资源做最有效的配置。

众所周知，公共预算决策过程决定了一国预算资源的配置，其在公共产品与服务的提供上，亦即在政府各项公共政策的抉择上，扮演着关键性的角色。由于政府的施政计划必须通过预算来体现，因此也可以说，预算代表了公共政策的实质与内涵，其决策对政府整体施政绩效具有深远的影响。对于公共预算这么重要的一个决策过程，究竟是如何进行的？以及应该如何行进？这一直是相关专家学者研究思辨的重要课题。

至此，我们不禁要思考公共预算究竟是“科学理性”的决策过程？还是只是现实利益“角逐与妥协”的过程？抑或是“科学理性决策的追求与现实利益角逐过程妥协的结合体”（如图 2－1 所示）？这一迷思的答案或许可以从公共预算源流演进中寻到一些蛛丝马迹。

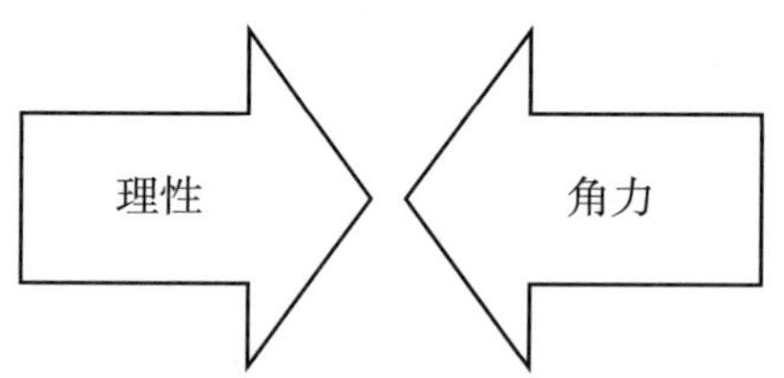

图 2－1　公共预算“理性”VS“角力”

第一节 异而议：公共预算"理性"VS"角力"

一、公共预算"理性"之思辨

公共预算究竟可不可能实现"理性"? 对此，预算专家学者持不同的观点，支持者与质疑者之间的辩论自20世纪40年代至90年代就未曾停歇过。早期持保留态度最具代表性的人物当属美国著名政治学家科伊（Key），其1940年提出了著名的"科伊问题"①。科伊认为公共预算支出的选择涉及价值偏好问题，单凭经济学中的"边际效用"等概念，根本无法客观地解释预算编制过程。因此，其得出如下结论：既然是价值选择问题，那么预算就并非"科学"或具有"逻辑"的，而属于"政治哲学"问题。不过，尽管如此，科伊仍未完全抛弃理性化预算的建构企图，其仍希望建立预算的规范性理论。

在过去的两百多年中，公共预算学者试图从不同角度与层次来分析公共预算的基本问题，诸如戴姆伯斯特和威尔达夫斯基（Dempester & Wildavsky）、鲁宾（Rubin）等。然而，令人遗憾的是，至今仍没有一个令人满意的答案（Meyers，1996）。实践表明，"科伊问题"的答案取决于人们所处的预算制度基础和文化背景，持有不同价值取向和偏好的预算决策者会对此问题给出不同的回答。正如特劳斯曼（Straussman，1988）指出的，科伊希望从理性选择的角度找寻一个资源配置的标准，以期预算决策更加科学理性，然而，这具有一定的误导性②。

相对于科伊对预算理性悲观的看法，刘易斯（Lewis，1952）则提出"相对价值（relative value）、渐进分析（incremental analysis）以及相对效能（relative effectiveness）"三项原则③，试图建构预算的经济理论，但其承认这一理论的限制性，毕竟经济分析在预算决策中是否具有实用性，必须视立法与行政机构间，以及行政部门内部的互动关系而定。简言之，在现实世界中，公共预算似乎又回到了政治问题的范畴里。

在刘易斯企图以"经济学路径"一统江湖（即预算理论领域）近十年后，渐进决策理论的倡导者阿伦·威尔达夫斯基（Aaron Wildavsky，1961）从政治学

---

① Key V O. The Lack of a Budgetary Theory [J]. American Political Science Review, 1940, 34 (6): 1137-1144.

② Straussman, Jeffrey. Right-based Budgeting [M]//In Irene Rubin. Eds. New Directions in Budget history. Albany: State University of New York, 1988.

③ Lewis V B. Toward a Theory of Budgeting [J]. Public Administration Review, 1952, 12 (1): 42.

的角度提出质疑，并直言："在现实生活中根本找不到规范性预算理论!"。他认为预算过程是在整个政治环境中进行的，其涉及不同主体的利益及偏好，因此，没有所谓的在效率上"比较好的预算"（better budgeting），而是"谁获益，谁失利"（who benefits and who lose）的预算。换言之，整个预算过程就是各利益主体间妥协折中的政治过程，任何预算改革都必将牵动政治上的变化，牵扯到利益的重新分割。随后，威尔达夫斯基在 1964 年出版了《预算过程的政治》（*The Politics of Budgetary Process*）一书，此书可谓是预算政治学的经典之作，对后续近半世纪的研究产生了深远的影响，自此拉开了预算规范性理论与实证研究路径间论辩与交锋的序幕。

威尔达夫斯基及其支持者认为，现实中理性预算决策理论既不可行，也不可取。从微观角度而言，预算决策是一种"连续—有限—比较"（successive - limited - comparison）的过程，这是因为决策者的"脑力有限"（也即通常所说的"有限理性"），资源（如时间及精力）也有限。由于脑力与资源的有限性，鲜有决策者有能力收集全面且绝对的信息。换言之，针对特定的政策问题，决策者不可能列举出所有可能的备选方案，并衡量出每一方案的得失利弊，进而进行理性的抉择取舍。事实上，决策过程也并非简单的按部就班的思维计算，决策者往往会以现行政策（亦即昔日经年累月沟通协调后所达成的共识）为决策的出发点。就预算决策过程而言，决策者通常运用简化的策略，以现行预算为基础，作边际修正调整，以减轻思维计算的负担，缩小预算争论冲突的范围，并在法定期限内完成预算编制。因此，理性预算制度在真实世界里的低度效用，并非难以理解的。

从宏观角度而言，政府决策过程牵涉面之广、参与者之多，使得人们对政策的目的和手段，有不同的认知和判断。这种现象，在预算决策过程中尤为明显。政府预算是政治过程的核心，其决定了社会资源在公共部门与私人部门之间各项政策的配置情形。因此，预算决策过程可以说是所有社会重要议题竞争冲突的角力场，而政策制定者与利益相关者间立场差异和意见的分歧，是可想而知的。在一个民主国家里，立场的调和与分歧的化解，理应透过党派相互调整（partisan - mutual - adjustment）。换言之，从宏观的角度来看，决策过程是由众多的参与者透过协商、议价与妥协来进行的。因此，"讲理"固然重要，"角力"也是政府预算决策过程的重要戏码，而各参与者有不同的角色，这更会影响决策的行为与过程。角色理论在这方面为我们提供了一些思考的方向与理论依据。

在公共预算行为研究中，角色理论可以说是一个十分重要的实证理论。其认为，在现实预算决策过程中，各参与主体都具有特定的角色及预期行为，主体间各司其职，形成相互制衡的行为机制。以美国各州政府为例，各行政机构首脑及其预算官员在向预算管理局提出预算请求时，扮演着为机构争取更多预算的角色，表现出贪婪的行为模式。而州长及其预算官员在整合各机构需求，提出预算建议案过程中，则扮演守门人的角色，对各机构的概算需求进行调整削减，以维持收入与支出之间的平衡。至于各议员及其主力在审议通过预算拨款法案的过程中，受制于预算专业知识不足、审议会期以及精力的有限性，往往只能以州长所提出的预算建议案为蓝本，仅针对其中一小部分，比如攸关其选区选民福祉或党派利益的预算，依特定立场或利益关系来作为决策的依据。因此，其在预算决策过程中，可以说是扮演着象征性角色（symbolic role）与区域党派利益争取者的双重角色。由角色理论所描绘的预算行为，我们可预期到预算决策者往往会选择性地采用信息，以帮助他们扮演好所需扮演的角色。换言之，特定信息（如绩效不彰须削减预算的评估结果）在预算决策过程中不被特定预算决策者（如机构首脑及其预算官员）所重视与运用，这是不难理解的。

艾伦·希克（Schick，1988）也曾指出，“科伊问题”不是一个公共预算本身所能回答的问题，能够回答这一问题的公共预算理论，必然是一个能够配置权力和体现政治价值的理论。其将“科伊问题”改为：“在什么基础上决定了将某一数量的资金配置给活动 A，而不是活动 B”[①]。这可称为公共预算中的“希克问题”，其将公共预算的配置看作一个经验性问题而非规范性问题。尽管“希克问题”比“科伊问题”更加合理，但遗憾的是，二者关注的都只是预算资金的分配问题，尚未触及预算的执行问题。

事实上，公共预算研究具有“双元性”，既可以是规范性研究，也可以是实证性研究。就规范研究层面而言，一些专家学者针对“科伊问题”，提出了预算学界十分重要且出名的“理性预算理论”（rational budgeting theory）。该理论无疑是规范研究发展的主轴，一直在为公共预算找寻一种资源配置标准，其主张政府在预算决策过程中，应通过按部就班的思维计算，考量各施政方案的得失利弊，以做出理性抉择，进而对有限预算资源做出最有效的配置（Rubin，2014）[②]。理性预算理论影响了美国数十年来预算制度的发展，如 20 世纪 50 年代的绩效预算（performance budgeting，PB）、60 年代的计划项目预算（planning programming budgeting，PPB）、70 年代的零基预算（zero - base budgeting，ZBB）、90 年代的新绩效预算（new performance budgeting，NPB）。

就实证研究层面而言，许多政治学者和经济学者的主要兴趣在于，解释或描述预算过程中参与主体的行为及其影响。譬如，经济学者尼斯坎南（Niskanen，1974）以理性选择模型解释行政官僚的预算行为为何倾向于极大化机

① Schick A. An Inquiry into the Possibilty of a Budget Theory [M]. In Irene Rubin. Eds. New York: State University of New York Press, 1988.

② Rubin I. The Politics of Public Budgeting: Getting and Spending, Borrowing and Balancing [M]. Sage/CQ Press, 2014.

关预算[①]。威尔达夫斯基（Wildavsky，1984）及其支持者则主张“渐进决策”较之“理性决策”更能贴切地描述现实政治生活中政策制定的实际过程[②]。他们一致认为人的理性是有限的（bounded rationality），而获取信息的成本又十分高昂，使得决策过程中参与者在目标和手段上都难以达成共识，加之能力和时间上的限制，决策者在制定政策目标以及编制预算时，只会依据现状做有限的微调与改变，而无法做彻底剧烈的变动。

此外，爱伦·鲁宾（Rubin，1990）以动态的观点研究预算过程，特别强调公共预算对外在环境开放性所造成的影响[③]。艾伦·希克（Schick，1995）从国会政治与公共政策之间的关系来探讨近几年美国联邦政府的预算过程及预算赤字现象[④]。部分学者将预算视为一种契约，行政官僚在统一的方式下动支预算资金，以为民众提供公共产品和服务。此外，他们还从新制度主义中的“委托—代理问题”（principal - agency problem）切入预算审议过程。由于委托人和代理人之间存在先天结构上的问题，包括信息不对称、道德风险、逆向选择、藏匿行为等，使得立法机构在授权行政部门编制预算时，将衍生出若干调整机制来防止“委托—代理问题”的发生（Kieweit & McCubbins，1992）[⑤]。

如前所述，公共预算有两种研究途径：一种是规范性理性预算研究，大多为经济学者或管理学者所倡导；另一种是实证性预算过程或行为的研究，大多为政治学者或政治经济学者所倡导。这两派人马是否永远找不到交集？那倒也未必。譬如，预算学者鲁宾（Rubin，2014）就曾指出：“预算支出是一种选择的政治，而预算选择也往往反映了政策的取舍”[⑥]。

不论是规范性的理性预算研究路径，抑或是实证性的预算政治经济分析，都各有所长，都对公共预算的研究有着重要的贡献。规范性理性预算理论主导了美国近半个世纪以来的预算改革，也直接或间接影响了世界其他国家。然而，诸多实证研究发现，这些改革成效并不理想，理性预算的运用十分有限（Lee，1996）[⑦]。实证预算研究途径则试图走出理性预算的框架，研究重点不再是问

① Mitchell W C，Niskanen W A. Bureaucracy and Representative Government [J]. American Political Science Association，1974，68 (4)：1775.

② Wildavsky A. The Politics of the Budgetary Process [M]. Boston：Little，Brown and Company，4rd，1984.

③ Rubin I S. Budget Theory and Budget Practice：How Good the Fit? [J]. Public Administration Review，1990，50 (2)：179 - 189.

④ Schick A. The Federal Budget：Politics，Policy，and Process [M]. Washington D. C：Brookings Institutions，1995.

⑤ Kiewiet D R，Mccubbins M D. The Logic of Delegation：Congressional Parties and the Appropriations Process [J]. American Political Science Association，1992，86 (3)：806.

⑥ Rubin I. The Politics of Public Budgeting：Getting and Spending，Borrowing and Balancing [M]. Sage/CQ Press，2014.

⑦ Lee Y J. Towards an Integrated New - Institutional Approach：Reviews & Comments on the Contending Models of Policy Process Study [J]. Open Public Administration Review，1996 (5)：301 - 326.

“预算制度应如何设计?”，而是问“预算过程的本质和真相是什么?”。以“解释现象”为立足点的实证研究途径，不仅结合了政治经济学与公共预算，更丰富了公共预算研究的学术生命。

二、公共预算决策:“理性”与“角力”的结合

自公共预算诞生以来，其决策过程一直就是“理性”与“角力”的结合，而事实上，“角力”的成分可能大于“说理”的成分。然而，政府施政与预算决策如果只凭政客的臆测与角力，而没有完全斟酌客观精确的信息与理性的思维讨论的话，国家资源配置必定是混乱不堪的。在各国政府普遍面临财务困难的时期，如何增进预算的理性成分，将有限资源做最有效的配置，一直是有识之士所关心的课题。我国在面对民主转型变化与竞争力提升的期许下，如何调整政府决策的优先次序，以及提高公共资源使用的效率与效能，亦为当务之急。期待全民能够多了解和关心公共预算的相关议题，促使有权之人能讲理，帮助会讲理之人发挥其影响力，为我国预算决策过程中不可或缺的角力竞争，建构一个讲理的“擂台”，让公共预算决策过程成为“理”与“力”的完美结合。

有研究显示，行政官僚的预算行为，既非纯粹极大化预算模式，也非渐进决策模式，更多的是一种混合模式：一方面，行政首脑主观上期望能在可能的范围内为机构争取最大的预算额度；另一方面，在现实环境的考量下，比如，考虑到立法机构的态度等，所谓“最大额度”也并非漫无标准的，而是在一定程度上参考上年的预算额度。这给我们带来两个启示：一是在现实预算决策过程中，必须考量政治环境等因素的限制；二是理性预算、极大化预算以及渐进预算三者在行政官员预算决策行为上，都具有部分解释力，预算决策过程并非单一模型所能解释，亦即无法凭单一模型窥得全貌。总而言之，公共预算管理过程体现了对科学理性决策的不懈追求，以及对现实利益角逐的不断妥协，二者总是双生于预算管理的全过程（如图 2 -2 所示）。

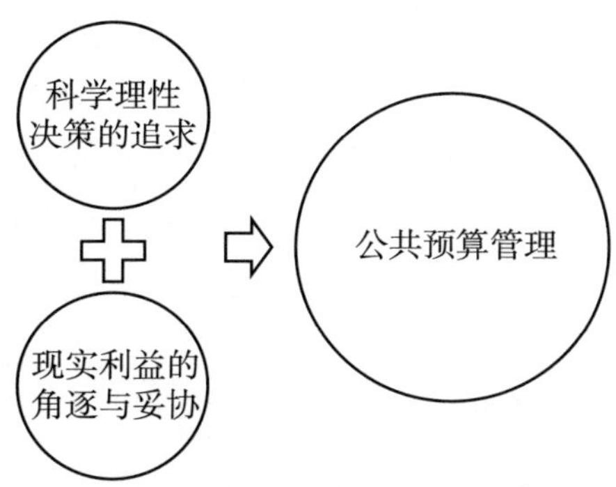

图 2 -2　公共预算管理实质：科学理性决策的追求与现实利益的角逐与妥协

第二节　公共预算管理模式：科学理性决策的追求

公共预算的历史演进过程，其实就是预算体系不断实现理性与民主化的过程。因此，只有将公共预算纳入一个历史演变的时间框架内，我们才能真正理解现代公共预算制度。正如凯顿（Caiden）所指出的："公共预算是一个历史现象，与特定时间和特定地点相联系，其发展并非是一成不变的"①。在不同历史发展阶段，预算体制面临的具体问题各不相同，因此，预算改革的目标和侧重点也有所不同。

一、世纪回眸：公共预算源流演进之理性追求

自有国家之日起，就有了财政管理活动。如果仅将"预算"② 理解为政府财政收支的记录，则"预算"古已有之。早在印度孔雀王朝（公元前 322 年 ~ 公元前 185 年）就已有比较正式的预算，规定哪些税收的多大比例用于什么开支项目③。我国预算思想也发端甚早，中国汉代古籍《礼记·王制》曾这样表述："冢宰制国用，必于岁之杪，五谷皆入，然后制国用。用地大小，视年之丰耗，以三十年之通，制国用，量入以为出。"④ 这听起来似乎颇有"预算"之味⑤。由此可见，预算思想可谓源远流长。

尽管"预算"古已有之，但现代公共预算制度的形成却经历了一个漫长的过程，其真正意义上的诞生可上溯至 19 世纪的欧洲国家⑥，此后随着代议政治的兴起，而为世界各国所效仿，并由此逐渐发展成为现代国家治理的基本制度。公共预算制度的发展，常随现代国家角色变迁及社会要求而屡经变革，历次预算改革均试图革除前一阶段的弊端。面对瞬息万变的时代背景，各国纷纷改革其预算制

---

① Caiden N. A New Perspective on Budgetary Reform [J]. Australia Journal of Public Administration, 1989, 48 (1): 53 – 60.

② "预算"一词在很早便在中文中出现，最早可追溯至中国古典四大文学名著之一《三国演义》第三十六回单福与玄德对话中的"吾已预算定了"，但其原意是指"预先计算"，与财政无关。然而，在中文里第一次使用现代意义"预算"一词，可追溯至黄遵宪 1895 年刊行的《日本国志》。英文中的"budget"一词源于拉丁语中的"bulga"，后来演变为古法语中的"bougette"，意指"皮包"。大约在 1400 ~ 1450 年，该词传入英国，并逐渐演化出现代含义。此后，法国于 1803 年采纳了英文单词"budget"，并一直沿用至今（参见：马蔡琛．政府预算［M］．大连：东北财经大学出版社，2007：7.）

③ 王绍光．从税收国家到预算国家［J］．浙江人大，2009（5）：26 – 27.

④ 李修生，朱安群．四书五经辞典［M］．北京：中国文联出版社，1998：341.

⑤ 当然，在此之前也存在一些先驱性实践，譬如，中世纪末期一些欧洲城市国家实行了严格的基金会计，建立君主立宪制后的英国政府每年都要向议会提交预算估计。

⑥ 欧洲第一次真正意义上的现代预算实践是 1814 年的法国政府预算，宣布根据政府部门的需要每年对它们进行拨款。从此，政府财政管理就变成周期性而非连续性的。

度，期望借预算改革，以提升政府施政绩效，满足国家治理与社会进步的需要。

19 世纪末 20 世纪初是现代公共预算理论和实践的奠基时期，这一时期的主要任务就是建立一套便于行政控制和问责的机制，防止决策者将资金用于私人目的。在此背景下，各国采取“基数加增长”的逐项预算（line - item budgeting, LIB），即在上一个预算年度形成预算的基础上，加上一个“公平”的增长份额。这虽有助于支出控制，但不利于预算资金的配置效率。

自 20 世纪 50 年代以来，美国预算改革风起云涌，且迅速蔓延至世界各国。譬如，50 年代的绩效预算（PB）、60 年代在美国国防部前部长麦克马拉的倡导下，计划项目预算（PPB）被引入预算决策和管理过程。在此之后，70 年代的零基预算（ZBB）、90 年代沿用至今的新绩效预算（NPB），也可称为企业化预算（entrepreunial budgeting，EB）。这些预算改革相继粉墨登场，旨在持续不断地探索改进预算资金配置效率的道路（如表 2 - 1 所示）。

表 2 - 1　美国预算管理模式的演进与差异

特征	传统预算	逐项预算	绩效预算	计划项目预算	目标管理预算	零基预算	目标基础预算	新绩效预算
时间	1921 年前	1921 ~ 1939 年	1940 ~ 1964 年	1965 ~ 1971 年	1972 ~ 1976 年	1977 ~ 1980 年	1981 ~ 1992 年	1993 年至今
总统		哈定	胡佛	约翰逊	尼克松	卡特	里根	克林顿
决策重点	—	投入	产出	政策目标	—	项目优先次序	—	结果
职能取向	—	控制	管理	计划	管理	管理控制	控制计划	计划管理
决策流程	—	自下而上	自下而上	自上而下	自下而上	自下而上	自上而下	自下而上 自上而下
决策方式	增量	增量	增量	系统	分权	增量参与	系统进取	增量、参与和分权
权力分配	立法主导阶段	行政预算阶段	行政预算阶段	行政预算阶段	共同治理阶段	共同治理阶段	共同治理阶段	共同治理阶段

资料来源：笔者根据［美］尼古拉斯·亨利著，项龙译．公共行政与公共事务（第 7 版）［M］．北京：华夏出版社，2002：208 整理所得。

总体而言，19 ~ 20 世纪是现代公共预算成型与发展的“双世纪”。在跨越两个多世纪的历史长河里，现代公共预算理论与实践先后经历了奠基（19 世纪）、成型（20世纪初）、变革（20世纪中前期）和蓬勃发展（20世纪50年代以后）的历史变迁历程。在此期间，不断注入新的理论和实践以充实其内涵，拓展其外延。200余年的现代公共预算大致可分为两个阶段：第一阶段（19世纪~20世纪50年代）主要通过建立一套行之有效的监督控制体系，以确保公共资金都用于公共目的。第二阶段（20世纪50年代至今）主要任务是提高预算资金的配置效率，寻求支出绩效。简言之，自诞生之日起，公共预算已是现代国家治理的基本制度，是建立高效、廉洁、负责的现代政府的基础。

现代公共预算制度的改革与演进，就在于寻求一个如何使预算资源最有效率的理想制度，几乎每隔一二十年就会产生新的制度架构，为提升预算理性程度而努力，这一系列的改革构想，被后世称为“理性预算”。理性预算决策理论主导了世界各国，尤其是美国过去数十年来的预算改革，成为美国预算制度改革的主旋律，其所关注的焦点在于：如何使政府的有限预算资源达到最有效的境界？亦即如何使预算决策以极小化成本换取极大化效用？事实上，理性预算的演进轨迹正是一部美国预算制度发展与变迁的历史。

无论是关注产出的“绩效预算”（PB）、强调中长期计划性的“计划项目预算”（PBB）、强调项目优先次序的“零基预算”（ZBB），还是融合企业管理思想的“新绩效预算”（NPB），均试图找到一种科学的、理性的最佳预算分配模式，从而一劳永逸地解决预算资金的分配问题。具体而言，就是希冀于用理性的预算分析，以取代以政治判断和预算基数为依据的传统预算分配模式①。

不同的预算模式不仅意味着预算决策重点的不同，还意味着不同的预算决策流程和职能取向。回顾历次预算改革，可以发现，每一次预算改革都改变了预算决策的重点（见表2-1所示）。譬如，逐项预算（LIP）的决策重点是“投入”。20世纪50年代的绩效预算（PB）则将决策重点从“投入”转向“产出”，以“活动为基础”将资源分配与产出绩效联系起来。60年代的计划项目预算（PPB）将决策重点转到“政策目标”，运用战略计划引导资金分配，使得公共预算开始超越年度预算的视野，在一个跨年度框架内考虑资金分配问题。70年代的零基预算（ZBB）将决策重点转到“项目的优先序”上，主张按照活动的轻重缓急进行支出排序，取消预算基数对资金分配的影响，实现资源的再配置，亦即将资金从低效率的活动转向高效的活动。90年代沿用至今的新绩效预算（NPB）对以前的预算改进进行了扬弃，将决策重点转到“结果”，强调在总额约束的框架内，运用战略计划引导资金分配，将预算与结果绩效联系起来。

这些预算模式在时间上相互继起，空间上相互并存，虽侧重点有所不同，但

① 马蔡琛．政府预算［M］．大连：东北财经大学出版社，2007：75.

有时又无严格的界限，有的预算模式并未随着下一模式的出现而彻底消亡，而是与后续的预算模式一同共存于预算管理中，有的甚至死灰复燃，譬如，新绩效预算在绩效预算被更替近 30 年后得以回归，当然，这并非简单意义上的回归，而是有所同有所不同，最大的不同即在于决策重点的转变。

自 19 世纪近代公共预算制度建立至 20 世纪 50 年代，预算决策都以基数为基础，采取的是一种基数加增长的渐进预算决策模式。20 世纪 50 年代以来的理性预算改革，都希望采取一个更加理性的预算决策模式来取代传统基数加增长的渐进预算决策模式。毫无疑问，经过屡次前赴后继的改革，许多国家，尤其是一直引领理性预算改革的发达国家，譬如美国、澳大利亚等国家的预算决策已不像从前那般，完全采行基数加增长的渐进决策模式。但不可否认的是，基数加增长的渐进决策模式仍是一种生命力极其顽强的预算决策模式，主要是因为这种模式相对简单，不需要太多的数量分析和预算信息，比较符合人的有限理性，且其导致的各利益相关方间的预算冲突可能相对较小。

尽管，自 20 世纪 80 ~ 90 年代后，依单一理性预算理论指导的大规模预算改革已不复多见，但小规模的预算调适（budgetary adaptations）则时有耳闻。正如查尔斯・比尔德（Charles Beard）所说：“预算改革承受着其诞生时岁月留下的烙印。”这一时期，各主要国家实际上采行的大多是“混合制理性预算”，改革者大多依据过去的经验及其特殊现实，并参考各种理性预算制度的得失利弊，针对其预算制度做出微调，希冀增加其预算决策过程中的理性成分。例如，有些政府依据传统预算模式，除按逐项预算编制预算外，还将施政计划纳入预算编制加以考量，以显示各计划的成本开支。此外，值得注意的是，有些政府开始有系统地收集预算信息，建立各种可量化的产出指标（output indicators）与结果指标（outcome indicators），以期衡量各施政计划的效率与效能。这一切努力都是冀望以施政计划为目标，具体衡量各计划的投入与产出、成本与效益，试图建立以绩效为基础的预算制度，使公共预算除具备传统的控制功能外，更能增进其管理与规划之功能。

对这些朝向理性预算制度的改革或调适，其成效究竟如何？各专家学者对此持不同的观点。一方面，有的学者认为，20 世纪 50 年代、60 年代、70 年代这三波大幅的预算改革劳民伤财，成效不彰。最明显的证据是，这些制度都在采行一段时间之后即遭扬弃。更为重要的是，这些制度在实施过程中，并未能改变传统公共预算决策的过程、行为及结果。而诸多实证研究也显示，80 年代、90 年代许多政府朝向更为理性的预算制度所做的调整，并没有达到预期的效果。另一方面，也有部分学者持相反的观点，他们以较为宽松的标准来评估，认为这些改革和调整具有长远无形的影响，促使公共预算逐渐趋向于理性决策过程。换言之，各级政府逐渐重视绩效信息，并开始有系统地收集、生产和使用这些信息，试图将这些绩效信息纳入预算决策过程加以考量。

尽管学术界对公共预算之“理性”存有不同的声音，但主流预算理论基本上还是将“科伊问题”作为公共预算的基本问题。在过去的200余年中，前赴后继的预算改革都希望通过重构预算编制模式，以便为“科伊问题”寻找一个理性的解决方案。这些改革所倡导的预算模式都希望将某种预算理性引入预算决策过程中，都希望为公共预算提供一个理想的、最佳的预算模式，以“科学的”方式将有限的财政预算资源分配给最具价值的活动或方向，使得预算决策不再像现实世界中存在的那样，主要取决于各种政治势力之间的讨价还价以及各参与主体之间的利益分割。换言之，这些预算改革都期望公共预算决策主要取决于客观科学的理性预算分析，而非主观的政治判断。

回顾公共预算演进史，不难发现，预算理性一脉相承，从传统逐项预算到绩效预算、从年度预算到中期预算，都是在为公共预算的科学化、理性化与效率化找寻出路。然而，这些预算改革的理想，似乎都不曾因全面落实而成功，现实预算过程与改革理想之间似乎总有一段落差。以传统逐项预算为例，其实施确实能够实现对支出的严格控制，但因其缺乏计划导向、忽视成果或产出以及绩效而屡遭诟病，而后被绩效预算所替代，当然也并非被完全取代。以零基预算为例，美国前总统卡特曾于1977年正式下令联邦政府全面采行零基预算。虽然卡特在1980年宣称非常满意该制度的成果，但由于其在执行上的诸多困难，致使其在1981年里根上台后便无疾而终。理性预算强调决策者如何将预算资源进行最有效的配置，一旦要全面落实时，往往遭遇到官僚体制与政治现实的双重阻碍，以致其施行常是“三分钟热度”。绩效预算与计划项目预算又何尝不是如此？新绩效预算历经30余年不衰，且焕发出越来越强大的生命力，这似乎标志着现代预算制度发展到了一个新的阶段，但这是否意味着我们找到了预算改革放之四海而皆准的“金科玉律”，新绩效预算是否意味着预算模式的终结？这仍有待时间和实践的检验。

总而言之，虽然公共预算不可能完全按照市场最优化条件配置资源，但每次改革都试图追求科学理性的决策。尽管每一次理性预算改革尝试都未能获得全面成功，但值得庆幸的是，各国依然一直在尝试。譬如，我国1999年以来相继推出的“收支两条线”改革、部门预算改革、国库管理制度改革等，试图通过加强对预算控制和管理能力的提升，以期使预算资源分配更具科学精神和理性色彩。

二、理性追求：政策、预算与绩效“三位一体”

20世纪中后期，世界主要工业国家大多面临财政失衡问题，各国无一不致力于预算制度的改革。为控制预算赤字并缩减支出规模，各国纷纷进行新绩效预算改革，强调计划与预算的绩效，注重绩效导向与弹性授权，以改变绩效结果和预算决策管理流程。新绩效预算制度重拾50年代、60年代、70年代结合计划与绩效信息于预算资金分配过程的企图，试图将预算分配与计划绩效以及结果联系起来，以期实现政策、绩效与预算“三合一”的愿景（如图2－3所示），而政府对于绩效的兴趣则来源于民众加强预算问责的需求。各国加强预算问责的做法包括：允许保留预算结余、赋予更大的自由裁量空间，以及建立绩效指标等。而在强化“结果导向”预算方面，则要求制定绩效目标、绩效契约、绩效评估以及按绩效编制预算等（OECD，1995）。

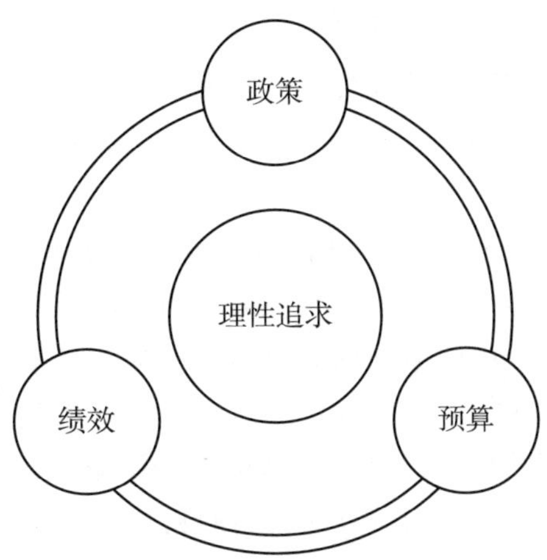

图2－3 预算理性追求：政策、绩效与预算“三位一体”

总的来说，自20世纪八九十年代起，许多OECD国家的预算改革总体呈现出三个趋势：一是许多发达国家已将预算权力下放给各支出部门，使其能够在部门支出限额内自由分配预算资金。二是许多国家在预算过程中采用了以结果为导向的预算编制技术，而这些技术则以部门绩效为基础。这些改革旨在提高公共预算资金的分配效率。三是许多发达国家尝试在一个多年期战略框架内制定年度预算，也即实行中期预算制度①。具体而言，各国预算改革主要聚焦于以下几个方面：

（一）扩大预算授权弹性的同时加强问责

譬如，1984年，澳大利亚在其预算改革白皮书内主张对各支出机构实行预算授权与问责制，并大量缩减支出科目，赋予各支出部门更大的预算使用弹性；同时也要求对每项计划进行绩效评估，并加强问责。1986年，加拿大开始实行

① Shand D. Budgetary Reforms in OECD Member Countries [J]. Journal of Public Budgeting Accounting & Financial Management, 1997, 10: 63－88.

“加强部委授权与问责”（Increased Ministerial Authority & Accountability）的预算制度，授权各支出部门的预算资金可以在不同计划间留用，未使用完的预算资金也可结转至下一年度。但前提是，在预算授权的同时，各支出部门应加强其计划目标与绩效的测量。英国1988年的《续阶计划》（*Next Steps Initiative*）在绩效与问责的架构下，扩大各支出机构的自由裁量权，其财政部要求各支出机构以预算总额取代具体项目支出上限，即各支出机构可以在预算限额内自主决定其预算分配，但应同时进行绩效评估。

此外，美国1993年戈尔（Gore）前副总统主持的“全国绩效评估委员会”（The National Performance Review），针对其财务预算制度改革提出五点建议：一是界定计划政策目标，并加强对结果的问责；二是加强财务管理架构；三是授予管理者与执行者更大的权限以达成目标；四是实行企业财务预算的做法；五是改进预算管理流程①。此外，如项目重整、取消具体项目支出上限与下限等规定均旨在强化预算弹性与授权。

由公共预算的演进历程可知，现代政府越来越重视预算绩效，即思考如何“把钱花在刀刃上”，新绩效预算日益成为政府再造的重要支柱。新绩效预算强调机构必须设定政策目标，由政策规划决定预算的编制，并在预算执行后随即对其进行绩效评估，以作为政策计划延续、调整或终止的参考依据。如此一来，将政策目标、预算执行、绩效评估与预算分配四者紧密结合，形成一个循环闭路（如图2-4所示）。这一制度设计可改变过去行政机构“重事前争取预算、轻事后绩效评估”的陋习。

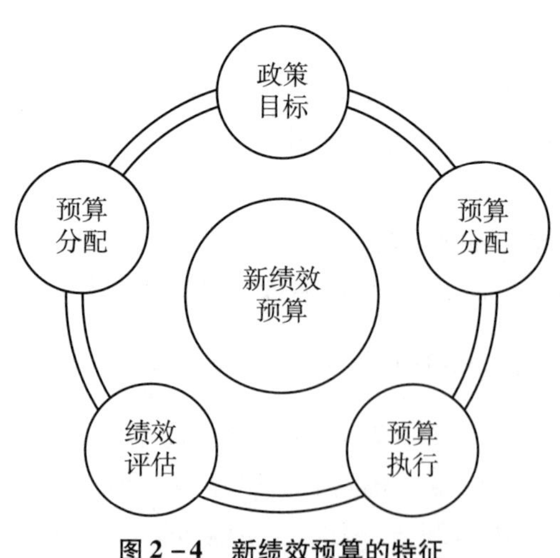

图2-4　新绩效预算的特征

① 詹国彬．公共部门新绩效预算制度的兴起、发展与评价［J］．上海综合经济，2004（12）：58-60.

任何政策的推行都离不开预算的支持，因此当我们讨论政策评估时，自然而然会将预算资源配置与绩效评估联系起来。绩效评估与新公共管理的兴起有着密不可分的联系。20 世纪 70 年代末期到 80 年代初期，各国经济发展迟滞，牵制着许多政府的更迭。1979 年英国保守党上台，加拿大自由党重新执政；1980 年美国共和党胜选；1983 年、1984 年新西兰和澳大利亚的工党分别重新主政。在新自由经济学及新公共管理思潮的影响下，这些国家都相继卷入了“小政府”与“企业型政府”的发展洪流之中。

纵观世界各国政府的再造运动，不难发现，他们在公共领域改革的选择中，几乎无一例外的摆荡在“市场机制的新公共管理”与“韦伯式的行政控制”这两种主流思潮当中。他们改弦更张的理由，除了面对时下财政日益困窘的政治经济社会背景外，主要还在于：传统的行政控制抑制了政府机构的积极性与创新性，使政府运作陷入形式化与僵化的困境。具体而言，20 世纪 80 年代初期，以英国为首的政府管理者历经成长极限，“万能政府幻象”破灭，面对控制失灵的“大政府”危机，以及预算赤字、绩效赤字和信任赤字的重重压力与挑战，倒逼政府另寻改革出口。政府预算执行的结果，既要符合预算及相关法律法规，更要求具有经济效率，以达成施政目标，增进人民福祉。此时，以新右派与新治理理念为号召，厉行精简组织、转换职能、控制成本等观念，这恰好为当时的困境寻得治病良方。

在新公共管理运动浪潮的推动下，“传统评估”也随之革新，改为“绩效评估”，二者以及“项目评估”间的差异详见表 2－2。从雷纳评审计划（rayner scrutiny programme，RSP）到财务管理倡议（financial management initiative，FMI），开始引入“绩效评估、重视成本”的观念，强调“货币价值”（value for money），对政府施政绩效进行评估，除考核其是否按施政计划与预算贯彻执行，更应评估其是否达到预期绩效。这种“新公共管理”风潮带动下财务管理工具的运用，已逐渐引起各国政府首脑的高度关注，为绩效评估奠定了发展契机。美国克林顿政府在 1993 年成立“全国绩效评审委员会”，声称要“创造一个运作更好且花费更少的政府”（creating a government that works better and costs less），由这一愿景即可见绩效评估精髓之所在。

表 2－2　传统评估、绩效评估与项目评估的比较

类型	政府形象	良好运转的形象	评估意图	评估形式	评估作用
传统评估	机械式官僚主义	交易和任务绩效由系统有效监管	合规问责	审计	验证信息、找出当地实际做法与一般准则间的错配、推测后果、披露结果

续表

类型	政府形象	良好运转的形象	评估意图	评估形式	评估作用
绩效评估	价值链：投入—产出—结果（及其他模式）	组织和生产实践得以优化	绩效问责	检查	评估所涉及的方案及组织、披露结果
项目评估	政府主导干预旨在改善集体问题	项目实现目标，公共政策改善集体福利	提供有关政策和项目有效性的真实有用的反馈	研究	评估干预措施的效果或衡量不相关干预措施对集体问题的影响

资料来源：Barzelay M. Central Audit Institutions and Performance Auditing：A Comparative Analysis of Organizational Strategies in the OECD［J］. Governance，1997，10（3）：235－260.

（二）以绩效信息为基础编制预算

回顾预算发展史，可知传统预算过程属于一个劳动密集型的预算过程，各参与主体关注的重点大多在于如何争取最大化预算，以及如何耗尽所有预算拨款，而非追求目标的实现。这一过程同时也是一个控制取向的过程，缺点在于浪费太多时间在削减或增加预算等数字游戏上，却未能重视以“绩效信息”为主的预算过程。

为加强政策、绩效与预算三者之间的联系，伴随着政府再造运动浪潮的推动，新绩效预算应运而生。新绩效预算的精神源自企业管理中“向绩效看齐”的哲学理念，体现了“结果导向”与“企业挂帅”两个特性。因此，新绩效预算也被称为“企业化预算”，或“任务驱动、结果导向”（mission－driven，results－oriented budgeting）的预算，抑或是“结果预算”，是指在预算决策时，以“结果”，而非“投入”或“过程”为目标①。新绩效预算认为过去传统意义上的预算制度的症结在于“防弊心态”，使得预算决策者束手束脚。新绩效预算一改传统做法，主张赋予预算决策者快速且弹性的预算处理空间，决策者只需对“结果”负责。如此一来，预算决策者在处理问题上会更有效率且富有创意。换言之，以结果为导向的预算就是赋予各支出部门充分的自由裁量权，这有助于各部门将注意力聚焦于重大政策议题上，而非预算管理的细枝末节上。

就具体国别实践而言，美国1990年的《首席财务官法》（*The Chief Financial Officers Act*）要求联邦机构的首席财政官员，必须对其机构计划研究制定绩效测量方法。1993年的《政府绩效与结果法案》（*Government Performance and Results*

① 李允杰，孙克难，李显峰，林博文．政府财务与预算［M］．中国台北：五南图书出版股份有限公司，2003：143.

Act）要求制定战略规划、年度绩效计划（制定可测量的计划目标），以及年度绩效报告。以绩效为基础的预算将预算的焦点由“投入”转至“结果或成果”，要求各机构编制策略性计划（包括任务的陈述以及计划的目标），同时制定绩效目标及指标，以便于后续判定计划目标是否达成，并将绩效信息融入预算编制过程中，以实现真正意义上的绩效基础预算。

新西兰政府于1989年颁布了《公共财政法》（*The Public Finance Act*），该法案将企业的会计架构引入政府部门，以便对政府绩效进行测量，确保政府的支出效率。在新制度下，各机构必须制定清晰明确的目标，并改变按“投入”编制预算的传统方式，转而采取按“产出”编制预算的方式。这一观念上的转变，使得政府产出计价方式由原先的“成本基础”改为“价格基础”。由“投入”改为“产出”也伴随着由“中央集权”的管理方式改为“内部分权”的决策方式，各部门有权决定劳动与资本等投入组合，实现以最低成本生产既定产出的效率目标。

（三）建立追求绩效的激励机制

1949年美国胡佛总统执政时，针对逐项预算存在的预算与效果脱节、政客将预算视为“政治分肥”而忽视了公共受托责任等弊端，提出了通过绩效来改革预算制度的设想。1951年，美国联邦预算局在编制预算时，第一次使用了“绩效”这一概念，尽管受限于政治、技术等条件，这一改革当时没能获得全面成功，但无疑为后来的改革指明了方向。此后依次经历了绩效预算、计划项目预算、零基预算等改革，取得了一些阶段性成果，但由于这些改革都只是追求预算管理形式，尚未抓住预算绩效的实质，因而都宣告失败，或随总统更迭而淡然落幕。

政府若想改变行政机构“只重投入、不重产出”的现象，必须以“绩效”作为拨款的决定依据。过去的行政机构不重视绩效，只依据诸如工资、预算、职位等作为奖励依据，个人只关注自身职位的晋升、更多的预算等，而非追求机构绩效的提升。对此，新绩效预算主张政府借鉴企业的做法，建立可衡量的目标和绩效指标以对机构进行问责，机构只有在能对结果负责的基础上，才能获得相应的预算授权。由上述可知，新绩效预算非常重绩效评估在预算决策过程中的作用。

就国际实践而言，加拿大为降低各支出机构“年底突击花钱”的现象，其自1989年起允许将部分经常性预算剩余资金结转至下年留用。此外，为绩效激励建立基础管理架构，以在现有成本下能否达成既定结果作为政策选择的依据。澳大利亚政府制定跨年度结转（carry－overs）条款，该条款规定各支出机构可将其经常性预算总额的6%，在不同年度间重新划分。此外，对于预算绩效有所提升的支出机构，给予“效率分红”（efficiency dividend）以资鼓励。

“无独有偶”，丹麦政府也规定，各支出机构可将因生产力提高而节余的预算资金留作他用，并且对生产力提高与预算节余有贡献的公务员给予额外特别奖励。这一举措旨在激发公务员的创新能力，以提升政府施政效率。此外，还制定了预算绩效激励基础管理架构，简化各项法规，将激励机制融入各项政策以提高效率。

（四）预算周期由年度向中长期逐步拓展

为加强预算与计划间的联结，目前最为普遍的做法是，将预算整合进一个中长期财政框架内，战略性地指导资金分配。目前，大多数国家都已建立 3 ~ 5 年的中期预算框架，试图以此框架对年度预算形成约束。自 20 世纪 80 年代以来，中期预算改革（medium - term budgeting，MTB）在发达国家和部分发展中国家中蔚为风潮。2008 年，财政部预算司初选河北省（2008 年）、河南省焦作市（2009 年）和安徽省芜湖县（2010 年）作为中期基础预算的省级、市级和县级试点单位，自此拉开了我国中期预算改革的帷幕①。时隔 6 年后，终于于 2014 年开始全面启动“中期财政规划改革”，并要求建立“跨年度预算平衡机制”。

此外，自 1993 年以来，欧盟（EU）规定其成员国有义务定期公布“中期趋同规划”，而欧洲货币联盟（MEU）也规定，其成员有义务每年呈递一份“稳定规划”（至少覆盖 3 年的政府赤字和债务筹划）。1988 年开始，欧盟除每年编制共同财政预算外，还会定期提供一份“跨年度”的中期共同财政预算方案，以增强欧盟预算的透明度和延续性。

在政府预算规模不断扩张时期，中期预算作为计划管理工具之一，不仅可预估现行计划的未来成本，同时也可确定未来年度预算哪些计划即将被实施。然而，在预算规模裁减时期，中期预算如同多年度预算基线（budget baseline），成为控制年度预算规模和财政风险的有效工具。比如，在德国，多年度的财务计划成为防止预算超额需求的利器。在新西兰，中期预算是各支出部门与财政部门预算谈判的下限，而在意大利中期预算则是年度预算的参考基础。在美国，国会的预算决议案与总统的现行预算均会对未来三年进行预估。澳大利亚则要求各支出机构在编制预算需求时，需同时预估现行政策采行下未来三年所需的预算。中期预算制度通过预测未来年度政府预算收支的差距以及预算目标的实现情况，将年度预算决策与多年度的预算估计紧密结合在一起。

由于中期预算在预算管理、控制赤字，以及改善财经纪律等方面颇有建树，而倍受许多市场经济国家的推崇与赞誉。当然，在现实预算过程中，中期预算也

① 陈益刊．中期财政规划实施编制预算放宽至三年期［N］．第一财经日报，2015 - 1 - 26.

并非解决所有财政预算问题的灵丹妙药，但各国公共预算实践的趋同（即引入多年度视角），至少反映了中期预算在当前确是一个值得推崇的预算编制与管理方法，但每个国家能否从中期预算中获益，则取决于各自的制度设计、技术水平以及行政管理能力等诸多条件（中期预算改革的情况详见第三章，在此不再赘述）。

第三节 公共预算决策过程：现实利益的角逐与妥协

汉朝司马迁在《史记》中曾指出：“天下熙熙，皆为利来，天下攘攘，皆为利往。”马克思和恩格斯也曾说：“人们奋斗所争取的一切，都同他们的利益相关”[①]。这些论断都表明一切社会活动都是以“利益”为桥梁和纽带的，追求利益是人类社会永恒的主题。公共预算关系一国政府一切活动的支出安排和资源配置，集中体现了预算参与主体对“利益”的诉求。预算管理是预算资金分配的过程，更是各预算参与主体间利益协调的过程，预算过程中各参与主体都在寻求自身利益最大化，他们之间存在或冲突，或一致的行为取向。

公共预算在本质上是一个政治问题，预算改革必将触及各参与主体的利益，是一个各相关方利益分割的过程，预算改革无疑是一个艰苦而漫长的过程。之所以艰苦，是因为面向科学理性的预算分配决策改革是现代预算制度建设的必由之路，各利益相关方的冲突和矛盾都终将在预算分配决策过程中显现出来。之所以漫长，是因为预算分配决策改革本身绝非朝夕之功，需要一系列相关措施的突破、裂变、整合、调整与发展。1921 年美国《预算与会计法案》的颁布，标志着现代预算体系的初步建立，自此之后，逐项预算、绩效预算、计划项目预算、目标管理预算、零基预算、从上到下预算（目标基础预算）、结果导向绩效预算等预算分配模式相继粉墨登场，现代预算发展变迁的历程恰好说明了预算分配决策的复杂性与艰巨性。

公共预算决策过程包括“预算编制”（budget preparation）与“立法审议”（legislative approval）两大阶段。前者主要是在行政部门内由行政首脑、各主管机关负责人以及主要编制人员互动提出“预算草案”，而后者则是在立法与行政部门的协商，以及诸多利益相关者（如政党、利益团体、专家学者、社会精英、民众等）的参与互动下，就“预算草案”进行审议，并最终商定“预算法案”。下面结合预算演进史，透视预算编制阶段和立法审议阶段中各预算参与主体之间的互动关系。

① 马克思恩格斯全集（第 1 卷）[C]. 北京：人民出版社，1964：82.

一、预算编制阶段：核心预算机构与支出机构间控制权的转移

公共预算过程是预算政治的焦点，各政府机构争夺预算控制权以影响预算过程，希冀于实现其合意的结果和政治利益。无论是政策制定、项目选择、资源分配和支出，还是预算执行及绩效审查等过程，都需要各利益相关方和政治角逐者之间的相互作用与妥协。

在立法审议阶段，立法机关和政府行政部门就预算拨款问题讨价还价，在预算的方向和重点上相互谈判、妥协以达成一致意见。而在预算编制阶段，公众、利益集团、官僚机构和利益相关者试图游说行政部门，以制定和影响下一财政年度的预算优先支出事项、计划和议程。政府行政部门根据下一财政年度意欲实现的政策优先事项及目标，制定预算的基调和方向。政府机构领导和局长与行政预算办公室的预算官员则根据这些指示，协商编制各自的部门预算，并将这些已完成的预算提议整合，提交立法机构批准。

众所周知，核心预算机构（如中国的财政部、美国的预算管理办公室、韩国的计划与预算部）是宏观预算和微观预算的纽带和桥梁，是政府首脑和支出部门之间的中介。如果我们不能充分理解其角色和功能、其内部决策过程的性质以及其在预算决策中与政府首脑及各部门的关系，那么，我们就不能真正理解预算过程。实践表明，一个国家预算制度越发达，其核心预算机构的权力也越大。

在19世纪所建立的现代公共预算制度中，核心预算机构与支出机构之间是不平等的层级制关系，在这一传统预算模式下，核心预算机构更多扮演的是一个支出控制者的角色，其主要通过“事前详细规定支出细项”和“增量分配”来对各部门支出进行控制。20世纪50年代以来一直到80年代的历次预算改革，都在试图改变这一传统支出控制型的等级制预算模式，但是都尚未获得成功，核心预算机构与各支出机构之间的关系仍未发生根本性转变。

进入20世纪80年代以后，由于政治经济环境的变化，传统的支出控制模式已经越来越难以有效控制支出总额和影响政府的支出重点。在此情况下，新绩效预算异军突起。80年代的新绩效预算改革，通过签订绩效合同的方式，并在预算执行中赋予各支出部门一定的自由裁量权，将核心预算机构与支出部门之间的关系从原来的“层级制”转变为“绩效合同制”，具体如表2-3所示。在预算编制过程中，核心预算机构与支出机构之间以“平等”的方式就支出重点、预算资金、绩效测量等进行协商。新绩效预算使得核心机构与支出机构之间的关系发生了根本性转变，即从层级制转向合同制，即使在传统预算模式下，预算本质上也是一种合同，但此时为“隐性合同”（implicit contract），而新预算模式下，亦

即新绩效预算模式下，预算为“显性合同”（explicit contract）①。在一些国家，预算合同化色彩已非常明显。譬如，英国的“公共服务合同”、新西兰的“产出合同”、美国得克萨斯州的“采购合同”。实践表明，为使得各支出部门更加关心绩效问题，应该采用“合同制”来取代传统的“等级制”预算体系。

表 2-3　　不同预算模式下核心预算机构与支出机构之间的关系

预算模式	核心预算机构角色	核心预算机构与支出机构间的关系	
传统预算模式	支出控制者	等级制	不平等、不信任
新绩效预算	支出管理者	绩效合同制	平等、协商

资料来源：笔者根据相关资料整理所得。

长期以来，核心预算机构与支出机构之间经常围绕“预算支出”展开激烈的控制与反控制“战争”，二者之间由于信息不对称而引发了诸多问题，诸如委托—代理、逆向选择等问题。随着科学技术的进步，各国核心预算机构都在努力提高自身收集和分析预算信息的能力，并且在与支出机构讨价还价的预算交易过程中，也累积了有关支出机构活动及其成本的“历史信息”。尽管如此，这也只能缩小二者之间存在的信息不对称，而无法彻底消除这种不对称，委托—代理等问题依然顽固不化。

总体而言，核心预算机构与支出机构之间“猫和老鼠”的关系，使得相互间的合作与信任程度相当低。20 世纪 80 年代以前的预算改革，主要是核心预算机构强加于支出机构的改革。实践表明，这种强制性的改革方式尚未赢得支出机构的支持与合作，这也是这些改革未能成功的一个重要原因。90 年代以来的新绩效预算改革重构了预算模式，也重构了核心预算机构与支出机构之间的关系，二者之间不再是控制与被控制的不信任关系，而是一种平等协商的关系。在预算编制过程中，双方就部门支出及其绩效进行磋商，改变了过去支出追加和支出削减的利益博弈关系。到目前为止，大多数国家的一般做法都是，赋予各支出部门一定的自由裁量权，允许预算资金在部门内部流用以及结转。这样一来，各部门便可在预算总额约束下，自由灵活调度部门内的预算资金，以此提高支出绩效。

① 所谓“隐性合同”是指，在预算编制过程中尚未明确规定各支出机构须达到的绩效目标以及所应承担的责任，在预算执行中没有硬性的预算约束机制。“显性合同”则是指，在预算编制过程中明确规定了各支出机构须达到的绩效目标以及所应承担的责任，在预算执行中有硬性的预算约束机制，并对尚未达标的支出机构进行问责，倘若达不到预定的绩效目标，则有可能会面临相应的预算惩罚，譬如削减下年的预算拨款。

二、立法审议阶段：立法机构与行政机构间权力的争夺与转移

美国著名预算政治学者威尔达夫斯基曾指出，“预算犹如冲突的承诺”（budgeting as conflicting promises），“预算是冲突的承诺”（budgets are conflicting commitments）或“预算犹如对权力的竞争”（budgets as struggles for power）①。这些论断表明，在民主政治当中，公共预算已沦为政治势力冲突、政治权力斗争以及利益分割的角逐场。

现实中预算模式的演进并非一直呈线性的简单过程，而是一个曲折演进的过程。透视近现代预算演进史不难发现，公共预算管理模式的演进与政府职能的发展和转变，以及立法机构与行政机构之间彼此相对力量的消长密切相关。

公共预算制度萌芽于13世纪英国。公共预算特有的政治属性决定了其自诞生之日起就已沦为立法与行政间争权夺利的工具。1215年英国的《大宪章》（Great Charter），使议会获得了赋税的立法权。自1640年英国资产阶级革命后，议会进一步掌握了政府支出的控制权，时隔不久后又获得了审计监督权。1787年，在首相威廉·皮梯（William Pitt）任职期间，议会通过联合基金法案（Consolidated Fund Act），将所有基金合并为一项联合王国总汇基金，并规定除特殊情况外，所有公共收入皆应纳入此基金，且所有政府支出也应出自该基金。19世纪中叶，立法部门确立了对财政的控制权，议会具有经费审查、核实以及拨款的权利。至此，预算制度不仅拥有严密的财政控制权，还成为指导、监督、评估与调控政府施政行为最为有效的工具②。

1912年，美国塔夫脱（Taft）总统的经济和效率委员会（Commission on Economy and Efficiency）编写了一份题为“国家预算的必要性”（The Need for a National Budget）的报告，该报告强调为行政部门建立全国性预算体系的必要性。尽管此前有关“立法部门与行政部门关于谁应该控制预算过程的冲突?”这一预算主题已反复被提及，但国会仍很快否决了塔夫脱委员会的建议③。20世纪40~50年代，在布朗洛委员会的推荐及胡佛委员会的整理下，绩效预算成为新的预算体系。到了60年代，计划项目预算得以推行，却于70年代宣告失败。究其原因，不难发现70年代的预算改革受到两重以上力量推动：“立法部门与行政部门争夺预算控制权”的新时代，以及“资源短缺”的年代。70年代卡特政府推行

---

① ［美］阿伦·威尔达夫斯基，娜奥米·凯顿著，苟燕楠译．预算过程中的新政治（第五版）［M］．北京：中国人民大学出版社，2014：1，21．

② 薛冰，梁仲明，柴生秦．行政管理学［M］．北京：清华大学出版社，2012：207．

③ ［美］阿尔伯特美，海迪．公共预算经典（第二卷）：现代预算之路（第三版）［M］．上海：上海财经大学出版社，2006：3－5．

零基预算改革，但也于1981年被里根政府中止。

随着19世纪现代公共预算在欧洲大陆的成型，各欧洲国家纷纷建立起行政预算体制，明确赋予行政首脑编制政府预算，并提交给议会。在行政预算体制成为公共预算制度主流趋势的当下，美国却是一个例外。18世纪末，美国建立国家基本制度，其对政府行政责任非常关注，但问题是，当时的宪法并未赋予总统在财政收支上的权力，这使得美国18～19世纪未能建立行政预算体制。1978年在联邦政府内部始建财政部，当时法律并未赋予财政部部长行使项目推荐权和否决权，但时任第一任财政部部长的亚历山大·汉密尔顿（Alexander Hamilton）却强势行使了这些权力。汉密尔顿的强势引起了国会加强对预算的控制，为减少政府，尤其是财政部的自主权，国会采用了逐项预算模式，并绕开财政部直接与各部门协商预算。结果导致预算编制成为立法机构的专有职能，这种情况持续了1个多世纪。直到1921年以前，议会都是美国预算过程中最有权力的机构。在议会主导的预算模式下，行政首脑（总统或州长）及财政部门均无法对预算进行控制，财政部在当时更像是预算的一个“传达室”。

回顾美国预算发展史，首任财政部长亚历山大·汉密尔顿为将新共和国建立在坚实的财政基础上作出了杰出的贡献。尽管如此，与英法等其他欧洲国家相比，美国向预算国家的转型则相对慢得多。在20世纪以前，美国的预算模式仍是19世纪继承下来的议会主导模式。由于没有行政预算体制，当时的美国实际上是没有预算的，预算充其量只是立法部门通过的拨款报告的汇总。就联邦政府层面而言，甚至不被称为“预算”，而仅仅是“估测书”。对此，作为美国预算制度推动者之一的弗雷德里克·克利夫兰（Frederick A. Cleveland），曾于1912年发表过一篇名为《没有预算，我们是怎么过来的》的文章，其对美国没有预算的时期感到非常没有面子[①]。如果没有行政主导，那么就没有预算，没有财务控制，也就没有问责制。《纽约时报》（*New York Times*）1912年1月18日也曾报道说，“如果一个国家缺乏行政预算，那这个国家就缺少预算”[②]。所以，在20世纪初，进步时代的改革者纷纷呼吁进行预算改革，其中，最重要的一个内容就是建立行政预算体制。直到1921年《会计和预算法案》出台，当代联邦预算机制才得以真正建立起来[③]。该法案赋予总统在预算编制上的权力与责任，使总统可以直接影响政府支出决策，这实际上是对总统预算权力的制度化确认。在20年代末期，大多数州政府也建立了行政预算体制，但有研究表明，在某些州仍未

① 王绍光．从税收国家到预算国家［J］．浙江人大，2009（5）：26－27.

② Meyers R T，Rubin I S. The Executive Budget in the Federal Government：The First Century and Beyond［J］. Public Administration Review，2011，71（3）：334－344.

③ 州和地方政府层面的预算探索则源于1900年纽约市政府和其他地方政府的试验和发展。在此之前，几乎没有对复杂预算机制的需求，因为当时政府支出相对而言并不重要。

建立行政预算体制，立法机构仍继续主宰着预算决策过程。

自1921年行政预算体制建立后，美国联邦政府预算过程在重要方面相继变更了多次。随着美国陷入越南战争的泥沼，旷日持久的战争所导致的巨额军事开支，使得国会与行政部门之间产生了严重的分歧，战争再次成了美国预算改革的催化剂。1974年国会利用尼克松陷入“水门事件”政治丑闻的契机，通过了《国会预算和扣留拨款法案》，该法案限制了总统的部分自由裁量权，并加强了国会对行政机构的控制。1985年通过了《格拉姆－林德曼－霍林斯法案》，设法缩减赤字，经多次反复后，于1990年被《预算执行法案》代替，进一步平衡了国会与总统的权力。20世纪80～90年代，国会与总统在预算权力分配上，经常与党派分化相联系，致使国会和总统之间常就预算进行高峰协商，最终导致预算与管理办公室（OMB）和国会领导更为集中的预算控制。

回顾美国预算演进史，不难发现，看似纷繁复杂的预算管理模式的演变，其实质是以国会为首的立法机构和以总统为首的行政机构之间权力争夺与转移的过程，且各管理模式的选择主要是随其总统的更迭而变化的（参见表2－1），而并非完全如坊间传闻所言，认为预算管理模式的演变主要是理性且审慎抉择的产物。

由前述公共预算的源流演进可看出，从逐项预算到目前的新绩效预算，人们一直试图将“完全理性”引入预算决策中，此前的绩效预算、计划项目预算、零基预算等改革均未能达到预期效果，根本原因即在于改革者忽视了在真实的预算决策过程中，由于受到政治经济环境以及决策者认知能力的限制，“完全理性”决策是很难达到的，亦即任何一种预算决策都不可能实现完全理性，而只是当时状态下所能作出的最好的选择。

相对于规范性预算理论追求理性改革理想的热情，实证性预算理论则显得现实与冷酷，它们想要回答的主要问题是：预算过程的本质和真相是什么？事实上，它们所提供的答案，也部分解释了为何理性预算难以贯彻的原因。现实中，并非每次预算资金分配都能达到经济学上所说的“帕累托最优配置”。这是因为，预算过程除理性分配愿望外，还掺杂着诸多现实政治利益的角逐。由此不难看出，公共预算资金分配效率，即公共部门将预算资金转变为广大公众所需的公共产品和服务的能力，这既是一个科学理性的管理过程，也是一个利益分割的过程；既是一个经济问题，也是一个预算政治问题。

综上所述可知，公共预算自诞生以来，就一直是“理性”与“角力”的结合体，具体表现为对科学理性决策的不懈追求，以及对现实利益角逐的不断妥协，二者总是贯穿于预算管理的全过程。鉴于此，下面章节将分别从不同维度对预算决策中的“理”与“力”进行全面解构，以窥探现实预算决策过程的本质与真相。

第三章

预算管理模式之理性追求——瞻前与顾后的中期预算改革

纵观各国预算实践可知，中期预算改革已然成为各国改进预算管理模式的理性追求。目前为止，世界上大多数国家都已采取某种形式的中期预算，但由于各国政策目标和预算制度各不相同，使得各国所采行的中期预算编制方法也不尽相同。对各国中期预算实践采取逐一列举的方法并没有多大的借鉴意义。因此，在宏观层面上，本书尝试将各国实践经验融合成一个整体进行讨论。但就微观层面而言，本书则按经济发展程度将其划分为两大群体：发达国家、发展中国家与新兴市场经济国家，以便进行横向比较。本章首先对中期预算改革的作用及其利弊进行综合分析；其次系统回顾各国中期预算改革的历程及做法，深入剖析中期预算改革成功或失败的原因；最后落脚于我国中期预算改革的现实。

第一节 中期预算改革作用及其利弊分析

一、中期预算的起源及概念界定

中期预算的思想可以上溯至20世纪40年代美国经济学家阿尔文·汉森（Alvin Hansen）提出的周期预算平衡政策或长期预算平衡理论[①]。中期预算框架也可追溯至20世纪50年代关于发展计划的系列文献。20世纪60年代英国开始尝试进行中期收支预测，这大致可算作中期预算的雏形。澳大利亚紧随其后，于80年代开始实行中期预算[②]。

中期预算通常是一个为期3~5年的滚动的、具有约束力的支出框架。譬如，

① 马海涛，安秀梅．公共财政概论［M］．北京：中国财政经济出版社，2003：295.

② World Bank. Beyond the Annual Budget：Global Experience with Medium Term Expenditure Frameworks［M］. The World Bank，Washington，DC，2013：27.

法国、澳大利亚、新西兰等采行3年滚动预算，而一些预测能力较强的国家的中期预算周期则相对较长，如英国、德国、加拿大、美国等采行5年滚动预算。有的国家在对经济及预算预测时也会采用更长期间，诸如丹麦和美国预算计划期甚至长达30～40年，但这些长期预测更多的是作为参考及辅助决策使用。一般而言，中期预算可分为"弹性型"（elastic）和"固定型"（fixed），[①] 此外，也有"期间型"（period）和"滚动型"（rolling）之分[②]。但现实中，大多数国家的中期预算多为"弹性型"与"滚动型"的混合。

中期预算程序和年度预算程序基本一致，每年都要重复进行，滚动推进。中期支出框架并非对年度预算的取代，而是在中期时间跨度内准备年度预算，抑或将年度预算置于中期支出框架内的一种制度安排，其主要目的是根据国家战略目标，确定政府支出重点，设定部门支出限额，通过矫正其内在局限性（尤其是在预算与政策之间的联结方面）来支持年度预算的功能[③]。

各国所采用的中期预算制度名称不尽相同[④]，世界银行较多采用"中期支出框架"（MTEF）概念，重点强调财政支出，而国际货币基金组织则较多采用"中期预算框架"（MTBF）的概念。不论称谓如何多变，也不论每个称谓所强调的重点有何不同，其在多年财政收支计划上仍存有共性特征：即"中期预测"与"计划预算"的结合。各国推行中期预算改革的成因不一，但多与财政恶化有关，国家需要有合适的中长期发展战略，并依中长期发展战略拟定其施政目标或发展计划，以从宏观上对财政预算资源进行合理配置，促进预算资源的有效利用。

世界银行将中期支出框架（MTEF）分为三个阶段（见表3－1）：初级阶段—中期财政框架（MTFF）、中级阶段—中期预算框架（MTBF）、高级阶段—中期绩效框架（MTPF），中期财政框架是中期支出框架最常见的形式，中期财政框架、中期预算框架和中期绩效框架各自的侧重点不同，依次强调财政纪律、分配效率和技术效率，属于一个逐渐递进的过程[⑤]。其中，中期财政框架以投入

---

① "弹性型"中期预算是指预算可根据经济状况的变化，每年进行适时调整。"固定型"则通常是针对中期政府支出作出的，政府支出一般不能每年进行调整，除非遇到意外境况，诸如经济大衰退或政府更迭等。

② "期间型"是指中期预算所涵盖的时间期间是固定的；在该期间结束之前不会再制定新的框架，除非发生了重大意外情况。"滚动型"中期预算是指，每年都会往前延伸一个新的年度，并对以前的预测进行实时更新。

③ OECD. Managing Public Expenditure a Reference Book for Transition Countries（Edition complète－ISBN 9264186530－en angl. Seulement）[J]. Sourceocde Economies En Transition，2001，vol. 2001：I－497（497）.

④ 常见的名称有：中期支出框架（medium－term expenditure framework，MTEF）、中期财政框架（medium－term fiscal framework，MTFF）、中期预算框架（medium－term budget framework，MTBF）、中期绩效框架（medium－term performance framework，MTPF）、中期财政规划（medium－term fiscal planning，MTFP）、中期滚动预算（medium－term rolling budgeting）、多年期预算（multi－year budgeting）与支出管理系统（expenditure management system，EMS）等。

⑤ World Bank. Beyond the Annual Budget：Global Experience with Medium Term Expenditure Frameworks [M]. The World Bank，Washington，DC，2013.

(input) 为导向，中期绩效框架则以产出 (output) 为导向，中期预算框架介于二者之间。中期绩效框架是一个较为成熟的中期支出框架，只有中期预算框架运作良好的国家才有可能成功实施中期绩效框架。但由于三者只是中期预算改革的不同手段与方法，因此，本书不作严格之区分，统一用“中期预算”来描述。

表 3－1　　1990～2008 年采用中期预算的国家变化情况　　单位：个

发展阶段	模式	侧重点	中期预算的数量		1990～2008 年的变化		
			1990 年	2008 年	新的中期预算	过渡/转换	逆转
初级阶段	中期财政框架	财政纪律	9	71	104	－41	－1
中级阶段	中期预算框架	分配效率	1	42	21	23	－3
高级阶段	中期绩效框架	技术效率	1	19	0	18	0
统称	中期预算	—	11	132	125	0	－4

注：中期财政框架逆转发生在阿根廷，中期预算框架逆转发生在阿根廷、爱沙尼亚和美国，18 个转换为中期绩效框架，其中 9 个源于中期财政框架，9 个源于中期预算框架。此处逆转是指中期预算退回到上一发展阶段。

资料来源：World Bank. Beyond the Annual Budget: Global Experience with Medium Term Expenditure Frameworks [M]. The World Bank, Washington, DC. 2013.

据世界银行统计，1990 年底，全球已有 11 个国家实行中期预算，其中包括 9 个中期财政框架，1 个中期预算框架（丹麦）和 1 个中期绩效框架（澳大利亚）。自此近 20 年后，截至 2008 年底，全球实行中期预算的国家和地区已增至 132 个（超过 2/3）①，是 1990 年的 10 多倍，其中包括 71 个中期财政框架，42 个中期预算框架和 19 个中期绩效框架。其中，较为普遍的是处于初级阶段的中期财政框架。但近年来，已然开始逐渐转向中期预算框架和中期绩效框架，有的国家则直接采用后两者，而不再经过中期财政框架的艰难过渡（见表 3－1）。我国也已在河北省本级和河南省焦作市、冀州市、江西省芜湖县等地区进行 3 年期滚动预算试点②。此外，值得注意的是，我国台湾地区也于 2002 年开始全面实施中期预算制度。我国香港地区也实行 5 年中期预算，新近又成立了“长远财政计划工作小组”，开始对未来 30 年的财政收支进行预测分析③。

① 有的国家虽没有正式的 MTEF，但也有类似的制度安排，如巴西的 PPA（the plano plurianual de acao）、博茨瓦纳的 NDP（national development plan）。

② 但试点情况参差不齐，其中较为理想的是河南省焦作市，其余地方则不尽如人意。某省财政厅的相关人士告诉经济观察报，该省三年滚动预算曾一度停止，推广阻碍较大，许多地方政府并不接受，之所以不接受与当下地方政府预算的软约束有关。（参见：杜涛，黄文丽．三年滚动预算编制全国启动倒逼政府“从长计议”[N]．经济观察报，2014－2－28.）

③ 李燕．政府预算管理（第二版）[M]．北京：北京大学出版社，2016：91.

二、中期预算的模式及作用意义

（一）中期预算的步骤及其模式

从狭义上来说，中期预算被定义为确定政府多年期收入和支出拨款的预算过程，但现实中，该术语通常是指将多年期视角引入预算过程，尤其是在年度预算过程中纳入多年期收入和支出估计或多年期财务计划。与年度预算不同，中期预算过程需经历六个阶段（见表3－2）：一是建立宏观经济或财政框架，预测中期收入与支出的宏观经济模型。二是确定部门项目，亦即就部门目标、产出及活动达成一致意见，研究确定项目以及子项目，并估计项目成本。三是形成部门支出框架，分析跨部门以及部门内支出项目的抉择取舍，并就战略资源配置达成一致意见。四是明确部门预算资源配置，确定中期部门预算上限。五是编制部门预算，即基于预算上限编制中期部门预算。六是立法审批，即将估计的预算提交给内阁或国会审议。

表3－2　　中期预算的六个阶段

阶段	任务	特征
1	建立宏观经济/财政框架	预测中期或多年期收入与支出的宏观经济模型
2	确定部门项目	就部门目标、产出及活动达成一致意见，审查和确定项目与子项目，估计项目成本
3	形成部门支出框架	分析部门内部及跨部门支出项目的取舍，就战略资源配置达成一致意见
4	明确部门资源配置	确定中期部门预算上限
5	编制部门预算	基于预算上限编制中期部门项目预算
6	立法审批	将估计的预算提交给内阁或国会批准

资料来源：笔者根据相关资料整理所得。

纵观各国预算实践可知，中期预算主要有三种模式：第一种方式是以报告年度为“基年”，编制3～5年不等的滚动预算计划，并将年度预算纳入其中。第二种方式是以报告年度为“中心”，将年度预算予以前后扩展，只对原年度预算在形式上做一定的修改。第三种方式是在预算中增加某些中期因素，对某些重点项目进行重点反映。从形式上不难看出，中期预算既是年度预算在时间维度上的拓展，也是年度预算在空间维度上的扩充；同时，年度预算既是中期预算的逻辑起点，也是中期预算的落脚点，其具体实施时必须落实到年度预算中去。因此，中期预算和年度预算并非相互排斥、相互分割的两个预算程序，而是相互补充、相互联系的两个预算程序，二者协同并进，旨在提高公共预算的管理绩效。

（二）中期预算的作用及意义

在现实预算管理中，预算决策所覆盖的时间维度过短，导致了预算调整过于频繁的“年年预算，预算一年”的现象①。早在20世纪60年代，威尔达夫斯基就曾指出，中期预算已逐渐成为预算编制和弥补年度预算缺陷的一种方法，有望解决诸如短视、保守主义（预算僵化）、狭隘主义（争夺预算资源）②。各国实践也表明，中期预算有利于强化总量控制与财政纪律、促进预算过程的透明度与受托责任、有效促进预算与政策间的直接联结、提高政府预算和财政政策的前瞻性和连续性、确保预算与政策优先配置的一致性、提供预警机制以降低财政风险、有效避免年终“突击花钱”及跨年度项目预算安排等问题③。中期预算的作用及意义主要体现在以下两方面：

（1）将计划与预算相结合，实现预算资金的优化配置。

中期预算最为重要的意义即在于，将“自上而下”确定财政预算总额的过程，与“自下而上”确定支出项目的过程整合在一个中期框架内，以此将政策、规划与预算过程相结合，实现预算资金的优化配置。自下而上模式（bottom - up approach）的特点是预算限额事后才确定，整个预算过程实际上是一种讨价还价的游戏，存在鼓励支出增加的倾向，部门预算要求难以反映政府政策的轻重缓急④。然而，自上而下模式（top - down approach）可使政府更有效地控制财政赤字，有助于硬化预算约束，避免过度讨价还价导致的浪费和低效，也有助于激活预算资源的再分配机制，促进资源从较低价值用途转入更高优先级的用途⑤。中期预算采用“自上而下”的集中型预算模式，可将计划与预算紧密结合，通过设定支出上限，严格在收入范围内进行合理支出，以更好地实现周期性预算平衡的目标。

（2）应对金融危机，缓解财政政策的顺周期性。

国际实践表明，在应对金融危机方面，中期预算确实发挥着重要的作用。2008年金融危机时，中期预算的实施确实提高了一些国家的财政信誉。英国和

---

① 马蔡琛．现代预算制度的演化特征与路径选择［J］．中国人民大学学报，2014，V28（5）：27 -34.

② Wildavsky A. Budgeting：A Comparative Theory of Budgetary Processes［M］. New Brunswick，NJ：Transaction Books，1986：7.

③ 傅永红，李博．财政监督服务中期预算的跟进措施研究［J］．财政监督，2014（9）：37 -38.

④ 闫晓燕，徐卫．OECD国家预算编制新模式［J］．中国财政，2009（6）：69 -70.

⑤ 王雍君．中国公共预算改革：从年度到中期基础［M］．北京：经济科学出版社，2011：204 -205.

澳大利亚制订了财政刺激计划和整顿计划以应对危机，中期预算框架迫使政策制定者详细说明税收和支出将在何时增加或减少（Schick，2010）①。中期预算模式下所形成的财政政策更注重熨平经济周期及其对预算的影响，尽可能避免财政政策的顺周期性②，以实现经济稳定器的作用。

例如，澳大利亚在经历2008年金融危机之后，主权债务等级还被世界三大评级机构评为AAA级，就主要归功于其公共财政强大的稳健性③。这与该国自20世纪70年代以来的财政预算改革密不可分，更是其在新财政规则约束下有效实施中期预算框架的直接结果。澳大利亚适时建立了规则导向的中期预算框架，预测财政政策对未来经济发展的影响，进而相机调整财政政策以维持合理的债务规模④。同时将中期预算框架与绩效预算、财政透明度改革紧密结合，为澳大利亚免遭债务危机重创起到了重要作用。就现时的中国而言，实施中期预算对于缓解财政顺周期，实现逆周期调控也具有重要的意义⑤。

作为新兴市场国家的韩国，在1997年亚洲金融危机和2008年金融危机后的迅速复苏，也充分体现了其良好的财政稳健程度，被视为构建有效财政管理体系的典范⑥。韩国自2003年开始大刀阔斧地推进预算改革，正式引入5年期中期财政框架⑦，并于2005年过渡为中期绩效框架，通过对公共支出管理的有效控制，使得韩国在2008年金融危机中并未出现严重动荡，一直保持稳健的财政状态，甚至在危机蔓延后一年内，就已实现了少量的财政盈余⑧。同样地，泰国为应对1997年的亚洲金融危机，而于2001年实施了中期财政框架，随后于2006年建构了中期预算框架。此外，值得一提的是，乌兹别克斯坦国家预算执行报告中，主要金融参数证实：由于执行了应对金融危机的纲要，使得2008年的金融危机并没有影响其中期预算的执行进程，其通胀指数也未超过预算指数的范围⑨。

① Schick, A. Post – Crisis Fiscal Rules: Stabilising Public Finance while Responding to Economic Aftershocks [J]. OECD Journal on Budgeting, 2010, 10 (2): 7 – 7.

② 财政政策的顺周期是指财政支出与经济发展呈趋同趋势，即在繁荣期财政支出扩张，在萧条期财政支出收缩。这会引致赤字偏见，有损宏观经济的稳定，削弱了抵御外部冲击的宏观调控能力，也容易形成财政可持续风险。（资料来源：马蔡琛，孙利媛．中国财政政策的顺周期性问题——基于预算平衡准则的实证考察［J］．经济与管理研究，2015（4）：3 – 8.）

③ Commonwealth of Australia. Mid – Year Economic and Fiscal Outlook (2012 – 2013) [R]. 2012. http://budget.gov.au/2012 – 13/content/myefo/html/.

④ 赵早早．澳大利亚政府预算改革与财政可持续［J］．公共行政评论，2014，7（1）：4 – 22.

⑤ 许云霄．美国联邦政府中长期预算运行机制及对我国的启示［J］．山东社会科学，2015（11）：175 – 180.

⑥ Park N, Choi J. Making Performance Budgeting Reform Work: A Case Study of Korea [J]. Policy Research Working Paper, 2013.

⑦ 严格地说，瑞士和韩国的国家财政管理计划属于3年的财政计划，因为现行的5年计划中包含了对当年和上一年2年的评估。

⑧ 张岌．后危机时代的韩国预算改革：通往财政可持续之路［J］．公共行政评论，2014，7（3）：25 – 50.

⑨ 资料来源：http://euroasia.cass.cn/news/399068.htm.

就俄罗斯而言，其于 2006 年开始试编中期预算，2007 年正式全面铺开[①]。目前，俄罗斯已构建了相对完善的预算法律体系，健全了国家财政体系。在应对金融危机方面，其建立了抵御经济危机的国家安全气囊——财政稳定基金，并将其作为逆周期财政政策调节工具。面对 2008 年更为严重的全球性金融危机，俄罗斯并没有重演 1998 年亚洲金融危机的悲剧，其中最主要的原因就在于 2004 年设立的财政预算储备机制——稳定基金发挥了积极的反危机功效。俄罗斯稳定基金为国家经济稳定提供了可靠的财力保障和强大的心理支撑[②]。

此外，俄罗斯以结果为导向的中期预算在俄罗斯的重新崛起中发挥了极其重要的作用，其以绩效为导向的公共预算改革使政府行为第一次暴露在阳光之下，对遏制官员腐败产生了积极作用。而预算与国家战略目标与政策的紧密结合，更使得普京“富民强国”的战略方针得以顺利实施与达成[③]。对于老百姓最关心的话题：教育、健康、住房和养老等，均被列为国家战略重点，得到政府的重视和预算资金的大力支持。各级政府约 1/3 的财政支出用在了这些领域，建立和维持了一套相对完善的社会福利和社会保障体系，让弱势群体也充分享受到了改革带来的成果。

三、中期预算与年度预算的比较分析

一般而言，年度预算仅对未来一个年度的收支进行估测，而对未来政府财政收支会有何影响以及影响如何？则未予以关注。这种传统预算决策方式，正如奥斯本和盖布勒（Osborne & Gaebler，1993）所比喻的：“如同驾驶着一架没有配备任何仪器的 747 客机穿过浓雾一样”[④]。一个有远见与前瞻性的政府在对当前政策或计划作决策时，应预估这些决策对未来年度财政收支的影响，而以一年为基础的预算，根本无法预知这个新政策或计划是否具有长期可持续性。换句话说，多年度的预算收支估计是预算决策的重要信息和依据。国际实践表明，将多年度的财政收支估测因素融入年度预算的编制过程，已成为一种时代趋势。

---

① 虽受国际金融危机影响，俄政府曾一度终止三年期联邦预算（2009～2011 年），转而执行一年期预算，其后两年的预算失效，但涉及的长期计划和已签署的合同仍有效。且其在危机之后，于 2010 年迅速重新启动中期预算，有效改善了 2010～2012 年预算周期内的财政状况。（资料来源：http：//euroasia.cass.cn/news/94807.htm.）

② 童伟．抵御经济危机的国家安全气囊——俄罗斯财政预算稳定机制分析［J］．俄罗斯东欧中亚研究，2010（4）：37－42.

③ 几年来，俄罗斯居民的生活得到了极大的改善。从 2000 年到 2006 年，俄罗斯人均收入增长了近 5 倍，扣除通货膨胀因素后的实际收入增长幅度超过了 200%，约为 GDP 增幅的 3 倍（6 年经济总量提高了近 70%）。

④ Osborne D，Gaebler T. Reinventing Government：How the Entrepreneurial Spirit is Transforming the Public Sector，From Schoolhouse to Statehouse，City Hall to the Pentagon，Reading［M］. MA：Addison－Wesley Pub. Co，1993：237.

（一）中期预算的特征及比较优势

与年度预算相比，中期预算主要具有五个特征：第一，将年度预算过程置于一个多年期战略框架内，这要求政府对政策目标和优先支出事项作出更加明确和一致的声明，并每年对其进行重新审查①。第二，中期预算预测能够显示出当前政策及其未来影响是否与国家财政战略相悖。第三，多年期视角通过将年度预算置于政府中期财政战略和政策优先事项的背景下，以增强预算过程的连续性。第四，中期预算通过提高预算过程的透明度和问责制，以及提供一个系统审查优先支出事项和承诺的机制，以提升公共预算资金的分配效率。第五，中期预算通过引导各部委积极参与预算过程，而成为鼓励政府各机构间合作的有效工具。

具体而言，中期预算的比较优势主要体现在四个方面：第一，在财政纪律方面，通过在预算过程中引入多年期视角，可以更好地实现预算资源配置中的理性抉择，以约束传统年度预算决策模式下时常出现的支出过度机会主义，或财政保守主义造成的"年终突击花钱"等现象。第二，在支出自主性方面，在中期预算框架下，各支出部门可在部门预算限额内，灵活调度预算资金，以此提高部门支出效率。第三，在预算绩效方面，年度预算的结果导向性很弱，注重投入控制，对于产出、结果以及绩效的关注度不够。与之相比，中期预算则更加灵活，也更加注重产出、成果以及绩效，其结果导向性较强。第四，在政策、规划与预算间联系方面，中期预算主要侧重于宏观经济和财政发展趋势，以及周期性财政收支平衡目标的实现，确定解决国家重大政治经济问题的财政政策框架。其通过将政府当前的收入和支出政策置于多年期前景下，以对中期经济和财政状况进行非确定性评估，确保政策的可持续性和前瞻性，以此优化政府财政宏观调控职能（见表3-3）。

表3-3　年度预算与中期预算的比较

项目	年度预算	中期预算
财政纪律	预算软约束	预算硬约束
各支出部门自主性	自主性低	更多的自主性
预算绩效	结果导向性弱，注重投入控制，不太关注产出、成果以及绩效	结果导向性强，关注产出和成果，注重绩效
政策、规划与预算间的联系	较弱	较强

资料来源：王朝才，张晓云，马洪范．部分国家中期预算制度［M］．北京：中国财政经济出版社，2016：18.

① Boex L F J, Martinez－Vazquez J, Mcnab R M. Multi－Year Budgeting: A Review of International Practices and Lessons for Developing and Transitional Economies ［J］. Public Budgeting & Finance, 2000, 20 (2): 91－112.

总而言之，与年度预算相比，中期预算最大的优点即在于：将年度预算过程置于多年度视角下，使得预算决策更具长期视野，以便与政策目标更好地结合。这不仅有利于预算收支的控制，还有助于保持预算的可持续性，提升预算过程的透明度与问责性，以及提升公共预算资源的分配效率。此外，中期预算通过设计一些激励机制以吸引更多业务单位参与到预算过程中，有利于加强各政府机关间的协调合作。

（二）中期预算所面临的潜在挑战

当然，中期预算也并非万能的灵丹妙药，现实中也存在以下几个潜在的缺陷：一是，过度依赖年度预算编制过程中的远期估计，可能会导致年度预算编制的僵化及惯性。二是，中期收支估计可能沦落为各支出单位财政扩张的工具，过度乐观的多年期预测可能会导致预算资金用于其他不合理的公共支出项目。三是，与年度预算相比，中期预算的编制显得更为复杂，行政成本也更加高昂，倘若不考虑自身条件，而只一味地追求周期上的延展以及方法上的创新，极有可能会将注意力和资源从编制适当年度预算的根本任务中转移出去，这无异于舍本逐末。这就引出了一系列问题：中期预算制度是否真的改善了预算过程？是否有助于发展出更健全的财政政策？是否不至于让年度预算失去焦聚与控制？发达国家中期预算的成功是否也意味着发展中国家与新兴市场经济国家的成功？中期预算改革成功的关键条件是什么？对于发展中国家和新兴市场经济国家而言，中期预算的引入究竟是有助于其预算制度的改善，还是说，中期预算的引入实际上却阻碍了其稳健财政政策效果的实现呢？下面，我们通过回顾各国中期预算改革的得失利弊，以对这些问题进行详细探讨。

第二节　中期预算改革的历史回溯与现实反思

一、发达国家或地区中期预算改革的做法

近年来，许多发达国家或地区均已在多年期战略框架下编制其年度预算。虽然各国中期预算都包含未来两三年的收入预测和支出估计，但在具体操作实践上却千差万别。发达国家中期预算改革实践虽不能告诉我们发展中国家与新兴市场经济国家在实际预算改革过程中所面临的困难和约束。但不可否认的是，发达国家的实践对于发展中国家和新兴市场经济国家而言，具有一定的借鉴意义，告诫

其在引入中期预算过程中应注意的事项、所需的制度条件以及技术手段。本节回顾典型国家或地区的中期预算实践，并试图从这些实践中吸取经验教训，以期为发展中国家和新兴市场经济国家的中期预算改革提供些许参考。

目前，通过基线筹划法（baseline projections）[①] 在中期支出框架下制定年度预算的做法，在发达国家或地区已经普遍制度化，如德国（1967 ~ 1969 年）、新西兰（1994 年）、瑞典（1996 年）、法国（2001 年）[②]、英国（1961 年）、西班牙（2003 年）、澳大利亚（2002 年）、美国、荷兰、挪威、加拿大、瑞士、爱尔兰、芬兰等所有 OECD 国家、一些重要的国际组织（如欧盟 EU）均已实行了中期预算[③]。部分 OECD 国家中期预算实施基本情况如下表 3 – 4 所示。

表 3 – 4　　部分 OECD 国家中期预算编制概况

项目	澳大利亚	奥地利	德国	新西兰	英国	美国
多年预测反映估计（E）还是预算计划（P）?	E	E	P	E	P	E，P
中期预算是否（Y/N）融入预算周期?	Y	N	Y	Y	Y	Y
预先估计多少年（除了次年预算外）?	3	3	3	2	2	4
支出是集中估计（C）还是由部门估计（D）?	D	C	C	D	D	C
中期预算每年更新估计多少次?	4	1	1	2	1	1
部门是否（Y/N）具有分配预算资金的灵活性?	Y	N	N	Y	Y	N
预算是否（Y/N）采用增量方式?	Y	N	N	Y	N	N

资料来源：Boex L F J，Martinez – Vazquez J，Mcnab R M. Multi – Year Budgeting：A Review of International Practices and Lessons for Developing and Transitional Economies［J］. Public Budgeting & Finance，2000，20（2）：91 – 112.

由表 3 – 4 可知，除奥地利外，其余所列国家的中期预算均与预算周期相融合，只有美国的多年期预测既反映估计，也反映了预算计划，且其预估期也最长（4 年）。澳大利亚中期预算每年更新估计次数最多（4 次），其次是新西兰，每

---

① 基线筹划法是指，假如现有政策与活动继续执行下去，未来年度（后续）的支出或成本将是多少？也即在假定不变更现有政策和活动，也不出台新的政策与活动的前提下，所需要的支出，作为未来年度支出估计的基线，或以执行现行政策和活动的支出为基础，据以估计未来年度所需的支出（王雍君，2011）。

② 法国是 OECD 成员国中最迟引入中期预算的国家，直到 1998 年 12 月才推出第一个多年期公共财政方案（Multi – Year Program for Public Finances），2001 年正式引入多年期预算。

③ 自 1988 年开始，欧盟除每年编制共同财政预算外，还会定期提出一份跨年度的中期共同财政方案，以增强欧盟预算的透明度和延续性。（李力. 欧盟中期预算谈判重启［N］. 光明日报，2005 – 11 – 3.）

年估计2次。就支出估计与部门预算分配的灵活性而言，美国、奥地利、德国的预算支出是集中估计的，且部门不能灵活分配预算资金，而澳大利亚、新西兰和英国则是由部门估计的，部门具有预算分配的灵活性。此外，在这几个国家中，唯有澳大利亚和新西兰采用了增量预算方式。

（一）典型中期预算制度国家的比较

由于各国预算制度有着不尽相同的预算编制原则，以及不同的预算管理部门。众所周知，预算制度的选型与政体密切相关，因此，此处分别从每种政体中挑选出部分典型国家作为案例进行比较分析，主要包括：美国、英国、加拿大、韩国①，相应的中期预算基本情况如表3－5所示。

表3－5　典型国家或地区中期预算基本情况

项目	美国	英国	加拿大	韩国
政体	总统制	议会制	议会制	偏总统制的混合制
年份	1970	1998	1979	2004
财政年度	10/1－9/30	4/1－3/31	4/1－3/31	1/1－12/31
负责部门	预算管理办公室（OMB）、国会预算办公室（CBO）	预算责任办公室	财政部、国库委员会、财政委员会	企划财政部（MOSF）
预算周期（年）	2～4	4	5	5
编制流程	自下而上	自上而下 自下而上	自上而下 自下而上	自上而下 自下而上
支出上限	有	有	有	有
法律依据	有	有	有	有
政策优先目标选定	制定跨部门优先目标（CAP goals）	有	有	有
支出规划	符合联邦跨机构优先目标，可获得较多预算	设定部门支出上限	设定部门支出上限，部门可争取额外预算	确立政策目标优先顺序，设定各事项及部门预算上限

① 严格说来，韩国、中国不属于发达经济体范畴，在此，暂且将其纳入典型国家与地区，以便于进行横向比较。

续表

项目	美国	英国	加拿大	韩国
施政计划及预算编制是否咨询国会	是	是	是	否
与国会审议的关系	是预算审议的参考资料，而非决议对象	—	—	—

资料来源：根据各经济体官网信息整理所得。

在政体的采行上，美国实行总统制，英国和加拿大为议会制，而韩国则实行偏向总统制的混合制。

就财政年度而言，除韩国与中国保持一致外（1 月 1 日至 12 月 31 日），英国和加拿大的财政年度则从当年 4 月 1 日到次年的 3 月 31 日。此外，美国联邦政府财政年度为 10 月 1 日至下年的 9 月 30 日，而美国各州政府财政年度则由各州自行确定，如阿拉巴马和密歇根财政年度与联邦政府一致，纽约州从 4 月 1 日到次年 3 月 31 日，加州从 7 月 1 日开始新财年，得克萨斯州则从 9 月 1 日开始新财年。

就预算周期而言，加拿大和韩国为 5 年，英国为 4 年。美国各州县中期预算跨度从 2 年到 4 年不等，部分州县实行 3 年中期预算，如奥克兰县，而有的州县则实行“双年度预算”（biennial budget）。在国际实践中，有关预算改革最为常见的建议是将预算由“年度预算”（annual budget）扩展为“双年度预算”或“中期预算”。然而，令人惊奇的是，过去 70 年美国各州政府普遍舍弃了“双年度预算”。1940 年时，已有 44 个州开始实施“双年度预算”，但到 2015 年又仅有 19 个州继续实施“双年度预算”[①]，截至 2016 年，则增加至 20 个（见表 3－6）。

表 3－6　　美国各州预算周期

序号	州名	预算周期	序号	州名	预算周期
1	亚拉巴马州	A	6	科罗拉多州	A
2	阿拉斯加州	B	7	康涅狄格州	B
3	亚利桑那州	A	8	特拉华州	A
4	阿肯色州	A	9	佛罗里达州	A
5	加利福尼亚州	A	10	格鲁吉亚州	A

① Ron Snell. State Experiences with Annual and Biennial Budgeting [EB/OL]. http://www.ncsl.org/research/fiscal－policy/state－experiences－with－annual－and－biennial－budgeti.aspx.

续表

序号	州名	预算周期	序号	州名	预算周期
11	夏威夷州	B	31	新墨西哥州	A
12	爱达荷州	A	32	纽约州	A
13	伊利诺伊州	A	33	北卡罗来纳州	B
14	印第安纳	B	34	北达科他州	B
15	爱荷华州	A	35	俄亥俄州	B
16	堪萨斯州	A	36	俄克拉何马州	A
17	肯塔基州	B*	37	俄勒冈州	B
18	路易斯安那州	A	38	宾夕法尼亚州	A
19	缅因州	B	39	罗得岛州	A
20	马里兰州	A	40	南卡罗来纳州	A
21	马萨诸塞州	A	41	南达科他州	A
22	密歇根州	A	42	田纳西州	A
23	明尼苏达州	B	43	得克萨斯州	B
24	密西西比州	A	44	犹他州	A
25	密苏里州	A	45	佛蒙特州	A
26	蒙大拿州	B	46	弗吉尼亚州	B*
27	内布拉斯加州	B	47	华盛顿州	B
28	内华达州	B	48	西弗吉尼亚州	A
29	新罕布什尔州	B	49	威斯康星州	B
30	新泽西州	A	50	怀俄明州	B*

注：A 表示“年度预算”（annual budget）；B 表示“双年度预算”（biennial budget），B* 表示在 2014 年立法会议期间通过双年度预算。

资料来源：NCSL and state legislative and executive websites [EB/OL]. http://www.ncsl.org/research/fiscal－policy/fy－2016－budget－status.aspx.

当然，也并非所有改变都朝着同一个方向。在过去 20 年里，一些州已经从“年度预算”转向“双年度预算”，这或许是由于党派政治和不确定性所致，抑或是两者皆有之。譬如，肯塔基州、弗吉尼亚州、怀俄明州在 2014 年立法会议期间制定了“双年度预算”。康涅狄格州于 1991 年回归双年度预算编制，扭转了立法者规定的 1971 年州年度立法会议开始时便实行年度预算的决定。亚利桑那州在 20 世纪 90 年代从年度预算逐步过渡到双年度预算，1999 年正式实施双年度预算，但值得注意的是，其在 2002 年转向了一个分叉路口，在这种分叉制度下，较大的机构实行年度预算，而较小的机构则继续采行双年度预算。这一制度具有一定的灵活性，只要立法机关和州长认为适当，则较小的机构也可以实行年度预算[①]。例如，在大萧条后的几年里，所有机构都实行年度预算，以应对州收入的不确定性。此外，堪萨斯州也采用类似的方法。

支持和反驳年度预算的声音一直不绝于耳。此前，美国全国州立法会议（NCSL）在一份单独的报告《年度预算和双年度预算编制州际经验》（*State Experiences with Annual and Biennial Budgeting*）中对此进行了详细讨论。该报告的实质可以归纳为其所含的两个引语：一是，1972 年州政府会议（CSG）发布的关于预算周期的报告："实际上，州可以在年度预算或双年度预算下，制定一个良好的行政和立法财政与项目规划，并进行控制。该制度将在不同的时间跨度起作用，但两种方法可能都有效"[②]。二是，路易斯安那州公共事务委员会 10 年后观察了同一个问题，并报告说："用来证明和反驳年度预算和双年度预算的论点基本上没有改变（自 10 年前 CSG 的报告开始），但也未经证实。预算周期的成功似乎取决于州官员对良好实施的承诺，而非预算方法本身"[③]。

与年度预算相比，双年度预算有时被认为更有利于长期规划、项目审查和评估，因为有更多的时间可以利用。但在过去 40 年中，从年度预算转向双年度预算编制的州，并没有证据表明双年度预算加强了长期规划。CSG（1972）研究得出了相互矛盾的证据，即研究结果既不能证实也不能拒绝这一观点。美国得克萨斯 A & M 大学（1984）的研究也对此持不确定观点[④]，美国审计总署（GAO，1987）的研究结果也如此[⑤]。然而，康涅狄格州的分析师强调，自 1991 年采用双年度预算后，州长和立法机构的长期预算预测和分析水平得到了极大的提高。

双年度预算编制的一个强有力的论点是，它可以为管理人员和立法者提供更多的时间以关注其决策的结果，而不仅仅是预算编制过程。这是使康涅狄格州于 1991 年回到双年度预算编制的主要论点之一。支持者认为，现有制度（年度预算编制）没有足够的时间深入审查支出，年度预算编制完成后，立即进入下一年的预算[⑥]。双年度周期的目的是，在第一年集中制订重大计划和预算决策，并将第二年用于深入评估部门项目。

---

① NCSL. A Guide to Better State Budgeting Practices [R]. NCSL State Fiscal Health Work Group, Oct 2016.

② Council of State Governments. Annual or Biennial Budgets? [R]. Lexington, Ky.: CSG, 1972: 23.

③ Public Affairs Research Council of Louisiana. Results of PAR Survey on Annual vs. Biennial State Budgeting [R]. Baton Rouge, La., Public Affairs Research Council, 1982.

④ Charles W. Wiggins and Keith E. Hamm. Annual Versus Biennial Budgeting? [J]. Public Policy Paper, Austin, Texas: Public Policy Resources Laboratory, Texas A&M University, 1984 (7), III-15.

⑤ U. S. GAO. Budget Issues: Current Status and Recent Trends of State Biennial and Annual Budgeting [R]. Publicly Released: Jul 15, 1987. http://www.gao.gov/products/AFMD-87-53FS.

⑥ Connecticut Commission to Study the Management of State Government, Final Implementation Report [R]. Hartford, Conn.: CSCMG, 1991.

然而，2003 年康涅狄格州立法委员会审查了双年度预算过程，指出双年度预算并没有达到预期。委员会观察到，从第一个双年度开始，随着第一年重大政策的不断变更，州长和立法会议提议新增和扩展项目，这导致第二年预算经常进行广泛的调整和修订。此外，也没有证据表明立法者或州机构在周期的第二年更多地关注项目成果和绩效指标。尽管如此，它仍然建议保留双年度预算，以便为该过程提供一年以上的视角，并进行绩效评估①。也有学者指出，几乎没有证据表明，实行双年度预算的州明显优于其他州。关于双年度预算编制是否比年度预算更有利于长期规划这一问题的证据仍具有诸多不确定性，尽管有些证据表明双年度预算编制更有利于项目审查和评价。

就政策优先目标的确定而言，所有预算相关机构都会先预估总体经济形势，并参考相关指标，继而拟订政策优先目标。再据此进行财政收支估计，并编制中期施政计划。至于施政目标的确定与优先排序，各国或地区虽已推行多时，但相关实施细则难以在公开信息平台上搜寻到，大多为原则性的宣示。在信息公开这点上，美国则采取了不同的措施，例如，美国在《政府绩效与结果修正法案》通过之后，对相关做法进行变革，使 OMB 编制的实施细则文件能够从公开的信息平台上获得。

就预算资金分配而言，在美国，将对于符合联邦跨机构的优先目标（CAP goals)，通常可以获得较多的预算资金。韩国的做法与美国颇为相似，韩国依据国家优先目标，选定优先支出项目，并设置部门支出上限，或按政事类别设定支出上限。每个政事类别都有多个部门同时参与，一个部门也有可能参与不同的政事。同一政事类别的预算分配给不同的部门去执行，各部门的预算为不同政事类别下子预算的加总。这样便可避免将预算配置给那些偏离国家优先政策目标的项目，并且有利于将预算编制划分到最恰当的类别中。

实践表明，要想提升一国发展规划的效能，可从四个方面着手：一是统一机构事权。将计划管理机构与预算管理机构业务整合，则整体效益会有所提升。二是计划与预算管理须紧密联结，且计划必须密切反映国家的优先施政目标。三是计划规划机构与计划执行机构，透过事前计划审查与事后执行绩效评估以及预算资源相联系，并充分利用绩效信息进行预算决策。四是各部门的绩效目标要反映国家的施政重点，确定优先支出项目。

（二）中期预算成功的关键条件及教训

回顾各国中期预算改革历程，不难发现，虽然发达国家的中期预算模式各

---

① Connecticut General Assembly, Legislative Program Review and Investigations Committee, Connecticut Budget Process: Findings and Recommendations ［R］. Hartford, Conn.: Conn. General Assembly, Dec. 9, 2003. https://www.cga.ct.gov/2003/pridata/Studies/Budget_Final_Report.htm.

异，且效果也不尽相同，但与发展中国家和新兴市场国家相比，发达国家引入中期预算改革较为成功，也更有利于实现当代公共支出管理的三个目标：财政纪律、优先配置、运营绩效。各国中期预算改革呈现出不同的特征，如果不抓住中期预算改革成功的本质特征及经验教训，则无法为发展中国家和新兴市场经济国家提供可资借鉴的经验。

发达国家的实践表明，中期预算能够为制定、评估和实施财政政策，提供比年度预算更为有效且透明的工具，有助于促进财政可持续性与资源的有效配置，但成功实施中期预算也殊非易事，其改革成功的关键条件包括[①]：

第一，强大的财政管理能力和健全的预算制度。中期预算不同于传统的年度预算，前者要求在一个经济周期内实现预算平衡（即实现跨年度或周期性预算平衡），而后者要求在本年度内实现预算平衡。从传统的年度预算平衡走向跨年度预算平衡，是现代预算治理结构的重要变化之一，这需要强大的公共财政管理能力和健全的预算管理制度作为保证。

第二，稳定的经济环境和准确的宏观经济预测。“鉴以往之事易，证未来之事难”，越是长时间尺度上的预算决策，其在预测精度上面临的挑战也越大[②]。一般来说，一个极不稳定的宏观经济环境（如重大经济危机或战争）会使预测极其困难，甚至无法实行中期预算。例如，为应对 2008 年全球经济和金融危机，亚美尼亚和俄罗斯在 2009 年曾暂停实施中期预算[③]。这主要考虑到全球经济增长的急剧放缓和国家经济的衰退，以及不确定的复苏前景，致使宏观经济和财政预测显得异常艰难。同时，收入下降、财政刺激计划和银行救助等一系列变化的财政后果，使得支出的优先排序更加困难[④]。此外，宏观经济预测与物价、消费、就业和收入水平的稳定性密切相关。因此，在某些国家的中期预算实践中，通过引入通货率、汇率、失业率、消费指数等变量，建立了更加全面的宏观经济预测模型（如瑞典、英国和美国等）。

第三，年度预算的可靠性和可预测性。实施中期预算并不意味着放弃年度预算。年度预算作为中长期预测的基础，如果年度预算的可信度和可预测性不甚理想，则中期支出预测就会存在较大的误差[⑤]。年度预算的可靠性主要取决于：一是预算资源的充足性，当预算资金不能及时足额拨付时，年度预算的可信度就会

① 马蔡琛，袁娇．中期预算改革的国际经验与中国现实［J］．经济纵横，2016（4）：114－120.

② 马蔡琛．现代预算制度的演化特征与路径选择［J］．中国人民大学学报，2014，V28（5）：27－34.

③ 与亚美尼亚不同的是，俄罗斯在危机之后，于 2010 年迅速重新启动中期预算，有效改善了 2010～2012 年预算周期内的财政状况（The Government of the Republic of Armenia，2010：4）。（资料来源：http：//euroasia. cass. cn/news/94807. htm.）

④ World Bank. Performance Management（PM）in Russia［R］. World Bank Policy Note Prepared for the Ministry of Economic Development of the Russian Federation. World Bank，Washington，DC，January，2011.

⑤ 1997～2007 年，OECD 成员国广义政府支出的预测数和结果数间的平均差异显示：葡萄牙实际支出比预测数高 4% 左右，而爱尔兰实际支出比预测数低 5.5% 左右。

大打折扣。二是预算分配与政策目标的匹配程度。只有在财政部门和各支出部门普遍认为预算分配与其政策目标相适应时，中期预算才具有可行性。三是预算的执行刚性。如果预算执行效率较低且外部条件不稳定，则政府可能会对年度预算进行重大调整，大大降低了年度预算的可信度。

第四，中期财政规则的确立。中期预算的构建需要确立约束规则，以限制各部门增加支出的倾向，实现真正的预算硬约束。只有当政府明确承诺不超过特定的支出水平或赤字水平时①，或者能够保证各项支出与财政目标相一致时，中期预算约束才具有可信度。

综合而言，相对于传统年度预算，中期预算应有更多的弹性政策工具，更强调财政政策与其结果。从发达国家中期预算实践中，我们也可汲取五个经验教训：第一，对发展中国家和新兴市场国家而言，中期预算不失为一个颇有价值的财政政策和管理工具；第二，每个发展中国家或新兴市场经济体所采行的中期预算，应充分反映该国的政策目标、特有的预算制度及其行政能力；第三，中期预算并非适合所有国家或所有政府层级；第四，中期预算的引入是一个渐推渐进的过程，切不可急功近利；第五，应鼓励各职能部委建设性地参与到中期预算过程中；第六，中期预算改革的效果很大程度上取决于年度及中期估计的可靠性和准确性。

二、发展中国家与新兴市场国家中期预算改革的现实反思

20 世纪 90 年代以来，许多发展中国家和新兴市场国家也开始引入中期预算模式，如肯尼亚②、坦桑尼亚③、马拉维④等非洲 13 国⑤、新加坡、哈萨克斯坦、俄罗斯等。此外，还有一些发展中国家将国际货币基金组织（IMF）和世界银行（Work Bank）联合制定的中期政策框架文件，作为中期经济和财政战略的基础⑥。

---

① 例如，欧盟《马斯特里赫特条约》（*Treaty of Maastricht*）规定了严格的财政标准作为入会条件，即未偿债务必须降至 GDP 的 60% 以下，年度预算赤字不得超过 GDP 的 3%。《稳定与增长公约》（*Stability and Growth Pact*）也规定欧元区各国政府公共债务不得超过 GDP 的 60%，财政赤字不得超过 GDP 的 3%，财政赤字若连续 3 年超过该国 GDP 的 3%，该国将被处以最高相当于其 GDP 之 0.5% 的罚款。

② Peterson S B. Budgeting in Kenya: Practice and Prescription [J]. Public Budgeting & Finance, 1994, 14 (3): 55 – 76.

③ Priya B, Oliver M. The Fiscal Impact of Adjustment in Tanzania in the 1980s, in Fiscal Reform in the Least Developed Countries [M]. Chandra Kant Patel. Cheltenham, U. K.: Edward Elgar, 1997: 160.

④ The World Bank. The First MTEF Experience in Malawi, in Public Expenditure Management Handbook [M]. Washington: The World Bank, 1998: 42 – 43.

⑤ 非洲 13 国包括乌干达、加纳、马拉维、南非、莫桑比克、几内亚、坦桑尼亚、肯尼亚、加蓬、卢旺达、纳米比亚、布基纳法索、贝宁。除纳米比亚外，其余 12 个非洲国家的中期预算改革均不同程度得到世界银行的支持（参见：Houerou P L, Taliercio R. Medium Term Expenditure Frameworks: From Concept to Practice – Preliminary Lessons from Africa [J]. Preliminary Lessons from Africa World Bank Africa Region Working Paper, 2002.）。

⑥ Subramaniam R. Budgeting and Financial Management in Sub – Saharan Africa: Key Policy and Institutional Issues [J]. Development Discussion Paper, Cambridge, MA: Harvard Institute of International Development, January 1998 (622): 29.

这些国家引入中期预算旨在借此变革传统的年度预算，以便在政策制定、计划安排和预算编制之间建立有机联系。但这些国家的中期预算改革常因各种内在制度缺陷而受损，进而损害了财政政策的有效性。除了经济落后或经济转型所固有的收入困境之外，公共行政与财政管理能力的相对欠缺、对未来收入不切实际的预测，以及优先支出战略的缺乏等，使得这些国家的预算失衡问题频频出现。因此，这些国家能否从中期预算过程中获益，且其年度预算能否与中期预算实现无缝衔接，仍是一个颇具争议的问题。

实践表明，发展中国家和新兴市场经济国家在引入中期预算的过程中遇到了诸多困难，其成效和进展参差不齐（见表3－7）[①]。一些国家由于满足了前述关键条件而得以成功，而另一些国家则因未能满足一个或多个关键条件而效果不佳。总体而言，新兴市场国家的改革效果较为显著，而非洲地区的改革效果相对较差[②]。

表3－7　　主要发展中国家与新兴市场国家的中期预算实践情况

改革相对成功的国家			改革效果欠佳的国家		
国别	年份	周期	国别	年份	周期
新加坡	2000	5	马拉维	1992	3
韩国	2004	5	加纳	1999	3
俄罗斯	2005	3	莫桑比克	1997	6（支出） 10（收入）
哈萨克斯坦	2002	3	肯尼亚	1998	3
			尼日利亚	2005	4

注：韩国自2004年开始中期绩效框架试点，2005年全面引入；俄罗斯2005年引入中期财政框架，2007年开始引入中期预算框架，2010年转为中期绩效框架。

资料来源：World Bank（2013）；Houerou P L & Taliercio R（2002）；Ogujiuba K，Ezema B Ogujiuba K & Ezema B（2013）.

（一）中期预算改革成功案例及表现

与其他发展中国家相比，新加坡、韩国、俄罗斯、哈萨克斯坦、南非、乌干达等国的中期预算改革效果相对显著，其成功离不开强有力的政府承诺、利益相关者的支持、各类技术援助机构间的有效协调以及更具现实性的时间安排等。具

① 王雍君．中国公共预算改革：从年度到中期基础［M］．北京：经济科学出版社，2011：7，67.

② Quality Assurance Group. Improving Public Sector Governance Portfolio：Quality Enhancement Review［R］. QAG，World Bank，Washington，DC，2008.

体表现在这样几个方面：在预算编制程序方面，采取“自上而下”的预算编制方法，赋予各部门以充分的自由裁量权，即在预算限额内各部门可按项目优先顺序自主分配资金，如新加坡、俄罗斯、南非、乌干达和尼日利亚①。据资料显示，除1997年亚洲金融危机和2008年全球金融危机期间外，韩国均实现了综合平衡，即达到了预算平衡的“黄金法则”。这很大程度上得益于其“自上而下”的集中型的预算模式②。新加坡的预算时间表安排也较为合理，其国会预算程序始于2月初财政部提交预算报告。因此，在4月1日财政年度开始前，国会有近两月的时间去审查预算。

此外，值得注意的是，新加坡自2000年左右开始采用自上而下的预算编制流程，其预算编制原则虽与许多OECD国家类似，但其编制过程却也颇具独特的创新性，主要表现在：一是明确规定各部委五年期的支出限额（“切块预算”）③，目的是提高财政的可预测性和提供更稳定的支出模式。五年内的支出限额是固定的，但每一年的支出限额却是可变的，所有类别的支出可自由替换，各部委可灵活预算，比如在五年内结转和预提④。二是在各部委间重新分配资金（削减开支），预算盈余构成的捐赠基金的年投资收益反过来用于各项公益事业。三是中央对人员进行控制，如果人数超过限制则收取附加费⑤。

在预算法律约束方面，进一步明确了中期预算的法律地位。2007年7月，时任俄国总统的普京签署了2008～2010年联邦预算法案，这是俄罗斯有史以来首次出现三年期预算⑥，哈萨克斯坦1997年颁布了《预算法》，还制定专门的“中央预算和地方预算执行监督法”，为预算监督提供了法律保障，提高了预算的执行效率⑦。新加坡的预算法律规定，各部门必须力求收支平衡、略有结余，确保年度实际结余控制在预算总额的5%以内，不得超支，否则将削减下一年度的预算拨款。

新加坡在宪法中规定了三个关键的财政规则：一是政府不应挪用先前历届政府积累的财政资金。每届政府必须在其任期内实现预算收支平衡，即任期内某一

---

① Ogujiuba K, Ezema B, Sola O. Medium Term Expenditure and Fiscal Management in Nigeria: A Review of the (2005–2008) Framework [J]. Journal of Economics & Behavioral Studies, 2013, 5 (5): 292–293.

② Ministry of Strategy and Finance. The budget System of Korea [R]. 2014: 12. http://english.mosf.go.kr/upload/pdf/The Budget System of Korea. pdf.

③ 该限额与GDP的发展直接挂钩，限额并非以名义数额表示，而是以“平滑”GDP（sGDP）的百分比来表示，此处“平滑”GDP是指跨越六年的GDP平均增长率。例如，教育部的限额相当于每年sGDP的4%。每年的名义限额由sGDP水平决定。

④ 但值得注意的是，本年最多可从未来五年限额的拨款中借用10%的预算，且必须在未来三年内从限额中扣除偿还，并对预提款收取3.2%的利息。各部委也可将某年的拨款推迟至以后年度使用，最长可在三年内结转，超期则失效。

⑤ Jón R. Blöndal. Budgeting in Singapore [J]. OECD Journal on Budgeting, 2006, 6 (1): 51–52.

⑥ http://euroasia.cass.cn/news/94807.htm.

⑦ 驻哈萨克使馆经商参处．哈萨克斯坦的预算管理［R］. 2011 (1).

年的赤字，须通过执政前期的累积盈余，进行弥补以实现平衡，每届政府最长任期为五年。二是政府只能将财政累积储备的年度净投资收益的一半视为预算收入。此外，宪法中还规定了一个“额外条款”，即允许政府实行赤字财政以及使用过去的累积盈余，但必须得到国会和总统的批准，这被称为新加坡的“双钥匙”保障机制（“two - key” safety mechanism），总统的主要职能是作为财政的监护人。

新加坡的财政规则是基于政府必须在其任期内实现预算平衡的原则，即“任期预算平衡”原则，这种“任期预算平衡”的思想，也可算作“改良版”的“跨年度预算平衡机制”。这种不违背法定财政规则的态度使得各支出部门加强节约意识①。这一点对中国的中期财政规划改革和跨年度预算平衡机制建设，具有尤为重要的启示价值。

在预算监督方面，注重多方力量的参与，关注预算审核标准体系的建设。南非由各部委专家、财政部官员和顾问组成审查小组，对中期预算进行严格审查。俄罗斯要求对新的支出项目进行严格审核，且必须同时满足以下三个条件才可能通过，即属于国家经济社会政策优先项目范畴、进行项目绩效评价以及不影响预算平衡②。新加坡在确定中期支出限额前，财政部对各部门进行严格审查，分析历史支出模式，其预算草案经国会议员充分咨询讨论并三读通过后，由总统批准签署发布实施，且法案一经发布必须严格执行，不得随意变更。此外，其财政部也指出，还应准备好应对临时性突发状况的预算资金③，如遇特殊情况需追加预算，必须提出新的法案提交国会专门讨论批准。哈萨克斯坦主要对支出环节进行预算监督，包括推行统一的政府经常性支出开支标准、提高制定支出计划的效率、建立预算评估机制等。

在机构设置方面，设立专门的预算管理机构。南非设立了“国会预算办公室”。哈萨克斯坦各层级政府均设有自己的常设机构“预算委员会”，负责制订预算发展计划，协调政府三年期预算项目间的互相关系，拟订不同财政年度的预算草案，确定国家和地区项目以及国家社会经济发展的主要指标等。在预算执行过程中，“预算委员会”可根据形势变化和实际需要，依法定程序调整部分指标。在预算计划阶段，预算委员会将重点放在如何提高预算资金的使用效率上④。韩国设有“企划财政部”（Ministry of Strategy and Finance，MOSF）负责制订计划和

① Jón R. Blöndal. Budgeting in Singapore [J]. OECD Journal on Budgeting，2006，6 (1)：51 - 52.

② 傅志华，刘微．透视俄罗斯百年财政中的五次“预算困境” [J]．俄罗斯东欧中亚研究，2009 (3)：50 - 56.

③ 不过这种情况很少见，如 SARS 危机即为导致特殊额外拨款的极少数例子之一。

④ 中亚国情．哈萨克斯坦的财政体制 [Z]．2013 年 2 月 6 日．http：//blog. sina. com. cn/s/blog_42a087e20101b0gb. html.

统一财政政策、编制执行国家预算等。

在公共财政管理方面，不断完善财政管理信息系统。韩国政府从2004年起就建立了一套高效集成化的“数字预算与会计制度（DBAS）”，统称为“韩国财政管理信息系统（KFMIS）”。该系统成了国内公共财政管理的有力“抓手”。韩国对公共支出管理的控制及其相关的预算改革使得“小政府”所带来的规模效应得以在危机后继续维系，为韩国财政稳定奠定了基础。哈萨克斯坦于1994年开发设计政府财政信息管理系统，1996年借助甲骨文公司（Oracle）技术开发出自己的一整套管理信息体系，至2004年在全国普及完毕，为预算改革提供了强有力的技术保障。此外，乌兹别克斯坦也由于对国家支出的有效管理，实现了预算盈余。值得一提的是，2009年乌兹别克斯坦成为主要财政单据呈平衡的少数国家之一①。

在政治支持方面，这些国家都不同程度地得到了政府的大力支持。例如，乌干达的中期预算改革获得了总统的鼎力支持。南非出于公共治理转型的动机，为更加有效地控制预算过程，其改革也得到了政府的大力支持。值得一提的是，新加坡的总统则在预算过程中扮演着特殊的角色，其主要实质性职能是作为财政监护人（fiscal guardian），这充分体现出了政府改革的态度和决心。

（二）中期预算改革失败案例及原因

与上述较为成功的国家相比，马拉维、加纳、莫桑比克、坦桑尼亚、肯尼亚、约旦、尼加拉瓜等国家的中期预算改革效果相对较差，主要是因为其中期预算改革未能充分考虑各自的初始条件，国家财政治理体系的基础相对薄弱②。从实际经验看，中期预算失败的原因有很多，可能是中期经济预测以及收入估计不准确，也有可能是尚未按经济发展战略对支出进行优先排序，使得计划与预算相脱节③。具体而言，改革失败的主要原因集中体现在以下几个方面④：

第一，在预算编制程序上，中期预算未能与年度预算充分融合，致使两套预算程序并行运转，降低了预算执行效率。例如，加纳和约旦的预算程序表面上虽已融合，但由于预算时间表安排得太过紧凑，致使年度预算脱离了中期预算的控制，削弱了改革效果。马拉维的经常性预算（recurrent budget）由会计人员编制，

---

① 据统计，乌兹别克斯坦2009年、2010年1~9月、2012年第一季度的国家预算盈余均占国内生产总值的0.2%。（资料来源：http://euroasia.cass.cn/news/397712.htm；http://euroasia.cass.cn/news/396287.htm.）

② Holmes M, Evans A. A Review of Experience in Implementing Medium Term Expenditure Frameworks in a PRSP Context: A Synthesis of Eight Country Studies [J]. Overseas Development Institute, 2003.

③ Boex L F J, Martinez - Vazquez J, Mcnab R M. Multi - Year Budgeting: A Review of International Practices and Lessons for Developing and Transitional Economies [J]. Public Budgeting & Finance, 2000, 20 (2): 91 - 112.

④ 马蔡琛，袁娇．中期预算改革的国际经验与中国现实［J］．经济纵横，2016（4）：114 - 120.

而发展性预算（development budget）则由规划或项目实施单位的工作人员编制，二者独立编制，形成了“切块预算”[①]。从这个意义上来讲，采用经常性预算（也称运营性预算）和资本性预算（也可称为建设性预算或发展性预算）的服饰预算管理模式，无论在发达国家，还是发展中国家，都是具有现实意义的。但颇为令人困惑的是，在未作明解释的情况下，2014 年我国审议通过的新《预算法》中，取消了有关复式预算的相关规定。

莫桑比克也较为重视建设性预算，各部门的建设性预算与经常性预算编制相分离，二者的估计也常常超出其预算限额。该国的中期预算原先由宏观经济和支出工作组负责管理，随后被技术咨询办公室和预算办公室代替，管理责任的转换也影响了中期预算的改革成效[②]。实践表明，非规范性的管理责任的分割及转换不利于中期预算的顺利施行，应设立专门的中期预算管理机构，以保证预算管理的权威性、连续性和有效性。就中期预算的管理机构而言，多年前就已有动议的组建国家预算管理局的建议，也是不无道理的[③]。

第二，中期预算与国家政策的联系不紧密，导致中期支出预测不准确，预算数与决算数相互脱节，预算偏离度往往较大。例如，尼日利亚 2005～2008 年预算支出与实际支出的偏离度分别为 91.5%、86.6%、90.4%、89.7%，二者平均偏离度超过 89.6%[④]。马拉维 1997 年医疗部门预算支出占发展预算的 20.7%，但其实际支出仅为 3.6%[⑤]。莫桑比克 1999 年教育部门实际支出比原定预算多 21%，而农业部门实际支出比原定预算多 49%[⑥]。

加纳的中期预算在施行之初貌似颇有希望，但之后由于支出的不可预测性及预算监督的缺位而丧失了可信度。加纳 2000 年的实际支出分配比例分别为：社会服务占 28.8%（预算数为 30.8%）、基础设施占 16.4%（预算数为 25.2%）、

① Houerou P L, Taliercio R. Medium Term Expenditure Frameworks: From Concept to Practice. Preliminary Lessons from Africa [J]. World Bank Africa Region Working Paper, 2010.

② Elizabeth M. Mozambique: Assistance with the Development of a Medium Term Expenditure Framework [R]. June 1997: 12.

③ 在预算编制与决策层面，实现组织机构的优化与重构，将目前的财政部预算司、教科文司、行政政法司、农业司、社会保障司等机构以及其他部委中，具有预算编制职能的部门统一起来，并将预算编制工作从财政部门中独立出来，组建只属于国务院的新型专业化预算管理机构——国家预算管理局。为解决组建独立的预算编制机构而导致的人员编制增加问题，可考虑将目前负责收入预算执行的国家税务总局，合并入财政部，并适当压缩原税务系统的人员编制。同时，将目前国家税务总局的税收计划部门，合并入新成立的国家预算管理局，专司收入预算的编制预测工作。资料来源：马蔡琛，王晓雪．改革预算制度，强化预算管理和监督［M］//陈东琪，宋立等．新一轮财政税收体制改革思路．北京：中国财政经济出版社，2009：207－208.

④ Ogujiuba K, Ezema B, Sola O. Medium Term Expenditure and Fiscal Management in Nigeria: A Review of the (2005－2008) Framework [J]. Journal of Economics & Behavioral Studies, 2013, 5 (5): 289－299.

⑤ World Bank. Malawi－Public Expenditures: Issues and Options [R]. Washington, DC, 2001: 8.

⑥ World Bank. Mozambique: Public Expenditure Management Review [R]. Washington, DC, 2001: 17.

行政管理占34.9%（预算数为22.2%），其行政管理费超支严重[①]。哈萨克斯坦2011年1~11月的国家实际预算支出总计73亿多索莫尼（15亿多美元），超出计划支出3.1%，其11月1日国家实际预算支出总计65亿多索莫尼，比上年同期多出18亿索莫尼[②]。哈萨克斯坦2010年1~9月中央实际财政支出4431亿坚戈（233.3亿美元），比计划支出增加4.8%[③]。应该说，这种预算偏离度较高，尤其是“其他支出”等用途指向含蓄的支出占比偏多，在包括中国在内的一些发展中国家，是较具普遍性的。

第三，某些支出部门缺乏健全的成本核算体系，未能准确核算项目成本，致使中期预算的执行效果大打折扣。例如，在莫桑比克，仅有五个优先支出部门（交通、健康、教育、农业和水利部门）根据其活动和规划进行成本核算[④]，而大多数非优先部门仅根据自己内部的组织结构来核算成本，且该国的中期预算改革重点过于关注技术层面（如公务员制度改革成本和部门规划成本的估计技术），却忽略了预算程序本身的优化与完善。在马拉维，主要关注经常性预算成本，不太注重发展性预算的成本，且因预算决策的延迟，致使部门没有足够的时间对支出项目进行详细的成本核算，导致预算编制与执行的偏差巨大。此外，一些国家未能明确中期预算的法律地位，也缺乏较具可操作性的中期财政规则，倾向于高估其财政资源总量，致使中期预算缺乏硬约束，预算限额时常被突破。在莫桑比克，大多数部门提交的预算估计往往超过其支出限额，中期预算容易沦为各部门申请追加额外资金的手段。

第四，部分国家的中期预算缺乏高层决策的支持，或者未经内阁（或议会）的正式批准，且部门在资源分配上缺乏自由裁量权，导致部门参与度非常低。例如，肯尼亚虽在所有支出部门实行中期预算，但由于缺乏预算办公室的支持，其初次改革尝试就以失败告终。莫桑比克财政部将中期预算改革失败的原因，部分归咎于部门参与不足，但财政部的过度控制也降低了部门的参与度。在一些国别案例中，国家战略往往不存在或不明确，即便存在大多也与部门的支出战略相互脱节，难以有效确定优先支出事项。例如，当国家的减贫战略文件与预算分配间的联系薄弱时，减贫战略也就流于形式[⑤]。实践表明，国家战略的缺失是预算与政策联系不紧密的重要因素之一，是中期预算改革有效性的潜在障碍。此外，在

① Houerou P L, Taliercio R. Medium Term Expenditure Frameworks: From Concept to Practice. Preliminary Lessons from Africa [J]. World Bank, Africa Region Working Paper, 2002: 19.

② http://euroasia.cass.cn/news/464933.htm.

③ http://euroasia.cass.cn/news/398320.htm.

④ Elizabeth M. Mozambique: Assistance with the Development of a Medium Term Expenditure Framework [R]. June 1997: 27-30.

⑤ Wilhelm V, Krause P. Minding the Gaps: Integrating Poverty Reduction Strategies and Budgets for Domestic Accountability [J]. World Bank Publications, 2008, 19 (1): 2-3.

支出覆盖范围上，并非所有支出都纳入中期预算框架内。例如，加纳和乌干达的政府工资性支出被排除在外，乌干达的援助性项目（donor – financed projects）也未能整合纳入中期预算。

此外，特别值得注意的是，这些国家的中期预算改革带有较强的被动色彩，大体上属于“被动型”改革，这种内生动力不足，很可能是中期预算改革效果欠佳的根本性原因。这些国家大多处于经济发展的早期阶段，包括中期预算在内的整体财政管理改革，尽管也反映了国内发展诉求，但主要推动力更多来自外部援助机构或国际组织的要求。实施中期预算改革可以使这些国家更容易获得国外资金和技术援助，故而带有被动采行的色彩[①]。世界银行的研究也显示，中等低收入国家实行中期支出框架（MTEF），主要是因为捐助者认为 MTEF 可以确保这些国家在减贫战略文件中承诺的多年期政策，能够获得所需的资源配置[②]。例如，非洲国家的中期预算改革就是由世界银行或英国国际发展署（DFID）推动和支持的（如表 3 – 8 所示）。这些国家在接受资金、顾问、培训等技术援助的同时，必须按照国际援助机构的要求编制中期预算，并定期提交预算执行报告，其中期预算执行的关键因素被作为银行信贷结构调整的制约条件。

表 3 – 8　非洲中期预算改革支持与援助情况

国别	世界银行的参与
贝宁	世界银行积极支持改革
布基纳法索	世界银行一直积极参与改革
加蓬	1998 年中科院（CAS）首次提出中期预算
加纳	世界银行促进中期预算改革，引入中期预算作为公共财政管理改革方案
几内亚	中期预算作为世界银行公共管理信贷调整的一部分
肯尼亚	1997 年初推动了中期预算改革，中期预算执行的关键因素被当作经济和公共部门的信贷条件
马拉维	中期预算由财政重组和放松管制程序（FRDP Ⅰ）在 1996 年引入，1998 年和 2000 年分别得到 FRDP Ⅱ和 FRDP Ⅲ的进一步支持
莫桑比克	中期预算由银行和英国国际发展署（DFID）推动和支持，提供顾问和培训
卢旺达	1998 年初提议进行中期预算改革。中期预算相关条文和实施计划受到 DFID 的资助

① 马蔡琛．再论社会性别预算在中国的推广——基于焦作和张家口项目试点的考察［J］．中央财经大学学报，2010（8）：1 – 6.

② 世界银行．超越年度预算：中期支出框架的全球经验［M］．北京：中国财政经济出版社，2013：1.

续表

国别	世界银行的参与
南非	中期预算改革的最初努力由银行支持，在执行期间也提供了建议
坦桑尼亚	中期预算改革在 1997 年初推出。中期预算在每年、每个参与性过程的范围内制定。中期预算执行以及支出再分配目标的关键因素被作为世界银行信贷结构调整的制约条件
乌干达	世界银行参与中期预算改革并提供临时性援助
纳米比亚	——

注：在非洲，目前在不同阶段执行的中期预算有 13 个，世界银行在不同程度上参与其中（纳米比亚除外）。

资料来源：Houerou P L，Taliercio R. Medium Term Expenditure Frameworks：From Concept to Practice – Preliminary Lessons from Africa ［J］. Preliminary Lessons from Africa World Bank Africa Region Working Paper，2002.

综合而言，中期预算改革效果不佳主要是因为：改革未充分考虑各国的初始条件，未能足够重视预算管理的基础方面，或适当解决预算改革中政治和制度的现实问题①。具体可归纳为五点：一是没有专门的中期预算管理机构，预算编制未经内阁或议会正式批准，缺乏强有力的政治支持，且未赋予部门充分的自主权，部门参与程度低。二是中期预算未能与原有的预算程序很好地融合，改革重点关注技术层面（如莫桑比克重点关注公务员制度改革成本和现有部门规划成本的估计技术），而非预算程序本身的完善。三是中期预算的执行未与政策目标紧密结合，有的部门甚至尚未设定政策目标或对支出进行优先排序，降低了预算的执行效率。四是责任的分割及转换、中期预测的不准确、成本核算的不完整或缺失，以及预算监督的缺位（即预算软约束，如加纳），导致预算编制与执行间缺乏一致性，从而降低了中期预算的可信度。五是有的部门将中期预算当作增加预算资金的手段，在编制过程中倾向于高估预算资金以争夺更多的预算资源（如马拉维）。这些缺点令人质疑发展中国家和新兴市场国家引进中期预算的可行性。

第三节 中期预算改革的中国现实

中期财政规划改革体现了当代预算管理改革的发展潮流，也是建立现代财政制度、实现国家治理现代化的重要内容。2013 年党的十八届三中全会《中共中

① Holmes M，Evans A. A Review of Experience in Implementing Medium Term Expenditure Frameworks in a PRSP Context：A Synthesis of Eight Country Studies ［J］. Overseas Development Institute，2003.

央关于全面深化改革若干重大问题的决定》中明确提出“建立跨年度预算平衡机制”。此后，财政部前部长楼继伟在《建立现代财政制度》一文中提出：为实现跨年度预算平衡，还应抓紧研究实行中期财政规划管理，可先编制财政三年滚动规划，实现逐年更新滚动管理，逐步强化三年滚动规划对年度预算的约束性，增强财政政策的前瞻性和财政可持续性[①]。这标志着我国财政预算由年度管理转向中期管理的改革正式提上了议事日程。

2014 年 8 月全国人民代表大会常务委员会（以下简称“全国人大常委会”）审议通过的《中华人民共和国预算法》修正案，以及 2014 年 9 月发布的《国务院关于深化预算管理制度改革的决定》明确提出“改进预算管理和控制，建立跨年度预算平衡机制”。为进一步落实上述改革决策部署，2015 年 1 月国务院印发了《国务院关于实行中期财政规划管理的意见》，再次重点强调了建立跨年度预算平衡机制、实行中期财政规划管理改革。《国务院关于实行中期财政规划管理的意见》的印发，标志着财政预算由年度向中期管理改革进入到实质性阶段。

与其他国家施行的中期预算一致，我国中期财政规划也并非对年度预算的简单替代，而是将年度预算置于中期财政规划的视野之中，根据国家战略目标，确定公共支出重点及优先次序，设定部门支出上限，进而实现有限预算资源的高效配置。具体而言，我国中期财政规划要根据国民经济和社会发展规划、政府宏观调控政策、部门职能和事业发展需要，合理确定规划期内支出总量和结构，并以此指导分年度预算的编制和实施周期性预算管理。

一、我国中期预算改革实践

我国中期财政规划的雏形可追溯至若干年前就已在河北省、河南省焦作市和安徽省芜湖县启动的三年期滚动预算试点。当时在国内尚无成熟经验，为稳妥起见，采取先行试点、由点及面的方式循序渐进地展开，这也符合我国一贯的做法，作为单一制大国，任何改革的风险都比其他国家要高得多，且实践表明，这种改革推进方式也是符合我国国情的。

河北省发展性支出三年滚动预算编制试点工作自 2008 年启动以来，取得了一定的阶段性成果，主要包括滚动预算入库项目不断细化、滚动预算编制和审核程序日趋规范，滚动预算文本质量逐步提高，在一定程度上促进了集中财力办大事，突出保障重点的有效落实，为进一步深化中期预算改革积累了一些经验[②]。

① 楼继伟. 建立现代财政制度［J］. 国际商务财会，2014（10）：10－12.

② 赵新海，曹铂，吕强. 建立中期财政规划和滚动预算制度的难点与对策思考［J］. 预算管理与会计，2015（11）：11－14.

河北省三年滚动预算主要成效如下：

第一，形成了初步的制度体系。2005 年颁布实施的《河北省省级预算管理规定》第三十二条明确要求省级要编制三年滚动预算，同年省政府印发的《关于进一步推进省级财政集中财力办大事的指导意见》也就此提出具体要求，进一步要求各部门结合国家和省经济社会发展中长期规划和省委、省政府重大战略部署，研究制定相关社会事业及经济行业的中长期发展规划，以及分年度实施计划，在此基础上，探索编制好中长期滚动预算，将关系本部门中长期发展的“大事”纳入滚动预算管理，以增强预算安排的预见性。

第二，规范和完善了预算管理改革。编制中长期预算是 20 世纪 60 年代后在一些欧美国家率先实行的，经过 40 余载的实践，已经成为许多发达国家编制和管理财政预算的一种普遍做法。在河北省较早提出试编多年滚动预算设想的时候，受主观条件的局限，未能全面实质实施。但随着省政府施政目标和中心任务更加清晰、具体，各领域、各行业中长期发展规划也日益完善和明确，特别是预算管理改革的不断深化和完善，如项目预算管理的日趋规范和科学，项目库管理手段全面运用和不断优化升级，绩效预算管理理念和方法被广泛接受和应用，都为推行三年滚动预算改革奠定了基础。

第三，探索出一条改革路径。编制三年滚动预算当时在国内尚无成熟经验，为稳妥起见，采取先行试点、由点及面的方式循序渐进地展开，并考虑财政各类发展性（专项）支出是政府推动各项事业持续发展的主要财力支撑，将编制发展性支出滚动预算作为这项改革的关键和突破点。自 2008 年起，先选择 15 家试点部门编制发展性支出三年滚动预算，经过 3 年时间将试点范围由部门扩大到了省级所有分管发展性支出的部门，建立起了覆盖省级财政所有发展性支出的省级三年滚动预算体系。同时，按照改革方案设计，待时机成熟再将三年滚动预算编制从部门发展性支出扩展到部门所有支出预算，从单纯的财政支出预算扩展到财政整体收支预算，从而建立起较为科学、完整的中长期预算制度。

二、我国中期预算改革的现实困境

我国虽已在部分地区进行三年期滚动预算试点，但有业内人士评价，试点情况参差不齐。某省财政厅的相关人士告诉经济观察报，该省三年滚动预算曾一度按下暂停键，地方试点阻力重重，许多地方政府并不接受，之所以不接受除了与当下地方政府预算的软约束有关①，还在于来自中央的转移支付资金较多，事先

① 杜涛，黄文丽．三年滚动预算编制全国启动倒逼政府“从长计议”［N］．经济观察报，2014－2－28．http：//www．eeo．com．cn/2014/0301/256859．shtml．

难以预测，三年滚动预算编制专员短缺，且技术不娴熟。此外，由于处于试编阶段，强制性的欠缺导致实际实施起来也较为务虚。实施效果不佳倒逼政府“从长计议”，由此，中期财政规划改革才被提上了议事日程，并进入实质性阶段。

针对各地三年滚动预算试点效果不佳的现状，笔者专门挑选了A省财政厅和B市财政局进行实地调研。毫无疑问，通过近些年的探索实践，三年滚动预算试点取得了一些阶段性成果，为我国中期财政规划的逐步推广奠定了基础，但与国外成熟的中期预算模式相比仍有很长的距离。由于这项改革尚处于探索阶段，受当时认知程度不深、配套措施跟进不够、法律法规依据不足等各种主客观因素的影响，仍存在一些缺陷和需要改进的地方，主要体现在以下几个方面：

第一，地方国民经济和社会发展整体规划过于宏观，预期目标和施政措施不够具体，加之与三年滚动预算时间跨度不一致，使其对滚动估算编制的指导性和引领作用不够。

第二，部门职能领域中长期发展规划编制质量还不够高，需要进一步提高科学性和可操作性。有的部门中长期规划扣题不紧，与政府的规划部署联系密切程度不够；有的对滚动预算后两年具体目标和工作的把握不够具体、清晰、量化，一定程度影响了滚动预算与年度预算的衔接。

第三，部门间对发展性支出三年滚动预算项目申报情况不均衡，部分滚动项目申报不完整，后两年项目细化不够、新项目少，这表明试点部门项目安排重视当前年度，而长远谋划不够，分年度的滚动实施计划和分解目标落实得不够具体。

第四，法律依据不充分、不具体，使得三年滚动预算效力和约束力不足，造成个别部门对这项工作重视程度不够，认识还不到位，存在被动应付现象。且由于决策机制改革滞后，造成既定事项变动频繁，使得三年滚动预算与部门预算衔接得不够顺畅，后两年项目尚难以真正地与部门预算相结合，年度部门预算与中期预算的预期设想存在差距。由于上述种种问题难以有效破解，致使三年滚动预算一度停编。

各地区三年滚动预算实践表明，中期财政规划改革必然面临以下几大难题：一是经济社会发展规划与中期财政规划间之间“两张皮”的问题，即逐年滚动延展的中期财政规划周期与确定的五年社会经济发展周期的错配问题。二是中期财政规划编制和实施过程中各部门之间协调配合的问题；三是收支政策的不确定性与中期财政规划收支预测、计划编制准确性要求之间的矛盾。此外，如何建立恰当的中期财政规划管理机制，也是困扰当前顺利实施中期财政规划管理的制度性政策障碍①。唯有有效破解以上难题，中期财政规划才具备顺利实施的良好制度环境。

① 全国预算与会计研究会总课题组．建立中期财政规划和滚动预算制度难点问题研究主报告（下）[J]．预算管理与会计，2016（4）：16－18.

第四节　中期预算改革的启示与借鉴

本章系统性地介绍了中期预算的改革历程以及各国的具体做法，且范围较为宽泛，不仅有实施中期预算较为成熟的发达国家，还有刚刚起步的发展中国家和新兴市场国家。“他山之石，可以攻玉。”回顾各国中期预算改革，可以让我们清醒地意识到借鉴和学习国外经验的重要性，与此同时，它们出现的问题也是值得我们深入反思的地方。对于中期预算改革而言，以下几方面的发现对我国当前中期财政规划改革应该是具有一定的启示价值和借鉴意义的。

一、明确中期预算的法律地位，建立预算监督惩罚机制

实践表明，很多国家中期预算改革之所以效果不佳，最根本的原因是没有明确中期预算的法律地位，缺乏硬预算约束。我国部分地方政府三年滚动预算试点曾一度按下暂停键，最根本的原因在于三年期滚动预算未经全国人大常委会授权和国务院批准，不具有政府预算的法律效力，使得试点过程困难重重。2014 年新《预算法》的颁布明确了中期财政规划的法律地位，为改革提供了强有力的法律保障。除明确法律地位外，还应建立相应的中期财政实施规则。在这方面，可借鉴新加坡“任期预算平衡”的原则，在“年度预算平衡”的基础上，建立与经济周期相适应的“跨年度预算平衡”准则，以约束各部门的支出行为。且预算限额一经确定，不得随意更改和突破，否则将受到相应的约束性预算惩罚。

在预算监督方面，可参考新加坡的实践，要求各部门必须支出预算拨款的一定比例，如果支出小于该比例，则相应削减下一年的预算拨款。同时，准许将年度结余滚动至下一年。此外，哈萨克斯坦也规定，如果预算资金没有得到充分利用，相关责任人必须接受惩罚①。此外，可设立“财政监察委员会”，专门负责中期财政规划的监督工作。同时，由各部委专家、财政部官员和顾问组成审查小组，在确定支出限额前，对各部门进行严格审查。

二、健全的预算制度与合理有序的公共财政管理改革

实践表明，中期预算改革在预算基础薄弱且年度预算缺乏可信度的国家是不

---

① 2009 年哈萨克斯坦有超过 4.08 亿美元的预算没有完成。对此，时任哈萨克斯坦总理的马西莫夫表示，政府要单独审查每一个预算未完成案例，财政部、总理办公厅和其他相关机构将组建联合工作组专门负责此事。联合工作组须在一个月时间内分析预算资金没有利用的原因，确定各相关方的责任并就如何惩罚责任人提出意见。（http：//euroasia. cass. cn/news/394215. htm. ）

奏效的。中期预算确实有助于加强计划、政策与预算间的联系，但更为复杂的中期预算预算编制方法，对各方面管理能力也提出了更加苛刻的要求。在预算过程中引入多年期视角，可以为年度预算的编制提供系统分析和改进决策的框架，这需要决策者既现实又负责。许多国家的中期预算改革与预期相比一直不太成功，最根本的原因是不关注对成功至关重要的基础预算改革①。

因此，这些国家的中期预算改革应同时配合基础预算改革，与原有预算程序融合，且充分考虑国家的能力以及政治和制度约束。中期预算改革应以部门为切入点，即以部门支出框架为基础，这样比较容易成功。此外，应该分阶段合理有序地引入中期财政框架（MTFF）、中期预算框架（MTBF）和中期绩效框架（MTPF）。毫无疑问，中期财政框架使得预算编制更加复杂，中期预算框架和中期绩效框架更是如此，如若操之过急，则会适得其反。亦即，在所需的制度和技能甚未参透妥当之前，就立即跳转到一个更为先进的预算程序阶段（即中期绩效框架），其效率很可能低于一个更为基础的中期财政框架的效率。

由此可知，在公共财政管理能力不够先进时，发展中国家和新兴市场经济国家应采取一种更为谨慎稳妥的方式进行中期预算改革。譬如，预先预测未来几年潜在的财政失衡状况，聚焦于财政预算纪律，唯有这些基础环节得以落实后，才能采取更为综合全面的方式实施中期预算。

三、恰当的宏观财政政策与专门的中期预算管理机构

对政府而言，明确国家优先事项是非常重要的。在许多发展中国家，国家经济和发展规划为制定国家和部门支出重点提供指导，中期预算可为预算与规划的整合提供一个平台。事实证明，许多发展中国家很难整合中期预算与国家发展规划，因为规划部通常比财政部更有权力，倾向于制定不切实际的目标，且制度刚性很难改变。因此，财政部应与规划部相结合，参与制定国家规划，以便国家规划与中期预算更好地融合。在韩国和乌干达，财政部与规划部的合并促成了国家计划与中期预算的整合。

实践表明，设立一个专门的中期预算管理机构有助于改善财政支出绩效，提高财政信誉，这些机构无疑增加了中期预算改革成功的可能性。譬如，荷兰、丹麦、德国、美国、比利时、智利的财政委员会，瑞典的财政政策委员会，加拿大、澳大利亚、意大利和南非的国会预算办公室、英国的预算责任办公室，葡萄牙的公共财政委员会，爱尔兰的财政咨询委员会，法国的公共财政高级委员会，

① Schiavo - Campo S. Of Mountains and Molehills: The Medium - Term Expenditure Framework [EB/OL]. Public Financial Management blog, IMF, Washington, DC, 2008.

哈萨克斯坦的预算委员会等，这些机构在各国中期预算改革进程中均发挥了至关重要的作用[①②③④⑤]。

四、强有力的政治支持与良好的协调配合及技术能力

获得高层政治支持是中期预算成功的关键，如果没有这一支持，中期预算则会被视为是财政部用来限制支出，或者从其他机构手中夺取资源和权力的举措。这也许是因为它更强调财政纪律而非其他公共财政管理（public fiscal management，PFM）目标。在大多数国家，财政部在中期预算的实施中起到领衔作用。实践中，政治支持经常缺失或者仅是暂时的，这是因为政治领导者很难协调其雄心与资源稀缺约束间的矛盾。实践表明，俄罗斯、韩国和南非一直保持了强劲的政治支持，但加纳对中期预算的政治支持则只停留在表面上。

中期预算改革涉及诸多利益相关方（包括议会、内阁、财政部、各支出机构等），各利益相关方间能否良好地协调配合，对中期预算改革的成败至关重要。利益相关方各司其职，在中期预算中扮演不同的角色。一般来说，内阁和议会扮演更具战略性的角色，为确定优先事项等国家战略提供政策指导；财政部则侧重于制定宏观财政框架、确定支出优先事项，以及管理总预算资源（即控制总量）[⑥]；支出机构负责制定部门战略和支出计划、管理和评估项目。

实践表明，中期预算的成功还取决于宏观经济预测能力及成本核算能力。各支出部门在确定部门战略和支出计划时，需要对宏观财政政策进行量化，这就要求各部门具有良好的分析和管理技能。此外，在编制中期预算前，需要对财政部和支出机构的相关人员进行培训，以确保人员的工作质量。同时，有必要进行公务员制度改革，以缓解掌握正确技能的“瓶颈”。

总的来说，只有当存在一个真正可控的、透明的预算制度时，中期预算才是有效的，这是中期预算改革得以成功的根本原因。换言之，只有在预算是透明的、能够适当提供有关公共财政的准确和全面的信息时，约束财政机会主义行为

---

① Debrun X, Kinda T, Curristine T, Eyraud L, J. Harris, Seiwald J. The Functions and Impact of Fiscal Councils [R]. IMF Policy Paper, July 16, International Monetary Fund, Washington, DC, 2013 (6): 11 - 13, 51.

② Hemming R, Joyce P. The Role of Fiscal Councils in Promoting Fiscal Responsibility and Sound Government Finances [R]. International Monetary Fund, Washington, DC, 2012.

③ Kopits G. Independent Fiscal Institutions: Developing Good Practices [J]. OECD Journal on Budgeting, 2011 (11): 1 - 18.

④ Hagemann R. Improving Fiscal Performance through Fiscal Councils [R]. Economics Department Working Papers, 2010.

⑤ Debrun X, Kinda T. Strengthening Post - Crisis Fiscal Credibility - Fiscal Councils on the Rise. A New Dataset [R]. IMF Working Paper, 2014.

⑥ 在许多国家，财政部也监督 MTEF 的准备，实际上充当了“守门人”的角色。

的各种制约手段才会是有效的[①][②]。财政政策目标和财政总量（预算限额），必须在中期预算中清楚地加以规定，并得到高层决策者强有力的政治支持，这是中期预算改革得以成功的重要原因。公共支出的水平必须严格与中期宏观经济框架紧密联结，预算数额应以名义数确定，以确保预算数额能够随价格变动做出适当调整。中期预算的支出数额应充分反映政策提议的成本，并进行严格的成本核算。此外，还应建立强有力的预算监督机制，以确保预算编制与执行间的一致性，以提高年度预算的可信度[③]。

① 王雍君．中国的预算改革：引入中期预算框架的策略与要点［J］．中央财经大学学报，2008（9）：1－5.

② ［美］艾伦·希克．当代公共支出管理方法［M］．北京：经济管理出版社，2000.

③ 王雍君．朝向中期框架的全球预算改革：近期发展与借鉴［J］．中央财经大学学报，2010（7）：1－6.

第四章

预算决策中的“理”与“力”——基于预算编制阶段的考察

在中国四大古典文学名著之一《三国演义》第三十六回“玄德用计袭樊城，元直走马荐诸葛”中，曾提到——却说单福正与玄德在寨中议事，忽信风聚起。福曰：“今夜曹仁必来劫寨。”玄德曰：“何以敌之?”福笑曰：“吾已预算定了。”虽说此处的“预算”与当今“公共预算”的含义相差甚远，但“预算定了”之于政府治理与军事运筹学的同等重要性，似乎仍可以从上述对话中窥见一二①。“预算定了”也可理解为今天所言的“预算编制”，其在公共预算中当属最重要的一个环节，是整个预算过程的逻辑起点，是立法审议的基础。本章即主要探讨预算编制环节中各利益相关者的预算决策行为。本章始于各国预算编制流程的探析，在此基础上，尝试运用行为经济学中的“前景理论”对预算决策行为进行深入剖析，以此窥探真实预算决策过程中的“理”与“力”。

第一节　预算编制流程的国际透视及比较

公共预算程序与一国的政体密切相关，在现代市场经济条件下，世界各国普遍通过预算程序来实现自己的政治主张。公共预算过程实质上就是政府活动的决策过程，其包括“编制、审批、执行和决算”四个阶段，这四个阶段形成一个完整的“预算周期”。其中，预算编制是对未来一段时间内公共部门收支进行预算和计划的活动，是预测、审查、汇总和批准预算收入与支出指标体系并进行综合平衡的过程，是政府预算管理的起点，也是后续预算阶段得以顺利行进的基础。

一、预算编制的总体流程

就国际实践而言，大多数国家一般采用“自下而上”与“自上而下”相结

① 马蔡琛．政府预算［M］．大连：东北财经大学出版社，2007：134.

合的方式进行预算编制（参见表3－5），如加拿大、英国、韩国等。在加拿大，各支出部门在每年秋季便会向财政部预算委员会提出预算请求，而国库委员会的秘书处对各支出部门所提交的预算请求进行审查，并与财政委员会共同提出预算建议，待各支出部门据此修正且经由国库委员会批准后，再交由财政部进行审议。

而与上述国家不同的是，美国联邦政府预算则采取“自下而上”的预算编制流程。美国各联邦机构按照总统预算管理办公室（OMB）所定的预算细则，每年按期向预算管理办公室提交预算请求，之后，预算管理办公室负责人及成员与各联邦机构举行听证会，以期达成最后的协议。当协议达成后，预算管理办公室将各机构预算整理汇总成总预算，并将总预算报告提交总统，总统于每年1月中旬将总预算报告提交国会，请求国会给予各项拨款。

与世界大多数国家一致，我国也采取“自下而上”与“自上而下”相结合的预算编制方式，且目前已逐渐形成较为稳定的“二上二下”[①]的部门预算编制流程（参见图4－1）[②]。但在具体实践中也不乏特例的存在，譬如，河北省则采行“三上三下”的预算编制流程。“三上三下”与“二上二下”的主要区别即在于：第一，预算编制时间的提前，即“一上”时间比较早（河北省为8月上旬），让部门有更多的时间编制预算，以增强预算的计划性。第二，在财政部门汇总各部门预算上报人大之前，增加了一次“一上一下”，目的是加强财政部门与各支出部门间的沟通与协调，以使预算编制更为科学[③]。

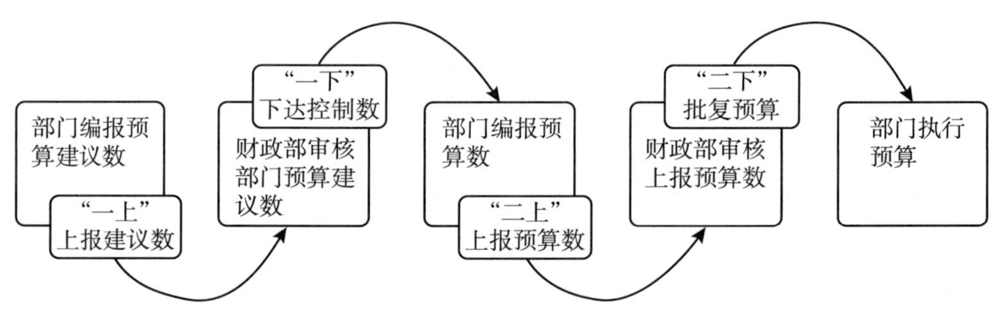

图4－1　中央部门预算编制“二上二下”流程

资料来源：笔者根据财政部预算司．中央部门预算编制指南（2017年）［M］．北京：中国财政经济出版社，2016：17整理所得。

---

① 所谓“上”与“下”是指财政部门与支出部门间就预算编制事项进行沟通与协调的过程。“上”是指支出部门向财政部门和有预算分配权的部门上报预算建议数，是预算信息的向上流动；“下”则是指财政部门下达预算控制数和预算修改意见，抑或是将人大最终审批的预算传达给部门，是预算信息的向下流动。

② 黄恒学．公共经济学［M］．北京：北京大学出版社，2009：313.

③ 中国发展研究基金会．公共预算读本［M］．北京：中国发展出版社，2008：43.

总体而言，预算编制流程主要包括四个步骤：第一步，基层单位上报并逐级形成预算收支建议数；第二步，财政部参照建议数拟定并下达预算收支控制指标，实现财力的最初分配；第三步，各级根据控制指标逐级汇编预算草案；第四步，财政部汇总并编制公共预算草案。然而，上述预算编制流程因受各国政治、历史、社会文化的影响而有所不同，且历时也有长有短①。

二、预算周期及预算编制时间

从时间轴上来看，现有"年度预算编制"和"中长期预算编制"两种类型，年度预算编制是指有效期为 1 年的预算编制，而中长期预算编制则一般是指 1～10 年的预算编制。目前，世界各国一般采用历年制和跨年制来编制预算，历年制即为从公历 1 月 1 日到 12 月 31 日止的预算编制，譬如韩国和中国，而跨年制则是指从上年跨越到次年的预算编制，譬如美国、英国和加拿大，但这三个国家也有所同有所不同。其中，英国与加拿大的财政年度自每年的 4 月 1 日开始，到次年 3 月 31 日结束，而美国的年度预算则是从上年 10 月 1 日起到次年 9 月 30 日止，且其一个完整的预算周期一般需要跨越 4 个财政年度。鉴于此，本书按预算编制的不同时间跨度来进行国别分类，将其划分为两大类别：即历年制国家或地区、跨年制国家或地区，并据此进行横向比较分析。

现实中，各国预算制度以及预算编制流程经常随着时代的变迁或国家不同阶段的需求而不断革新。考虑到各国所采行的财政年度有所不同，特此将财政年度向前后延展，以便更清晰、更直观地对各国预算编制流程进行比较，具体如表 4－1 所示。目前，大多数国家不仅对预算的编制、执行、调整、决算等各个阶段进行明确的划分，而且每个阶段都有具体的时间表，特别是对预算编制阶段划分得十分细致，并严格执行。在此，本书将美国、英国、加拿大的预算编制流程总括为以下四个阶段：即预算准备（各部委）、预算编制（各部委）、预算审核（财政部、OMB、内阁等）、立法审议（人大、国会等）、预算执行，每个阶段历时长短都可从表 4－1 中清晰窥见。

就预算筹编时间而言，为使预算编制得更细致、更具体，且更具有可操作性，发达国家普遍采用标准预算周期制，预算的编制时间往往较长。美国的标准预算周期为 33 个月，而我国的预算编制周期通常为 24 个月，同样历时 3 个财年，"二上二下"的预算编制流程跨度为 6 个月②。与历年制国家相比，跨年制国家的预算筹编时间较为充裕，譬如，美国在预算年度开始前 18 个月就已着手

① 李春根，廖清成．公共经济学［M］．湖北：华中科技大学出版社，2007：227.

② 肖鹏．中美政府预算编制机制设计差异与启示［J］．中央财经大学学报，2009（11）：14－19.

准备预算①，英国在预算年度开始前 14 个月即着手准备，加拿大则提前 12 个月开始准备。

表 4－1　　　　各国预算编制时间安排的比较

历制	国别地区	2014年									2015年												2016年												2017年		
		4月	5月	6月	7月	8月	9月	10月	11月	12月	1月	2月	3月	4月	5月	6月	7月	8月	9月	10月	11月	12月	1月	2月	3月	4月	5月	6月	7月	8月	9月	10月	11月	12月	1月	2月	3月
跨年制	美国		A			B			C					D											E												
	英国																																				
	加拿大																																				
历年制	中国																																			F	

注：不同的颜色表示不同的编制阶段，其中，A、B、C、D、E 五种模块分别表示预算准备、预算编制、预算审核与调整、立法审议、预算执行五个阶段。而 F 模块表示没有预算约束的时期，在此称为“约束空档期”。当然，各国预算安排并非恒定不变的，以上预算时间表只是一个粗略的统计。

资料来源：根据各国编制流程整理所得。

就立法审议时间而言，美国的立法审议时间最长，约为 9 个月，我国立法审议时间相对较短。根据规定，财政部自全国人民代表大会批准中央预算草案之日起 20 日内，批复各中央部门预算，各中央部门自财政部批复本单位预算之日起 15 日内，批复所属各单位预算。若在传统年度预算下，如此流程下来，从 1 月 1 日到 4 月中上旬，这段时间严格说来是没有预算的，在此暂且将这段时期称为“约束空档期”，如表 4－1 中 F 模块所示。

由以上比较可知，跨年制国家的预算编制更为科学合理，其拥有充裕的时间进行相关资料的搜集以及研究论证，保证了预算编制的客观性、科学性以及可行性，一定程度上减少了执行中预算调整的频次，且在预算执行过程中若确需追加支出，必须经国会立法批准方可。由此看出，充足的时间以及严格的立法审批程序是保证预算质量的重要条件。

三、预算编制机构设置及责任分配

就预算编制机构与职能而言，每个国家的预算编制机构不尽相同（参见

① 马海涛，姜爱华．我国政府采购制度研究［M］．北京：北京大学出版社，2007：226.

表 3 - 5）。在美国，总统预算管理办公室（OMB）负责编制美国联邦政府预算，国会预算办公室（CBO）则协助国会审批预算，而预算收入立法主要由参众两院的筹款委员会负责，并起草税法经国会批准后执行，财政部负责具体预算执行，国会审计总署（GAO）负责预算监督。在英国，预算责任办公室负责预算的筹编工作，财政部“一般支出政策小组”制定“公共支出调查”（public expenditure survey，PES）指导方针，并交由内阁“支出委员会”进行审议，各支出部门负责预算的具体编制与执行，下议院负责立法审议。而在加拿大，财政部、国库委员会、财政委员会负责统筹预算编制工作，各支出部门负责具体预算执行，内阁及内阁政策委员会负责预算审议。我国则主要由财政部统筹预算编制工作，全国人大负责预算审议，各支出部门负责具体预算执行。此外，与我国一样同为历年制的韩国，则主要由企划财政部（MOSF）统筹编制预算，国会负责预算审议，各部门负责预算执行。

相较而言，跨年制国家的预算管理机构更为健全，分工更为明确，各机构之间相互制衡。譬如，美国、英国以及加拿大的预算管理职能都由行政与立法共同分享，行政部门负责预算编制与执行，而立法部门负责预算审批与事后审计。在上述三个跨年制国家中，美国预算管理模式的分权色彩最为明显，立法与行政机构各有一套预算编制与审核机制，形成预算编制、执行与监督三足鼎立的制衡机制，保证了预算管理体系的高效运转。

就预算编制过程中是否会咨询立法机构意见而言，各国也有不同的处理方式（见表 3 - 5）。譬如，英国、美国和加拿大会以不同的方式就预算编制过程中可能出现的问题而咨询国会议员。韩国和中国则是将预算编制过程视为行政部门内部的程序，通常是在预算编制完成后，才会将预算草案提交立法机构审议。而加拿大与英国的特色在于二者都是议会内阁制，内阁与执政党之间本就有较为频繁且充分的沟通协商机会，在长期的民主化制度下，内阁与民众之间在信息的分享上更为公开透明。美国政府预算的编制，也同样强调与国会议员沟通，并充分咨询国会议员的意见，其在信息公开方面起到了模范作用。这样的预算编制程序或许比较耗时耗力，但却能确保所定政策符合大众的需求。

自 2000 年开始，我国部门预算先后经历了 17 次重大改革。20 年来，中央部门预算改革不断向前推进，一个管理职责明晰、预算程序规范、分配机制科学、决策过程透明、监督机制完善的部门预算管理体系已初步建立，部门预算改革成效显著。部门预算改革后，预算编制时间逐步延长，尤其是河北省和天津市的标准预算周期，为部门全面、准确、科学、细化地编报预算提供了充足的时间保障，预算编制方法也从传统的“基数加增长”逐步过渡到按基本支出和项目支出分别测算，基本支出实行“定员定额管理”，项目支出立足于项目库实行滚动管理，极大提高了预算编制的科学化水平[①]。

从部门预算改革历程可看出，我国预算编制的客观条件得到了很大地改善，但在现实中，预算决策者的主观行为也会影响预算编制过程，进而改变预算分配的结果。各国实践也表明，没有完美的方法能确保预算编制过程的成功，在预算管理制度以及预算编制过程中切不能忽视主观行为对这些过程的影响。鉴于此，下面笔者就重点考察预算编制环节中决策者的主观行为。

第二节　预算编制阶段决策者的行为特征：基于前景理论的考察

2002 年诺贝尔经济学奖得主卡尼曼和特维斯基（Kahneman & Tversky）成功地将心理学与经济学研究相结合，开创了“行为经济学”（behavioral economics）这一新兴学科，并提出了著名的“前景理论”（prospect theory）。该理论对传统的风险决策模型进行了修正，揭示出在风险不确定条件下的诸多决策行为，往往偏离了传统的经济学理论，尤其是偏离了“期望效用理论”（expected utility theory）[②]。因此，以卡尼曼和特沃斯基为代表的行为经济学，将“行为决策”引入传统经济决策的分析框架中，并将研究对象分为“判断”（judgment）[③] 和“选择”（choice）[④] 两大类，其认为在有限理性和风险不确定的条件下，个体决策行为不仅受利益驱动，还受道德、心理及体制惯性的影响[⑤]。现实中，个人的决策行为并非一味地追求期望效用最大化，而是会适当地考虑公平和正义问题。此后，陆续有学者将心理因素融入经济学分析框架，认为受到自我约束的限制，行为人往往会出现决策拖延或偏好反转等非理性行为[⑥]。但值得注意的是，行为人并非在任何时候都存在明显的偏好，很多因素（包括提出问题的方式、方法以及次序等）都会在相当程度上影响行为人的决策。

近年来，行为经济学逐渐向各应用领域渗透，形成了一系列行为应用学科，其中包括大家熟知的行为金融学、行为财政学等，但将行为经济学与公共预算问题相结合的研究并不多见。然而，大部分的预算问题都具有一定的行为特征，尽

---

① 财政部预算司．中央部门预算编制指南（2017 年）[M]．北京：中国财政经济出版社，2016：10.

② 期望效用理论是 20 世纪 50 年代，冯·诺依曼（Von Neumann）和摩根斯坦（Morgenstern）在公理化假设的基础上，运用逻辑和数学工具，建立了不确定条件下对理性人（rational actor）选择进行分析的框架，即该理论描述了“理性人”在风险条件下的决策行为，该理论将个体与群体合二为一。

③ 此处的“判断”是指人们在估计某一事物发生概率时，整个决策过程是如何进行的。

④ 此处的“选择”是指人们在面临多个可选事物时，是如何进行挑选的。

⑤ Kahneman D，Tversky A. Prospect Theory：An Analysis of Decision under Risk [J]. Econometrica：Journal of the Econometric Society，1979.

⑥ Rabin，Matthew. Economics and Psychology [J]. Journal of Economic Literature，1998.

管我们对预算行为的了解比以前更加清晰和具体，渐进预算理论和公共选择预算模型都在竞相吸引各国学者的注意，但正如艾伦·希克（2001）所指出的，迄今为止仍没有适用于不同的政治背景和经济状况的预算理论①。因此，每个国家的预算制度都必须量身定做，而非一味地照搬他国模式，预算管理以及预算决策也是如此。

公共预算涉及诸多利益相关者（官僚机构、公众等），其决策行为实质上是决策者之间讨价还价、互动妥协的博弈过程。预算决策的达成标志着各种利益冲突呈现某种暂时性的均衡状态。预算决策并非个体决策的简单加总，而是决策群体内部以及决策者间意志的妥协与整合，从而形成具有优劣次序的决策束。因此，预算决策行为必须考虑决策者作为不同利益群体的心理差异问题。

就现实而言，预算过程实质上就是一种决策过程，其目的在于对有限预算资源进行有效配置。预算决策的及时性是政府善治的主要表现，是衡量财政治理绩效的重要指标。而决策者的有限理性、心理认知差异以及信息的不完全性，使得预算决策行为往往偏离预期，导致预算偏差的出现。此外，财政环境和政策的冲突，可能会导致预算决策的延迟甚至中断，由此引发严重的财政后果。因此，如何形成及时有效的预算决策以提升政府治理能力，是当前亟待解决的问题。本节从前景理论的视野出发，通过构建博弈模型，分别从静态和动态两个维度对公共预算决策行为进行剖析。

公共预算的决策行为，作为不确定条件下“判断”与“选择”的综合体现，不仅受到利益驱动和预算法规的约束，还受到各利益相关者行为心理差异的影响，也呈现有限理性和部分利他的特点②。有限理性、特定的政治经济环境、权力结构等约束条件决定了预算决策参与者的角色、地位以及行动策略。

一般而言，预算决策由“行政预算编制”和“立法预算审批”两个环节构成，其间存在诸多不确定性，而行为经济学中的“前景理论”正是用于描述不确定条件下决策行为的。与传统风险决策理论相比，前景理论更符合决策者的实际心理状态，通过将决策者的性格特性量化，使决策过程更加符合有限理性人的行为模式。在实际预算过程中，不同决策者具有不同的性格特征，其在面对相同的预期目标时，往往会作出不同的策略选择。可见，在风险不确定条件下，预算决策者同样呈现前景理论所描述的参照依赖性（reference dependence）、损失厌恶（loss aversion）、敏感度递减（sensitivity decrease）以及现状偏见（status quo）等特点。

① ［美］艾伦·希克．当代公共支出管理方法［M］．北京：经济管理出版社，2000.

② 马蔡琛，赵灿．公共预算遵从的行为经济学分析——基于前景理论的考察［J］．河北学刊，2013，33（4）：127－130.

鉴于此，本书在前景理论的基础上，尝试构建预算决策者的前景理论价值函数图（如图4-2所示），以剖析决策者的行为特性。其中，V(·)表示预算决策者的价值或效用函数，E_0 和 R_0 分别为预算支出或收入的参照依赖点或预算基线（budget baseline）①，E 和 E′分别表示预算支出的增加或削减，而 R 和 R′则分别表示预算收入的增加或减少。

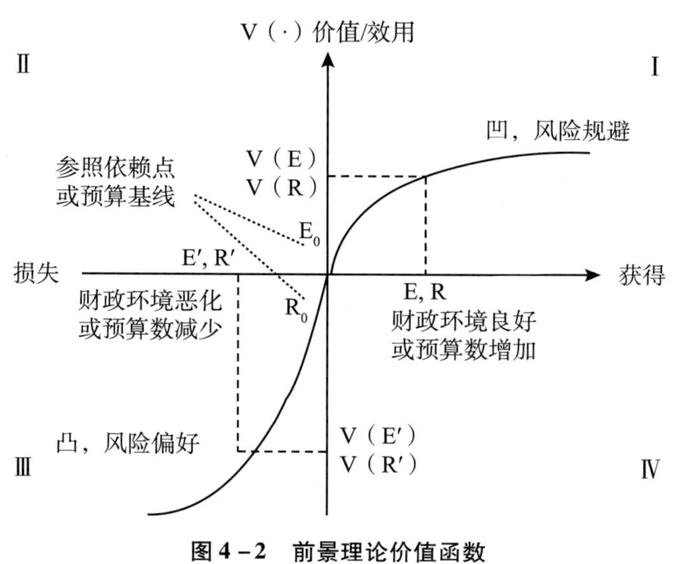

图4-2 前景理论价值函数

一、预算决策者具有参照依赖性

现实中，当财政状况良好时，支出部门可获得更多的预算资源，而当财政状况恶化时，某些支出部门可能会面临预算资金的削减。在图4-2中，对于财政部门而言，若以“年度预算法案中的财政收入水平”为参照点（R_0），则将超收收入视为“获得”，对应正的效用V(R)，相反“短收”则视为“损失”，对应负的效用V(R′)。而对支出部门而言，任何超过预算基线（E_0）的预算增加都被视为“获得”，对应正的效用V(E)，反之，相对于预算基线（E_0）的预算削减则被视为“损失”，对应负的效用V(E′)。

由图4-2可知，在公共预算决策过程中，决策者关注的重点不仅在于预算的绝对值，更在于预算数相对于某一参照点的变化量，即决策者更关注预算相对数（预算偏离度）而非预算绝对数（实际预算数）。在编制部门预算时，各支出

① 预算基线，又称预算基准，增量预算又称为基线预算法，是以上一年度的实际发生数为基础，再结合预算期的具体情况加以调整，而很少考虑某项支出或费用是否必须发生，或其预算额是否有必要这么大。

部门通常以“上一年的预算支出水平”作为“预算基线”或参照点，来确定当年的预算申请数额。财政部门针对部门预算支出请求，遂以“上一年的预算拨款数额和实际支出水平”作为参照点，并结合当年的财政预算收入情况，来确定当年的预算拨款数额。“预算基线”一旦确定，由立法产生的预算偏差则作为政策变化来衡量①。

在现实预算决策中，财政环境的不确定性以及人们对未来前景的过度乐观都会产生预算偏差，因为决策者往往倾向于低估短收或超支的可能性。事实上，大多数计划（包括预算）均是试图逼近最佳状态，而非与预期完全重合。卡尼曼和特沃斯基将这种期望出现良好结果的倾向称为“规划谬误”（planning fallacy）。当然，他们也承认，并非所有过度乐观的规划都是无知的，这也可能是为拟议的计划赢得支持的一种手段②。但不容否认的是，现实中预算决策之所以产生不良的财政后果，很大程度上取决于决策者的有限理性及其认知差异。

二、预算决策者具有损失厌恶性

在现实预算过程中，预算决策者具有不同的风险偏好③。根据前景理论可知，决策者的价值或效用函数呈 S 形曲线（参见图 4 -2），第Ⅰ象限呈凹函数④和第Ⅲ象限呈凸函数⑤（或下凹函数）。第Ⅰ象限的凹函数表示，当面临“获得”前景时，预算决策者具有“风险规避”的总体倾向，相对于追加预算资金可能带来的不确定性风险或“损失”，决策者更喜欢确定性的“获得”，他们只希望保持既有支出规模不变即可。第Ⅲ象限的凸函数表示，当面临“损失”前景时，预算决策者具有“风险偏好”的性质，相对于保持现有的确定性“损失”，决策者更偏好于付出努力以换取未来的不确定性“获得”，尽管这一过程可能面临更大的“损失”。

比如，假设只存在两个公共支出部门：A 和 B。由于预算资源的有限性，A、B 两部门势必为争夺有限预算资源而展开激烈的竞争。两支出部门面临一个平衡预算约束：$E_A + E_B = R$，在总额预算盘子（R）既定的情况下，A 部门预算支出

① Schick A. The Federal Budget: Politics, Policy, and Process (3rd ed) [M]. Washington, DC: Brookings Institution Press, 2007: 67.

② Kahneman D. Thinking, Fast and Slow [M]. New York: Farrar, Straus, and Giroux. [In Memory of Amos Tversky]. 2011: 242.

③ Bartle J R, Jun M. Applying Transaction Cost Theory to Public Budgeting and Finance [M]. In Evolving Theories of Public Budgeting, edited by John R. Bartle. New York: JAI Press, 2001: 157 -181.

④ 此处凹函数是指决策者的效用函数是预算数的增函数，当预算数增加时，决策者所获得的效用或满意度也相应增加，但随着预算数的逐渐增加，决策者对预算数额的敏感度呈递减趋势。

⑤ 此处凸函数是指决策者的效用函数为预算数的减函数，当预算数减少时，决策者所获得的效用或满意度也逐渐下降，但随着预算数的削减，且决策者对预算缩减的敏感度也逐渐减弱。

（E_A）的增加必然意味着B部门预算支出（E_B）的减少，两部门预算支出间存在此消彼长的关系，即 $|\Delta E_A| = |-\Delta E_B|$，但预算增加给A部门所带来的幸福感远小于预算减少给B部门带来的痛苦感。显而易见，在这一博弈过程中，B部门必定会花费更多的时间和精力以避免预算削减所带来的痛苦。

现实中，由于预算资源的有限性以及“以收定支”的现代财政管理原则，财政部门和各支出部门分别面临预算总额约束和部门支出限额的约束。财政部门只能在预算总额约束内，根据项目的优先次序，将预算资源分配给各支出部门。各支出部门也只能在部门限额范围内安排支出，且预算限额一经确定，便不得随意更改和突破①。然而，在缺乏预算约束刚性的情况下，现实中也不乏突破既有预算限额而导致“超支”的情况，各支出部门为争夺有限的预算资源，往往倾向于追加资金，以满足本部门的利益。

三、预算决策者具有敏感度递减性

由图4－2可看出，无论面临第Ⅰ象限的“获得”前景还是第Ⅲ象限的“损失”前景，预算决策者对预算数额的敏感度均呈逐渐递减的趋势，即当预算偏离度越大的时，决策群体对偏离的心理感受程度逐渐减弱，甚至具有一定的免疫力。

一般而言，当某一支出部门预算偏差由最初的0万元（即实现了预算平衡）上升至1万元时，预算决策者对这“1万元”的预算偏差会倍感压力，但当预算偏差从1000万元上升至1001万元时，预算决策者对于这“1万元”的预算偏差则不会有明显的心理感受。这部分归咎于前者以“年度预算平衡”（即零预算偏差）作为参照点，而后者以“1000万元的预算偏差”作为参照点。参照点的不同，使得决策者对等量预算偏差（1万元）的心理感知也有所不同。除“参照点”不同之外，还归咎于决策者对“前1万元”和“后1万元”等量预算偏差“心理贴现率”的差别，进一步拉大了预算前景值主观感受的差异性。

此外，值得注意的是，与正的预算偏离相比，预算决策者对等量的负的预算偏离更为敏感，表明等量损失比等量获得对决策者的影响更大。在图4－2中具体表现为，第Ⅲ象限价值函数曲线比第Ⅰ象限价值函数曲线更为陡峭，但陡峭程度均逐渐放缓。

四、预算决策者具有现状偏见性

损失厌恶意味着公共预算决策者存在现状偏见。当面临未来的不确定性以及

① 马蔡琛，袁娇．中期预算改革的国际经验与中国现实［J］．经济纵横，2016（4）：114－120.

实现年度（或跨年度）预算平衡的政治偏好时，公共预算决策群体倾向于保持既有行为不变。通常情况下，若支出部门上年的实际预算支出水平远低于预算拨款数额而又无合理理由时，作为惩罚，财政部门很可能会相应削减该支出部门当年的预算拨款数额。因此，支出部门为避免下一年度遭遇预算削减，倾向于保持原有预算支出规模不变，甚至突破预算限额，实现“超支”。在本财年结束之前，出于避免剩余预算资金被收回，倾向于进行不必要的开支以花光所有的预算拨款，因为担忧未来预算分配的削减。由于“羊群效应”的存在以及预算支出的刚性，其余支出部门纷纷效仿，导致“年终突击花钱”和“突破预算限额”的现象屡见不鲜。从某种程度上来说，公共预算患上了一种无效的、畸形的“病症”，即“花光它，否则将会失去它综合征”（spend it or lose it syndrome）。

第三节 预算决策行为的前景博弈分析

威尔达夫斯基1964年首次提出的传统“守护人－花费者”（guardian－spender）二分法行为决策模式，厘定了大多数政治学家对公共预算的思考方式[①]，该模式描述了简单的双玩家博弈，利用一个双玩家“囚徒困境”来分析预算政治，这与尼斯坎南的“官僚－出资者”模型（bureau－sponsor model）大体一致，这两个模型的主要区别在于各自的人设行为模型[②]。但有研究表明，传统的二分法模式已不适应更为复杂的预算关系，新公共管理（New Public Management，NPM）改革有可能改变预算参与者的行为，从而改变参与者间的预算冲突结果[③]。因此，本书试图从前景理论出发，构建预算决策群体的前景博弈模型，以期全面透析和模拟预算决策的真实世界。

一、预算决策双群体静态前景博弈分析

（一）模型的主要假设前提

在公共预算决策博弈中，存在两种截然不同的逻辑：在立法审议阶段，立法机构的博弈逻辑占主导地位，迫使预算编制者和执行者就其希望被批准的预算法

---

① Green M，Thompson F. Organizational Process Models of Budgeting［J］. Ssrn Electronic Journal，2002.

② Wildavsky A. The Politics of The Budgetary Process［M］. 2edition，Boston：Little，Brown & Co，1974：189－194.

③ Kelly J，Wanna J，Bank W. New Public Management and the Politicsof Government Budgeting［J］. International Public Management Review，2000，1（1）.

案进行协商。然而，在预算编制执行阶段，行政机构的博弈逻辑则占主导地位，其自由裁量权容易得到扩张①。为更加贴近现实的预算决策过程，在此将模拟两类决策群体、两类支出项目的“双群体－双项目”博弈情形。假设存在两类预算决策群体：保守派 A 和激进派 B，以及两类公共支出项目：民生类项目 1 和政绩类项目 2，保守派倾向于将预算资源分配给低风险但短期低回报的民生类项目，譬如教育、医疗、就业、治安等项目，而激进派则倾向于将有限预算资源分配给高风险但未必高回报的政绩类项目，譬如建造奢华办公楼、“短命建筑”、“空城”、“豪楼”、贫困县斥巨资“追星”及举办奢华演出等政绩工程，博弈双方均试图最大化其自身的效用。博弈双方根据“多数投票”（majority vote rules）规则，在同一时点就如何在两类支出项目上分配预算资金进行投票，得票多的一方赢得胜利，可自由选择其偏好的支出项目或支出组合（为简化起见，假设不存在弃权的情形）。

（二）预算决策双群体静态前景博弈模型的构建

由前述前景理论可知，博弈双方具有参照依赖的偏好，预算支出决策（E_1，E_2）根据预算基线（E_1^b，E_2^b）来确定，则保守派 A 和激进派 B 在民生类与政绩类公共项目上的预算支出偏好，可用如下效用函数表示：

$$U_{i=A,B}^{m=1,2}(E_m \mid E_m^b) = \sum_{\substack{i=A,B \\ m=1,2}} \delta_m V(\Delta E_m) \tag{4.1}$$

分别展开可得各自的效用函数：

$$\begin{cases} U_A(E_1, E_2 \mid E_1^b, E_2^b) = \delta_1 V(E_1 - E_1^b) + V(E_2 - E_2^b) \\ U_B(E_1, E_2 \mid E_1^b, E_2^b) = V(E_1 - E_1^b) + \delta_2 V(E_2 - E_2^b) \end{cases} \tag{4.2}$$

其中，

$$V(\Delta E_m) = \begin{cases} \Delta E_m, & \Delta E_m \geqslant 0 \\ \partial \Delta E_m, & \Delta E_m < 0 \end{cases}, \quad \partial > \delta_m > 1 \tag{4.3}$$

效用函数必须满足以下平衡预算约束：

$$\begin{cases} \sum E_m = E_1 + E_2 = R \\ \sum E_m^b = E_1^b + E_2^b = R^b \end{cases} \tag{4.4}$$

其中，δ_m 表示其他条件不变时，预算决策群体对某类项目的支出偏好，也即决策群体对某类支出项目赋予的权重，∂表示损失的厌恶程度，ΔE_m 表示预算偏差。E_1、E_2 分别表示民生类项目、政绩类项目的实际预算支出，E_1^b、E_2^b 分别表示民生类项目、政绩类项目的预算支出基线，R、R^b 分别表示可用于分配的实

① Santos, Maria H D C, Machado, Erica M, Rocha, Paulo E N D M. O Jogo Orçamentário da União: Relações Executivo – Legislativo na Terra do Pork – Barrel [R]. In E. Diniz and S. Azevedo eds.. Reforma do Estado e Democracia no Brasil. Brasília: Editora da UnB/ENAP, 1997: 83 – 124.

际预算收入和预算收入基线。

式（4.1）、式（4.2）表明博弈双方进行预算决策时，重点比较的是预算支出效用的前景值，而非简单意义上的效用绝对值。决策群体支出效用的前景值由预算偏差的价值函数 $V(\Delta E_m)$ 和权重函数 δ_m 共同确定。在现实预算过程中，价值函数 $V(\Delta E_m)$ 体现为增加或减少某一类项目的预算支出，给决策群体所带来的主观价值感受，在此直接量化为该类项目的预算偏差额度；而权重函数 δ_m 则体现为决策者对某一类项目的支出偏好程度，且 $\partial > \delta_m > 1$①。由于预算决策群体具有参照依赖性，往往依据预算“偏离程度”而非“绝对数”对预算结果所带来的效用进行评价。由式（4.3）可知，由于存在损失厌恶，决策群体对负的预算偏差的厌恶程度，超过对正的预算偏差的喜好程度，决策群体对负的预算偏差更为敏感，因此有 $\partial > 1$。

（三）博弈模型结论分析

由式（4.4）可知，当实际预算收入大于预算收入基线（$R > R^b$）时，保守派 A 和激进派 B 均有可能获得更多的预算资源，以用于增加各自偏好项目的预算支出。当 $\delta_1 > 1$ 时，表明保守派 A 可从民生类项目 1 中获得更高的边际效用，即 $MU_1^A > MU_2^A$，此时，保守派 A 不会增加政绩类项目 2 的预算支出。又因为 $\partial > \delta_1$ 意味着保守 A 不希望政绩类项目 2 出现负的预算偏差（$\Delta E_2 < 0$），即不希望政绩类项目 2 的实际预算支出小于预算支出基线（$E_2 < E_2^b$）。否则，当民生类项目 1 出现负的预算偏离时，保守派 A 的效用前景值将有可能变为负值。所以，保守派 A 倾向于保持政绩类项目 2 的预算支出不变（$E_2 = E_2^b$），而将增加的预算收入全部分配给民生类项目 1，即保守派 A 更偏好于预算支出束（$E_1^b + R - R^b$，E_2^b）。反之，当 $R < R^b$ 时，保守派 A 更偏好于预算支出束（E_1^b，$E_2^b + R - R^b$），即当预算收入减少时，保守派 A 倾向于保持其最偏好民生类项目 1 的预算支出，而相应削减其最不偏好的政绩类项目 2 的预算支出。由此可得，保守派 A 和激进派 B 偏好的预算支出束分别为：

$$\begin{cases}(E_1^b + R - R^b,\ E_2^b),\ R \geqslant R^b \\ (E_1^b,\ E_2^b + R - R^b),\ R < R^b\end{cases} \text{和} \begin{cases}(E_1^b,\ E_2^b + R - R^b),\ R \geqslant R^b \\ (E_1^b + R - R^b,\ E_2^b),\ R < R^b\end{cases}$$

将保守派 A 和激进派 B 偏好的预算支出束与式（4.2）、式（4.3）结合，可得预算决策群体效用前景模型的一般形式为：

$$U_{i=A,B}^{m=1,2}(E_m \mid E_m^b) = U_{i=A,B}^{m=1,2}(R \mid R^b) = \begin{cases}\delta_m(R - R^b),\ R \geqslant R^b \\ R - R^b,\ R < R^b\end{cases} \tag{4.5}$$

① 这一假设的重要性将在随后加以说明。

式（4.5）表明，当预算收入增加时，保守派 A 和激进派 B 在两类支出项目上均是“风险规避”的，对应第Ⅰ象限的凹函数。由于损失厌恶的存在，两类决策群体均倾向于将增加的收入用于各自最偏好的项目，而相应保持其他项目的支出水平不变，以此最大化其效用的前景值。反之，当预算收入减少时，保守派 A 和激进派 B 在两类支出项目上均是“风险偏好”的，对应第Ⅲ象限的凸函数。此时，对两类决策群体而言，较为明智的选择是保持各自最偏好项目的支出不变，而相应削减其最不偏好项目的支出。

此外，值得注意的是，$\partial > \delta_m$ 这一假设对结论是至关重要的。如果没有$\partial > \delta_m$ 这一假设，不论预算收入增加或减少，决策双方都极有可能将所有变化的预算收入分配给其最偏好的项目。倘若假设$\partial < \delta_1$，则对保守派 A 而言，这意味着可能会出现 $E_2 < E_2^b$ 的情况，此时无论 $E_1 < E_1^b$ 或 $E_1 \geqslant E_1^b$，A 都更偏好于预算支出束（$E_1^b + R - R^b$，E_2^b）。下面具体分析以下两种情形：

情形 1：当 $E_1 < E_1^b$ 且 $E_2 < E_2^b$ 时，保守派 A 在两个支出项目上均是“风险偏好”的，对应第Ⅲ象限的凸函数，其增加民生类项目 1、政绩类项目 2 的预算支出 E_1、E_2，均可获得正的边际收益，即 $MR_1^A > 0$，$MR_2^A > 0$。但由于 $\delta_1 > 1$，A 仍然更偏好于预算支出束（$E_1^b + R - R^b$，E_2^b）。

情形 2：当 $E_1 \geqslant E_1^b$ 且 $E_2 < E_2^b$ 时，保守派 A 对民生类项目 1 是“风险规避”的，对应第Ⅰ象限的凹函数，对政绩类项目 2 是“风险偏好”的，对应第Ⅲ象限的凸函数，其从增加民生类项目 1 的预算支出 E_1 中获得的边际收益为负，即 $MR_1^A < 0$，而从增加政绩类项目 2 的预算支出 E_2 中获得的边际收益为正，即 $MR_2^A > 0$。但由于 $\delta_1 > 1$，保守派 A 仍然更偏好于预算支出束（$E_1^b + R - R^b$，E_2^b）。在此情形下，如果没有 $\delta_1 > 1$ 这一假设，保守派 A 的偏好将出现“逆转”，转而选择能为其带来更高效用价值的预算支出束（E_1^b，$E_2^b + R - R^b$）。因此，为了保证偏好的一致性，假设 $\delta_m > 1$ 也是尤为必要的。

当然，情形 2 只是“损失厌恶”的一种极端情形。保守派 A 是如此厌恶损失，以至于即便当预算收入减少（$R < R^b$）时，他们宁可忍受在最偏好民生类项目 1 上的预算削减所带来的较小的效用损失，也不愿忍受在最不偏好政绩类项目 2 上预算支出的等量削减所带来的更大效用的损失。由图 4-2 可看出，政绩类项目 2 所在的第Ⅲ象限的价值函数曲线比民生类项目 1 所在的第Ⅲ象限的曲线更为陡峭，政绩类项目 2 预算支出的等量削减所带来的效用损失，远大于民生类项目 1 等量预算削减所带来的效用损失。这也正好印证了财政政策的一个重要特征，即预算支出削减给民众或决策群体带来的心理感受比预算支出增加更为强烈，即与等量预算增加相比，人们对等量预算削减更为敏感，预算决策群体甚至不惜以高昂的机会成本为代价，以避免遭遇预算的削减。

只要有博弈存在，就会有输赢之分，抑或是棋逢对手，难分胜负（在此暂不考虑平局情况）。当考虑博弈双方输赢后，预算决策群体的效用前景模型转化为：

$$U_{i=A,B}^{k=w,l}=\begin{cases}u_i^w=\delta_m(R-R^b),\ w: win\\ u_i^l=R-R^b,\ l: lose\end{cases},\ R\geqslant R^b \tag{4.6}$$

$$U_{i=A,B}^{k=w,l}=\begin{cases}u_i^w=\partial(R-R^b),\ w: win\\ u_i^l=\partial\delta_m(R-R^b),\ l: lose\end{cases},\ R<R^b \tag{4.7}$$

在预算决策"双群体－双项目"单次静态博弈中，决策双方以获得票数的多寡评判输赢，票数较多的一方赢得胜利，获得所有收益（即 $u_i^w=\overline{U}$），而输的一方收益为零（即 $u_i^l=0$），在此暂不考虑决策的时间成本。当博弈双方及时做出预算决策实现"双赢"时，二者按协商的比例 α 分配收益，且 $0<\alpha<1$。由此，可得预算决策双群体静态博弈收益矩阵，如图 4－3 所示。

		激进派B	
		win（政绩类项目2）	lose（民生类项目1）
保守派A	win（民生类项目1）	$\alpha\overline{U}$，$(1-\alpha)\overline{U}$	$\overline{U}$，0
	lose（政绩类项目2）	0，$\overline{U}$	0，0

图 4－3　预算决策双群体静态博弈收益矩阵

由以上收益矩阵可知，在不考虑时间因素以及时间成本的单次静态博弈中，博弈双方最终结果只有"赢"或"输"，双方根据自身的偏好和财政收入状况选择支出项目。但现实预算决策过程并非简单的单次博弈，也并非在特定时限内均能达成一致预算决策①，本书第五章中所阐述的美国预算决策延迟就是最好的证明。因此，有必要引入时间因素对预算决策的时效性进行分析。

二、不完全信息下预算决策双群体动态前景博弈分析

100 多年前，美国塔夫脱（Taft）总统的经济和效率委员会编写了一份题为"国家预算的必要性"的报告。100 年后，似乎有一种不同的需要，即按时通过预算的需要，且时下这一需要似乎变得更为迫切。"及时预算"或"预算及时"是一个非常重要的问题，如果预算不及时则违反了预算编制的理念和职能，反映了机构无法调和各利益相关方关于重要政策问题的政治谈判和冲突。当然，这并

① 在美国预算史上，预算决策延迟现象屡见不鲜。相关研究显示，自 2002 年以来，美国至少有 19 个州在新财年开始时仍未通过最终预算，5 个州甚至经历了政府关门的情形。资料来源：Late State Budgets [EB/OL]. August 27，2010. http：//www. ncsl. org/research/fiscal－policy/late－state－budgets. aspx.

不意味着，预算需要为了准时通过而简单仓促地编制，但毫无疑问，持续的长期预算拖延可能是财政纪律缺乏的一个标志。

就现实而言，无论是跨期或年度预算决策，均是一个复杂的动态过程，往往是决策者之间多年期或年度内多次重复博弈的结果，而非简单的单次博弈所能实现。在这一动态博弈过程中，保守派 A 或激进派 B 都期待对方能够在某一时刻妥协，以达成新的预算决策。倘若双方均不妥协，则会陷入预算僵局。任何一方的妥协都会达成一个新的决策均衡，但关键问题是：何时才能达到这一新的均衡呢？对此，本书将在静态前景博弈模型的基础上，引入“时间”维度，以寻求决策均衡解。

（一）模型的主要假设前提

（1）预算决策僵持成本为私人信息，且与时间呈正比例关系。

博弈双方清楚地知道自己的成本以及预算决策僵持的总成本，但却不知道对手的成本。此时，总成本为“共享信息”，而博弈各方的成本为“私人信息”。预算决策延迟的成本主要包括政治成本和人员成本。政治成本是指由于预算决策延迟而使决策者在下届选举中，因失去公众支持而落选的代价，包括未能实现其连任政治目标和声誉下降等。人员成本是指预算决策过程中，双方为了达成一致意见进行协商、谈判，而花费的时间和精力等成本。由此看出，预算决策成本对博弈双方而言都很高昂。一般而言，预算僵持成本随着时间的推移而不断增加，只有当博弈一方无法再忍受预算僵持或预算拨款不到位的成本时，预算僵局才会被打破。一旦博弈一方妥协，另一方则可自由选择其所偏好的支出政策组合。

（2）财政状况的不稳定增加了预算僵持的预期时间。

当财政状况稳定时，财政部门与支出部门或立法机构与行政机构间更容易达成一致的预算决策，而当财政状况或财政环境存在很大变数或不确定时，博弈双方对财政政策的内在偏好，使得双方难以就如何适应这一变化或应对不确定性达成一致的预算决策，这就很可能出现“长期预算僵局”。由于预算决策群体存在“损失厌恶”，使得这一现象在财政状况恶化时比财政状况改善时更为突出。

（3）预算决策的延迟会影响决策者能否在换届选举中连任。

预算决策过程拖延越久，则预算拨款越容易迟滞，从而影响了某些公共产品及服务的提供，而公共产品和服务的提供作为衡量政府决策者“政绩”的重要标准之一，一旦公共产品和服务不能及时供给，则决策者在公众中的声誉将会大打折扣，从而很可能在下届选举中落选。预计预算决策延迟时间与预算拨款及时与否呈负相关关系。

（二）预算决策双群体动态博弈模型的构建

对于理性决策者来说，及时做出预算决策实现“双赢”局面是风险最小的策略，但现实中，由于有限理性的存在，“及时预算”并不常见，反倒是预算决策延迟的情况较为多见。当保守派和激进派由于不理性因素而相互较劲、不顾时间成本而无限期拖延决策时，结局或许是“两败俱伤”。当然，现实中这种无限期拖延决策的极端情况并不多见，因为两类决策群体都面临一个决策时间上限，决策群体必须承担决策延迟可能导致的未来预算削减的风险。在此，引入“时间”维度，则预算决策群体总效用函数变为：

$$TU_{i=A,B}^{k=w,l}(T)=U_{i=A,B}^{k=w,l}(T)-L_i=\begin{cases}u_i^w-\vartheta_iT,\ w:\ win\\ u_i^l-\vartheta_iT,\ l:\ lose\end{cases} \tag{4.8}$$

其中，L_i 表示预算僵持或拖延产生的效用损失（utility loss），主要指决策延迟给决策者带来的自身效用损失，比如，决策者可能面临未来预算削减、晋升受挫、降职或换届落选等风险。T 表示妥协时间，且 $T\in[0,\ \overline{T}]$。ϑ_i 表示预算决策僵持的边际时间成本，用以表示博弈双方的类型，且 $\vartheta_i\sim[\underline{\vartheta},\ \overline{\vartheta}]$，即 ϑ_i 在区间 $[\underline{\vartheta},\ \overline{\vartheta}]$ 上是连续的、严格递增的、独立且服从均匀分布。ϑ_i 为决策双方的私人信息，且 $\vartheta_A\neq\vartheta_B$。

据此，结合式（4.6）、式（4.7）、式（4.8）可得，预算决策群体在这种动态重复博弈中赢得最终胜利的总收益为：

$$G_i^w(T)=TU_i^w(T)-TU_i^l(T)=u_i^w-u_i^l=\begin{cases}(\delta_m-1)(R-R^b),\ R\geqslant R^b\\ \partial(\delta_m-1)(R^b-R),\ R<R^b\end{cases} \tag{4.9}$$

由此看出，$G_i^w(T)$ 总是非负的，即 $G_i^w(T)\geqslant0$，且独立于妥协时间 T，其由决策群体对某类支出项目的偏好程度 δ_m、损失厌恶程度∂，以及预算收入偏离度 $|R-R^b|$ 共同决定。当 $|R-R^b|$ 给定时，由$\partial>\delta_m>1$ 可知，$G_{i,R<R^b}^w>G_{i,R\geqslant R^b}^w(T)$。由图 4-2 不难看出，当 $R<R^b$ 时，价值函数对应于第Ⅲ象限，此时博弈方呈“风险偏好”型，在决策中倾向于拖延更长时间，以赢得博弈的胜利，从而选择自己偏好的支出政策以获得更大利益；而当 $R\geqslant R^b$ 时，价值函数对应于第Ⅰ象限，此时博弈方呈“风险规避”型，且相对更厌恶损失，倾向于先行暂时妥协，决策者因不能自由选择自己偏好的支出政策而获得较小的收益。

为寻求最优预算决策的均衡解，在此令 $T_i(\vartheta_i)$ 为博弈各方预算决策的最优妥协时间，$F(T_i(\vartheta_i))$ 为对手最优妥协时间的累积分布函数，$f(T_i(\vartheta_i))$ 为相应的联合密度函数。且 $T_i(\vartheta_i)\geqslant0$，$T_i$ 对其类型 ϑ_i 可导。由于决策双方具有损失厌恶的特点，预算决策僵持的边际成本 ϑ_i 越高，决策者倾向于迅速做出决策，以避免更大的效用损失。由此可知，最优妥协时间 T_i 是关于预算决策僵持边际成

本 ϑ_i 的严格递减的函数，$T_i(\vartheta_i) \in [T(\bar{\vartheta});\ \lim_{\vartheta \to \underline{\vartheta}} T(\vartheta))$。决策者选择一个最优妥协时间 T_i 以最大化其期望效用。对于每一类型 ϑ_i，$T_i(\vartheta_i)$ 必须满足：

$$T_i(\vartheta_i) \in \arg\max_{T_i}\left\{1 - F(T_i(\vartheta_i))U_i^l + \int_0^{T_i(\vartheta_i)} U_i^w(t)f(t)dt\right\}$$

由此可得，决策双方各自的最优妥协时间为：

$$T_i(\vartheta_i) = (u_i^w - u_i^l)\{\ln[\vartheta_i(\bar{\vartheta} - \underline{\vartheta})/\bar{\vartheta}(\vartheta_i - \underline{\vartheta})]\}/\underline{\vartheta} \tag{4.10}$$

在预算决策“双群体－双项目”动态重复博弈过程中，只要一方妥协，则意味着预算决策达成一致。因此可知，实现预算决策均衡的时间为：$T^{DE} = \min[T_i(\vartheta_i)]$。

联合式（4.9）、式（4.10），可得预期实现预算决策均衡的时间为：

$$ET^{DE} = \begin{cases} (\delta_m - 1)(R - R^b)[(\bar{\vartheta} - \underline{\vartheta}) - (\ln\bar{\vartheta} - \ln\underline{\vartheta})\underline{\vartheta}]/(\bar{\vartheta} - \underline{\vartheta})^{-2}, & R \geqslant R^b \\ \partial(\delta_m - 1)(R^b - R)[(\bar{\vartheta} - \underline{\vartheta}) - (\ln\bar{\vartheta} - \ln\underline{\vartheta})\underline{\vartheta}]/(\bar{\vartheta} - \underline{\vartheta})^{-2}, & R < R^b \end{cases}$$

通过模拟预算决策过程可知，当其他条件保持不变时，预期达成预算决策均衡的时间 ET^{DE} 分别与预算决策者对某一预算支出的偏好程度 δ_m、损失厌恶程度 ∂、预算收入偏离度 $|R - R^b|$ 成正比，而与预算决策拖延的边际时间成本 ϑ 成反比。由此看出，在预算决策的动态重复博弈过程中，决策者的支出偏好、损失厌恶程度、财政环境的不确定性以及决策延迟成本，均是影响公共预算决策及时与否的重要因素。然而，由于决策者的支出偏好以及损失厌恶程度等性格特性往往难以在短期内改变，因此，就现实而言，应主要从财政环境以及决策延迟成本两方面入手，以提高预算决策的时效性。

（三）博弈模型均衡结论的分析

总体而言，预算决策过程本质上是一个高度争议的公共政策领域，参与各方趋向于通过制度化和往复互动来解决预算分配的冲突。在各参与者间讨价还价、妥协让步等互动过程中，预算决策逐渐达成利益均衡状态。本书认为，预算决策行为很大程度上取决于决策者的有限理性以及认知差异，决策者具有参照依赖性、损失厌恶、敏感度递减以及过度自信等心理特性。通过前述分析，对于现实预算过程而言，以下几个方面的研究发现应该是具有一定启示价值的。

第一，公共预算支出需要适应收入的相对变化而非收入的绝对变化，当其他条件不变时，预算偏离度 $|R - R^b|$ 越大，预期达成决策均衡的时间 ET^{DE} 越长。值得注意的是，无论是正的还是负的预算偏离，都会延长决策时间，但由于损失厌恶 ∂ 的存在，当决策者面临负的预算偏离（$R < R^b$）时，所需的决策时间相对更长。这再次验证了财政政策的一个重要特征，即预算支出削减给公众或决策者带来的心理感受，远比预算支出增加更为强烈，预算决策者往往不惜以高昂的机

会成本为代价，来避免支出的削减。

由此不难看出，稳定的财政环境是确保“及时预算”的重要前提条件。当财政状况稳定或预算收入稳定时，参照依赖和损失厌恶意味着决策者更偏好于保持既有支出水平不变。此时，尽管决策者间内在偏好的不一致性仍然存在，但也不会有太大的预算冲突，且为避免因拖延引致的效用损失，双方倾向于迅速妥协以达成一致的预算决策。反之，当财政状况或财政环境存在很大变数时，预算决策者对财政政策内在偏好的不一致，使得其相互之间难以就如何适应这一变化或应对不确定性达成一致意见，进而产生严重的预算冲突，双方为得到更合意的结果，往往不自觉地处于观望状态，从而陷入预算决策僵局。由于决策者存在损失厌恶的特点，使得这一现象在财政状况恶化时更为突出。

第二，当预算决策者面临不同的支出偏好（$\delta_1 \neq \delta_2$）时，保守派和激进派在如何应对预算偏离上的分歧越深，在规定时限内达成一致决策的难度就越大，越容易陷入预算僵局。而当决策者面临一致的预算支出偏好（$\delta_1 = \delta_2$）时，双方的利益趋同，要么实现“共赢”，要么“两败俱伤”，且由于损失厌恶的存在，双方容易做出及时预算决策的选择。由此可见，引导决策者形成一致的支出偏好，对提高预算决策时效性是至关重要的。因此，在预算决策过程中，应努力引导决策者形成一致支出偏好，并适当延长领导者的任职周期。实践表明，拥有较长任期的领导能更好地理解预算过程以及彼此的需求，更愿意承担风险，在处理预算问题上也更加自信，有助于提高预算决策的及时性①。

此外，决策者的拖延成本 ϑ 越高，越容易在短时间内达成一致的预算决策。持续的长期预算拖延是财政纪律缺乏的标志。由此看出，设计相应的奖惩机制以提高决策拖延成本，不失为预算决策绩效提升的有效途径之一，今后可朝这一方向努力。

① Lu E Y, Chen G. A Day Late and A Dollar Short? A Study of Budget Passage in New York State [J]. Public Budgeting & Finance, 2016, 36 (3): 3-21.

第五章

预算决策中的“理”与“力”——基于立法审议阶段的考察

公共预算特有的政治属性决定了其自诞生之日起就已沦为立法机构与行政机构间争权夺利的工具。在发达经济体中，预算批准的权力属于议会，而我国的预算批准权力机构是各级人民代表大会。国家预算只有经权力机构（全国人大）批准后，才具有法律效力①。总的来说，国家预算要在全国人大经过六个审查阶段才能最终获得批准，主要包括：人大会前预工委“预审”、财经委“初审”，到人代会期间各代表团审查、财经委及有关专门委员会的审查，再到主席团审议财经委提交的预算草案审查结果报告，最后才到人大会议最终表决。其中，财经委预算初审环节是人代会前的“一次安检”，是具有中国特色的预算审查，也是人代会预算审查质量的重要环节。预算审批具体流程如图 5 – 1 所示。

图 5 – 1　我国政府预算审批流程

第四章探讨了预算编制阶段的“理”与“力”，本章则将探讨立法审议阶段的“理”与“力”，重点考察立法与行政机构预算决策与均衡问题，亦即预算法案是如何形成的。首先，从宏观上考察立法与行政预算分析员对预算决策的影响。其次，通过构建双主体预算分配决策模型，分析双元利益角逐下的预算决策均衡，以及双元利益制衡下特定群体支出限额的确定。在此基础上，进一步考察行政与立法拉锯所酿成的苦果——预算决策僵局，以向众人更加清晰地展示立法审议阶段的“理”与“力”。

① 黄恒学. 公共经济学［M］. 北京：北京大学出版社，2009：313.

第一节　立法与行政预算分析员对预算决策的影响

在现实预算决策过程中，立法与行政机构的预算分析员作为核心参与者，对预算决策有着至关重要的影响。行政预算分析员拥有不可小觑的权力，在预算决策制定中充当“守门人”的角色，主要负责分析预算信息、审查替代方案、在行政听证会上作证，并为行政首脑制定预算建议。同样地，立法分析员在预算过程中也发挥着重要的作用，除审查行政机构预算请求外，还负责实地考察收集决策相关信息，在立法听证会上作证，有时还会就行政机构的预算请求制定替代方案。在立法会议结束后，立法分析员又会充当立法机关在拨款时的“眼睛”和“耳朵”。

预算决策更多的是基于政治因素还是理性分析因素？基于政治的预算决策与基于理性分析的预算决策是否兼容？答案取决于各国的制度特征及个体分析员的特性。在进行预算决策时，预算分析员的特性是造成预算决策分歧的重要因素。经验丰富的行政预算分析员更加主观，并且在预算分析中往往比初级分析员更具有政治理性。随着时间的推移，经验丰富的行政预算分析员的决策更具有稳定性，其决策不太可能脱离他们的对预算问题的初始印象，这类分析员能够凭借丰富的经验预期到行政首脑政策变化的未来政治影响，并据此进行相应的预算调整。此外，预算分析员的意见也会影响项目支出的预算决策①。地方政府预算分析员倾向于或客观理性（objective、rational）或主观情感（subjective、emotional）的心理决策标准，客观心理占优的分析员更偏好于在前景预期中利用成本效益分析方法。

一个多世纪以来，预算改革者一直在寻找各种方法，试图以考量支出效率和效果的分析程序来取代严格依据政治因素的预算决策②③。第二次世界大战后，改革者制定了一系列的分析程序以衡量预算方案的效率和效果，并倡导以分析结果为基础进行预算分配决策④。这些措施包括计划项目预算、零基预算，以及目

① Skok J E. Budgetary Politics and Decision - Making: Development of an Alternative Hypothesis for State Government [J]. Administration & Society, 1980 (4).

② Rubin I S. Early Budget Reformers: Democracy, Efficiency, and Budget Reforms [J]. The American Review of Public Administration, 1994, 24 (3): 229 - 252.

③ Mccue C P. The Impact of Objective and Empathic Dispositions on Local Government Budget Analysts' Spending Preferences [J]. Public Budgeting & Finance, 1999, 19 (1): 89 - 114.

④ Huckaby H M, Lauth T P. Budget Redirection in Georgia State Government [J]. Public Budgeting & Finance, 2003, 18 (4): 36 - 44.

前最受欢迎的绩效预算[①②③④⑤]。尽管许多政府已将这些综合分析模式纳入其预算程序，但研究表明，这些机制对预算分配决策几乎没有影响。

虽然综合分析模式在大多数国家或地区没有取得持久的成功，但许多学者研究认为，一些预算分析人员在进行预算决策时，倾向于考虑客观的数据测量。譬如，凯瑟琳·威洛比（Willoughby）通过调查与实验，研究探讨了行政预算分析员所做预算决策的影响因素[⑥]，并根据影响因素的不同，将行政预算分析员分为四种“政策类型”：政治型（politico）、理性型（rationalist）、渐进型（incrementalist）和混合价值型（mixed - value）。其认为，政治型预算分析员更多地考虑政治因素，比如行政首脑的声誉以及公众支持等；理性型预算分析员则将机构的工作量及效率作为预算决策最重要的参考因素；混合价值型预算分析员则根据政治和理性分析的权重进行预算决策；渐增型预算分析员则将机构利益作为预算决策的最重要依据。研究发现，美国南部的行政预算分析员虽涵盖了所有四种类型，但该区域90%的预算分析员属于政治型或混合价值型[⑦]。

实践表明，立法预算分析员和行政分析员在预算决策过程中，都会考虑政治与理性分析因素，但立法分析员更有可能在制定支出建议时考虑立法议程、机构管理和公众支持[⑧]。一般而言，政治因素对行政预算分析员预算决策的影响远远超过立法预算分析员。但事实上，许多行政预算分析员认为，他们的对手——立法预算分析员在预算决策中往往更具有政治性，只因立法分析员必须平衡行政机构间的竞争需求。这再次验证了公共预算决策过程是“理性”与“角力”的结合。接下来，将考察立法与行政机构预算决策与均衡问题。

---

① Schick A. The Road to PPB：The Stages of Budget Reform ［J］. Public Administration Review，1966，26（4）：243 -258.

② Lauth T P. Zero - Base Budgeting in Georgia State Government：Myth and Reality ［J］. Public Administration Review，1978，38（5）：420 -430.

③ Jordan M M，Hackbart M M. Performance Budgeting and Performance Funding in the States：A States Assessment ［J］. Public Budgeting & Finance，1999，19（1）：68 -88.

④ Joyce P G. Using Performance Measures for Federal Budgeting：Proposals and Prospects ［J］. Public Budgeting & Finance，1993，13（4）：3 -17.

⑤ Melkers J，Willoughby K. The State of the States：Performance - Based Budgeting Requirements in 47 out of 50 ［J］. Public Administration Review，1998，58（1）：66.

⑥ Willoughby K. Patterns of Behavior：Factors Influencing the Spending Judgments of Public Budgeters ［M］. in The Handbook of Comparative Public Budgeting and Financial Management，eds. Thomas D. Lynch and Lawrence L. Martin. New York：Marcel Dekker，1993：103 -132.

⑦ Willoughby K. Patterns of Behavior：Factors Influencing the Spending Judgments of Public Budgeters ［M］. in The Handbook of Comparative Public Budgeting and Financial Management，eds. Thomas D. Lynch and Lawrence L. Martin. New York：Marcel Dekker，1993：126.

⑧ Willoughby K G，Finn M A. Decision strategies of the legislative budget analyst：Economist or Politician? ［J］. Journal of Public Administration Research & Theory，1996（6）：523 -546.

第二节 立法机构与行政机构间预算决策与均衡

现实中，政府由立法机构和行政机构组成，每个机构在预算过程中都扮演着不同的角色，其中，立法机构主要负责制定预算法案，而行政机构则负责执行该法案。为使研究结论具有一定的普适性，下面尝试构建以立法和行政部门间权力分立为特征的预算分配模型，以考察总预算规模的决定以及各利益群体间预算分配的情况。在此模型中，立法机构制定一个包括总支出上限和特定项目专项支出的预算法案，而行政机构可以在这一预算法案规定的总支出限额内，自行决定从事哪些项目以及如何在各项目之间分配预算支出。在此可将该预算法案视为一个“不完全合同”，亦即该法案无法对一些偶然性或临时性随机冲击设定支出规则，但立法机构可赋予行政机构一定的自由裁量权，使其能够及时应对未来可能出现的不确定性冲击。这主要是由于在现实预算决策过程中，行政机构比立法机构拥有更多关于支出项目的最新信息。

在此背景下，本书着重考察立法和行政部门之间的利益角逐与妥协，并将其作为预算结果变化的根源，并假设预算利益冲突是由行政部门与立法机构之间的差异造成的。

一、双主体预算分配决策模型的构建

根据公共支出偏好的不同，可将公民划分为 N 组群体。假设政府承担 m 个公共支出项目，并对各组群体征收一定的税收以资助这些支出项目。每个项目只惠及一组群体（如养老保险支出、医疗卫生支出、教育支出等）。假设立法机构和行政机构分别代表某个群体。例如，立法机构中的多数成员由特定地域的代表组成，立法机构可采取一系列支出行动，以提高这些地区居民的福利。行政机构有可能代表或相同，或更广泛，或更狭窄的群体，抑或是完全不同的。在此，用 $E \subseteq N$ 代表行政机构 e 的群体，$L \subseteq N$ 代表立法机构 l 中具有决策权力的群体。立法机构中的决策者可对预算法案进行调整，以最大化 L 中成员的总期望福利，而行政机构执行该法律以最大化 E 中成员的总体福利。

下面考察标准预算过程中总预算规模（总支出限额）和支出分配决策。构建以立法部门和行政部门权力分立为特征的预算模型，以探究预算分配决策的形成。每个利益群体 $i \subseteq N$ 从第 $k \subseteq m$ 个公共项目中获得的效用可表示为：

$$U_i = \varphi_i \delta_k V(G_{ik}) - C_{ik} = \varphi_i \delta_k V(G_{ik}) - \sum_{i \in N} G_{ik}/n \tag{5.1}$$

其中，δ_k 为其他条件不变时，预算决策群体对某类项目的支出偏好，也即决策群体对某类支出项目所赋予的权重，G_{ik} 为群体 i 分配给其所偏好项目 k 的支出，$V(\cdot)$ 为支出 G_{ik} 的二阶可导且严格递增的凸函数，C_{ik} 为决策群体 i 所承担的单位项目支出成本。为简化分析，在此，假设每个决策群体的单位项目支出成本相同，令 $C_{ik}=\sum_{i\in N}G_{ik}/n$。$\varphi_i$ 为现实预算过程中群体 i 将预算分配给项目 k 可能遭受的随机冲击，$F(\varphi)$ 为其累计分布函数。$\vec{\varphi}=(\varphi_1, \varphi_2, \cdots, \varphi_n)$ 为随机冲击向量，n 为群体总数，令 $\alpha^e+\alpha^l=n$，其中，α^e 为行政机构 E 中的群体占比，α^l 为立法机构 L 中的群体占比。当 $0<\underline{\varphi}<\overline{\varphi}<\infty$ 时，在 $Z=\prod_{i=1}^{n}[\underline{\varphi},\overline{\varphi}]$ 上，$F(\cdot)$ 是连续、对称且严格为正的，且 $\lim_{G_{ik}\to 0}V'(G_{ik})=\infty$，这意味着群体 i 对项目 k 初始支出的边际产出非常高。

具体预算决策过程如下：首先，立法机构制定一个预算法案，以最大化 L 组中的总预期效用。该法案包括两个组成部分：一是设定一个涵盖所有支出的总预算上限 $\overline{G}=\sum_{i=E}\overline{G}_{ik}$。二是规定行政机构必须执行的一系列专项支出项目，同时规定了群体 i 对这类项目的最低支出下限 $\underline{G}_{ik}=\underline{G}(\underline{G}_{11}, \underline{G}_{22}, \cdots, \underline{G}_{nm})$。也即，立法机构规定总支出限额以及行政机构必须执行的一系列支出项目，并给予行政机构以充分的自由裁量权，当行政机构遭遇最大随机冲击 $\overline{\varphi}_i=(\overline{\varphi}_1, \overline{\varphi}_2, \cdots, \overline{\varphi}_n)$ 和最低支出 $\underline{G}_{ik}=(0, 0, \cdots, 0)$ 限制时，则给予行政机构最大的灵活性，此时，最大支出限额 $\overline{G}=\infty$。

现实中，随机冲击一般要在预算法案通过之后才被逐渐认识到。此时，行政机构选择一个最优支出 G_{ik}^e，以最大化其总效用：

$$G_{ik}^e(\varphi, \delta, \underline{G}_{jk}, \overline{G})\in\arg\max_{G_{ik}}\left[\sum_{i\in E}\varphi_i\delta_k V(G_{ik})-\alpha^e\sum_{i\in N}G_{ik}\right] \tag{5.2}$$

$$\text{s.t. } G_{ik}\geqslant\underline{G}_{ik}\text{ 且 }\overline{G}\geqslant\sum_{i\in N}G_{ik}$$

假设立法机构预期到行政机构的支出行为 G_{ik}^e，并据此作出反应，以最大化其期望效用 $E(\cdot)$。立法机构制定的预算法案条款（$\underline{G}_{ik}^l$，$\overline{G}^l$）必须满足：

$$(\underline{G}_{jk}^l, \overline{G}^l)\in\arg\max_{\underline{G}_{jk}, \overline{G}}E\left\{\sum_{i\in L}\varphi_i\delta_k V[G_{ik}^e(\varphi, \delta, \underline{G}_{jk}, \overline{G})]-\alpha^l\sum_{i\in N}G_{ik}^e(\varphi, \delta, \underline{G}_{jk}, \overline{G})\right\} \tag{5.3}$$

$$\text{s.t. } \underline{G}_{ik}\geqslant 0\text{ 且 }\overline{G}\geqslant\sum_{i\in N}\underline{G}_{jk}$$

根据式（5.2）、式（5.3）可得出均衡预算法案和支出计划的两个特征：

$$\begin{cases}\underline{G}_{ik}^l=0, & i\notin L\\ G_{ik}^e(\varphi, \delta, \underline{G}_{ik}^l, \overline{G})=0, & i\notin(L\cup E)\end{cases} \tag{5.4}$$

以上两个特征表明，立法机构 l 对于其以外的群体 i 所偏好的 k 项目没有最低支出要求；行政机构 e 也不会选择既不属于其内部群体，也不属于立法机构内部群体的支出项目。

二、双元利益角逐下的预算决策均衡分析

（一）立法机构与行政机构间利益一致

在此先考虑最为简单的情形，即立法机构和行政机构具有一致的利益，双方所代表的群体一致（即 $\alpha^{e}=\alpha^{l}$），如图 5－2 所示。这种情况有可能出现在议会制中，其立法机构中的大多数都由同一政党控制，且部长由该执政党选择。在这种情况下，立法机构没有理由限制行政机构 e 的行为，行政机构可以利用被赋予的充分自由裁量权，将预算资金用于最有效率的项目。这不仅有利于其自身利益的实现，也有利于立法机构预期目标的实现。此时，均衡的预算法案应是赋予行政机构最大的灵活性，以保证行政机构可在总预算限额内自由分配预算资金。

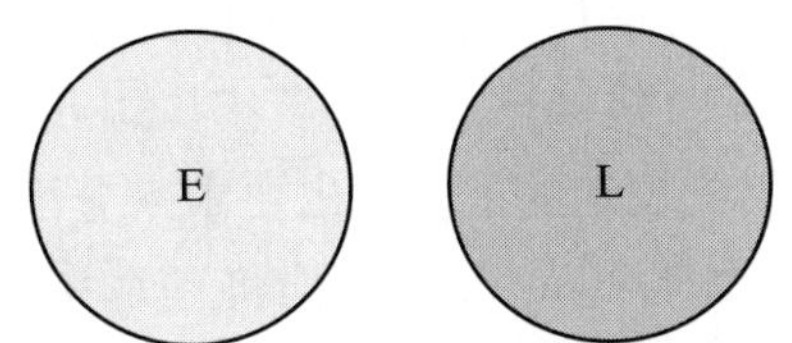

图 5－2　立法机构与行政机构利益一致

在此，令行政机构 e 中的群体 i 在其最偏好项目 k 上的最低支出水平为：$\underline{G}_{ik}^{e}=\arg\max_{G_{ik}}\underline{\varphi}\delta_{k}V(G_{ik})-\alpha^{e}G_{ik}$，而在其最偏好项目 k 上的最高支出水平为：$\underline{G}_{ik}^{e}=\arg\max_{G_{ik}}\overline{\varphi}\delta_{k}V(G_{ik})-\alpha^{e}G_{ik}$。这分别表示遭受最大随机冲击和最小随机冲击时，即 $\varphi_{i}=\underline{\varphi}$ 和 $\varphi_{i}=\overline{\varphi}$ 时，不受约束的行政机构将选择有利于其内部群体的支出项目。显然，除非预算法案授权群体 i 一个更高水平的支出或预算上限，否则行政机构的支出范围为 $G_{ik}\in[\underline{G}_{ik},\overline{G}_{ik}]$。因此，当立法与行政部门具有一致利益时，均衡预算法案须满足如下条件：

$$\begin{cases}\underline{G}_{ik}^{l}=0,\ i\notin L\\ \underline{G}_{ik}^{l}\leqslant\underline{G}_{ik},\ i\in L\end{cases},\ 且\ \overline{G}^{l}\geqslant\alpha^{l}n\overline{G}_{ik},\ E=L \tag{5.5}$$

式（5.5）意味着，行政机构的支出分配决策既不受特定项目的限制，也不受总支出限额的限制。由此可得，满足式（5.5）的一个简单的预算法案即为：

$$(\underline{G}_{ik}^{l},\ \overline{G}^{l})=(0,\ \infty)$$

在遭受随机冲击 φ 时，立法机构最偏好的支出是使其效用最大化的支出，但

当 E = L，即 $\alpha^e = \alpha^l$ 时，意味着其支出选择与行政机构不受约束时的选择一致，也即 $\arg\max_{G_{ik}}[\sum_{i \in L}\varphi_i \delta_k V(G_{ik}) - \alpha^l \sum_{i \in N} G_{ik}] = \arg\max_{G_{ik}}[\sum_{i \in E}\varphi_i \delta_k V(G_{ik}) - \alpha^e \sum_{i \in N} G_{ik}]$。当行政机构与立法机构利益一致时，立法机构 l 通过给予行政机构 e 最大的灵活性，以最大化其效用，其最优策略是遵从行政机构的支出决策，且不设定预算支出上限。

（二）立法机构与行政机构间利益不一致

上一节描述了立法机构与行政机构之间相互关系的最简单情形。而现实中，立法机构与行政机构间的目标和利益经常是相互冲突的。根据立法机构与行政机构间利益交集 B 的情况，可区分为以下几种情况：

（1）立法机构代表的群体相对广泛。

假设行政机构 E 代表的群体是立法机构 L 代表的群体的一个子集，即 $E \subset L$，如图 5 - 3（a）所示。这意味着 L 中至少存在一个不在 E 中的群体，此时，$\alpha^e < \alpha^l$。下面用 L/E 表示 $L \cap (\sim E)$ 的集合。在此情况下，行政机构不会将预算资金自愿分配给那些有利于 E 以外群体的支出项目上，因为这不仅不能为其内部群体带来任何收益，还会徒增其内部群体的支出负担。因此，行政机构 E 对不在其内部的群体，倾向于按立法机构规定的最低支出要求来分配预算资金，即对任意 $i \in L/E$，有 $G_{ik}^e = \underline{G}_{ik}^l$。立法机构若想使行政机构将预算资金分配给 E 以外的群体，则必须在预算法案中予以明确规定，即规定特定群体支出限额。

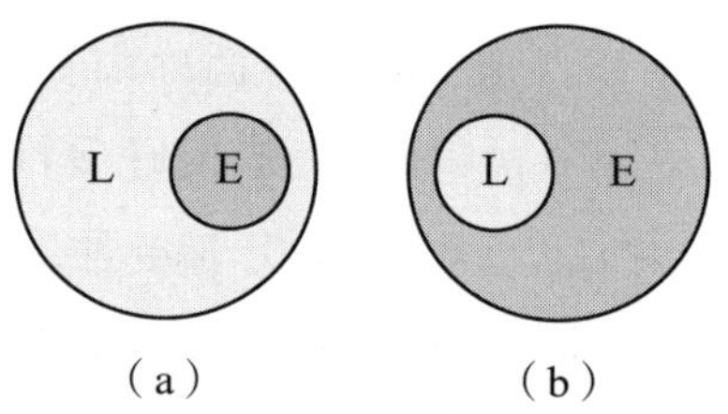

图 5 - 3　立法机构与行政机构利益不一致

当行政机构严格按照立法机构的最低支出要求 $\underline{G}_{ik}^l$，将预算资金分配给 E 以外的群体时，行政机构必须为其内部群体选择一个最优支出 G_{ik}^{eE}，以最大化其总效用：

$$G_{ik}^{eE}(\varphi, \delta, \underline{G}_{ik}^l, \overline{G}^l) \in \arg\max_{G_{ik}^E}[\sum_{i \in E}\varphi_i \delta_k V(G_{ik}) - \alpha^e \sum_{i \in E} G_{ik}] \quad (5.6)$$

$$\text{s.t. } G_{ik}^E \geqslant \underline{G}_{ik}^{lE} \text{ 且 } \sum_{i \in E} G_{ik} \leqslant \overline{G}^l - \sum_{i \in E/L} \underline{G}_{ik}^l$$

其中，$\underline{G}_{ik}^{lE}$ 表示立法机构规定行政机构 E 的最低支出要求，即行政机构的预算下限。立法机构预期到行政机构 e 的支出行为，立法机构不希望行政机构将预算资金过多地分配给 E 内的群体，因此，其试图通过设定一个预算上限，以约束行政机构的支出行为。由此，均衡预算法案必须满足以下条件：

$$\begin{cases} \underline{G}_{ik}^{l} = \arg\max\limits_{G_{ik}}[\hat{\varphi}\delta_k V(G_{ik}) - \alpha^{l}G_{ik}] > 0,\ \hat{\varphi} = E[\varphi],\ i \in L/E \\ \underline{G}_{ik}^{l} = 0,\ i \notin L \\ \underline{G}_{ik}^{l} \leqslant \underline{G}_{ik},\ i \in E \\ \overline{G}^{l} < \sum_{i \in L/E} \underline{G}_{ik}^{l} + \alpha^{e} n \overline{G}_{ik} \end{cases},E \subset L \tag{5.7}$$

（2）立法机构代表的群体相对狭窄。

在总统制中，行政首脑通常从全国竞选中选出，而个别立法者可从地方选举中选出。在这种情况下，可以合理地假设行政机构的所代表的群体比立法机构所代表的群体更为广泛，用 $L \subset E$ 来表示，如图 5-3（b）所示。

在这种情况下，立法机关一般不会对其群体外的群体规定专项支出，但立法机构 l 可预期到的是，如果赋予行政机构 e 以充分的自由裁量权，则行政机构会将预算资金分配给 E/L 外的群体，因为从行政机构的角度来看，其对 E/L 外群体的支出只要稍微增加一点，预计就会产生较高的边际收益。此时，为避免行政机构将预算资金只分配给这些群体上，立法机构很有可能会实行严格的预算限制，同时为 L 内的群体规定专项支出，因为 $\alpha^{l} < \alpha^{e}$，立法机构比行政机构更为关注 L 内群体的利益，相应地，其对这些群体所分配的预算资金也更多。

就立法机构而言，存在两个截然不同的预算分配策略：严格的预算策略和灵活的预算策略：

$$\begin{cases} \text{严格的预算策略}\ (\overline{G}^{R},\ \underline{G}_{ik}^{R}):\ \overline{G}^{l} = \alpha^{l} n \underline{G}_{ik}^{l} \\ \text{灵活的预算策略}\ (\overline{G}^{F},\ \underline{G}_{ik}^{F}):\ \overline{G}^{l} > \alpha^{l} n \underline{G}_{ik}^{l} \end{cases},\ \underline{G}_{ik}^{l} = \underline{G}^{l},\ i \in L$$

严格的预算策略是指，立法机构 L 对其内部的群体设定总支出上限 $\overline{G}^{l} = \alpha^{l} n \underline{G}_{ik}^{l}$，同时规定各群体的最低支出下限 $\underline{G}_{ik}^{l} = \underline{G}^{l}$。这一预算法案没有赋予行政机构任何的自由裁量权。通过预算分配的限制，立法机构可以确保其最偏好的群体拥有相对较高的支出水平，并避免承担将资金分配给其外部群体所带来的额外负担。当然，这是一种极端的预算分配情形。

相对地，灵活的预算策略是指，立法机构赋予行政机构一定的自由裁量权，使其能在总支出限额内，根据其支出偏好以及支出效率，在各群体及各项目之间灵活分配预算资金。当 $\overline{G}^{l} > \alpha^{l} n \underline{G}_{ik}^{l}$ 时，行政机构可自由分配预算资金。这一策略的潜在吸引力在于，行政机构可以根据 L 群体间各项目支出的实际产出率进行预算分配，而其缺点则是行政机构可在许可范围内，将剩余资金分配给 L 以外的群体，且其分配给 L 内群体的预算资金，通常少于立法机构所期望得到的资金。当 $\overline{G}^{l}=\alpha^{e}n\overline{G}_{ik}$ 且 $\underline{G}_{ik}^{l}\leqslant\underline{G}_{ik}$ 时，预算法案是完全灵活的。完全灵活的预算法案给予行政机构以充足的预算资金，使其能够将更多预算资金分配给其最偏好且产出率最高的支出项目上，以此最大化其总效用。

但值得注意的是，当立法机构所代表的群体小于行政机构所代表的群体时，立法机构不会选择完全灵活的预算法案。因此，均衡的预算法案为：

$$\begin{cases}\overline{G}^{l}<\alpha^{e}n\overline{G}_{ik}\\ \underline{G}_{ik}^{l}>\underline{G}_{ik}\end{cases},\ i\in L\ \text{且}\ L\subset E$$

由此看出，现实中立法机构通常设定一个总支出限额和最低支出限额，并在此约束条件下，赋予行政机构一定的自由裁量权，使其能够根据自身的支出偏好以及项目产出率，来有效分配预算资金，从而实现预算支出绩效的最大化。

下面将进一步考察严格预算策略和灵活预算策略，以说明每个策略对立法机构的相对吸引力。假设预算法案是严格的，立法机构 l 选择最优支出 $\underline{G}_{ik}^{R}$ 以最大化其期望效用 EU_{R}^{l}：

$$\underline{G}_{ik}^{R}\in\arg\max_{\underline{G}_{ik}^{R}}E\left\{\int_{\underline{\varphi}}^{\overline{\varphi}}\sum_{i\in L}\varphi_{i}\delta_{k}V(\underline{G}_{ik}^{R})dF(\varphi)-\alpha^{l}(\alpha^{l}n\underline{G}_{ik}^{R})\right\}$$

由此可得，立法机构 L 对其内部群体的最优严格支出策略 $\underline{G}_{ik}^{R}$ 须满足以下条件：

$$\hat{\varphi}\delta_{k}V'(\underline{G}_{ik}^{R})=\alpha^{l}$$

当 $\hat{\varphi}>\underline{\varphi}$ 且 $\alpha^{e}>\alpha^{l}$ 时，$\underline{G}_{ik}^{R}>\underline{G}_{ik}$。因此，如果立法机构实行严格预算策略，不论项目支出效率或高或低，立法机构对其内部群体分配的预算资金均会超过行政机构对这些群体所分配的资金。

当 $L\subset E$ 且 α^{l} 远小于 α^{e}，即立法机构代表的群体 α^{l} 远远小于行政机构所代表的群体 α^{e}，且随机冲击 φ 较小时，立法机构倾向于采取严格的预算策略（$\overline{G}^{R}$，$\underline{G}_{ik}^{R}$）。此时，均衡预算法案为：

$$\begin{cases}\overline{G}^{l}=\overline{G}^{R}=\alpha^{l}n\underline{G}_{ik}^{R}\\ \underline{G}_{ik}^{l}=\underline{G}_{ik}^{R}=\arg\max\limits_{G_{ik}}\hat{\varphi}\delta_{k}V(G_{ik})-\alpha^{l}G_{ik},\end{cases}i\in L\ \text{且}\ L\subset E$$

面临图 5－4（a）所示这种情况，行政机构认为其将资金分配给 L 中的群体所承担的单位支出成本远高于立法机构，因此，他们在这些群体上的意愿分配资金往往比立法机关所期望更少。现实预算过程中，为了获得更多的预算分配资金，立法机关必须设定足够的专项资金，且不希望给行政机构留有任何的自由支配权，因为其预计行政机构将会把这部分资金分配给仅有利于 E/L 中群体的项目上。

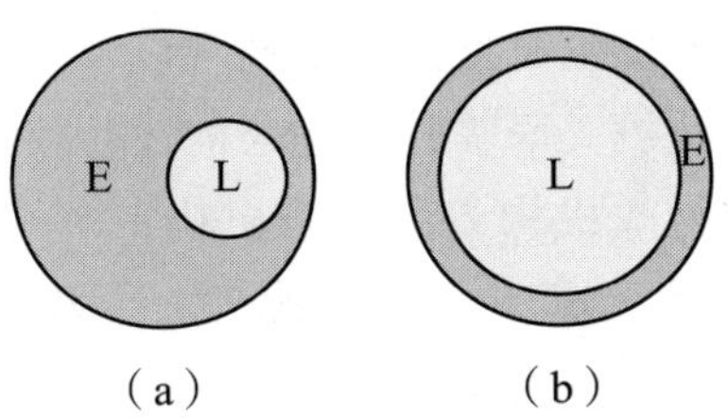

图 5－4　立法机构代表的利益集团相对狭窄

如图 5－4（b）所示，当 $L \subset E$ 且 α^l 接近于 α^e 时，立法机构倾向于采用灵活的预算策略（$\overline{G}^F$，$\underline{G}_{ik}^F$），赋予行政机构一定的自由裁量权。此时，均衡预算法案为：

$$\begin{cases} \overline{G}^l = \overline{G}^F > \alpha^l n \underline{G}_{ik}^l \\ \underline{G}_{ik}^l = \underline{G}_{ik}^F \end{cases}，\ i \in L \text{ 且 } L \subset E$$

值得注意的是，当 $\alpha^e/\alpha^l \to 1$ 时，立法机构面临的预算分配问题近似于行政机构与立法机构利益一致时的问题，此时，赋予行政机构完全灵活的预算分配权，无疑是最优的策略。立法机构从完全灵活的预算策略中获得的期望效用远大于严格预算分配策略可实现的期望效用，即 $EU(\overline{G}^F, \underline{G}_{ik}^F) > EU(\overline{G}^R, \underline{G}_{ik}^R)$。且由于在严格预算策略和完全灵活预算策略下，期望效用均是参数 α^l 和 α^e 的连续函数。因此，当 α^e 与 α^l 间差异很小且不确定程度很大时，从立法机构角度来看，充分的灵活预算策略仍占优于严格预算策略。

综上所述，在现实预算过程中，最优预算分配策略应视行政机构与立法机构各自所代表群体的大小而定。就立法机构而言，当 α^e 大于 α^l 时，实行完全灵活的预算策略是不现实的。具体来说，当 α^e 与 α^l 间差距很大，且随机冲击很小时，严格预算策略占优于灵活预算策略，而当 α^e 与 α^l 间差异很小，且随机冲击很大时，灵活的预算策略占优于严格的预算策略。

（3）行政机构与立法机构部分相交。

在现实预算决策过程中，当一些群体由行政机构和立法机构共同服务，而其他群体则只由行政机构或立法机构独立服务时，立法机构与行政机构间部分利益重合。在此，令 $B = L \cap E$，表示行政机构 E 和立法机构 L 之间的利益集合，该部分集合所占群体比例为 α^b，且 $0 < \alpha^b < \min\{\alpha^e, \alpha^l\}$，也即集合 B 非空，且是 L 和 E 的子集。

当行政机构与立法机构存在利益集合，且立法机构服务的群体小于行政机构服务的群体，即 $B = L \cap E$ 且 $0 < \alpha^b < \alpha^l < \alpha^e$ 时，立法机构必须在预算法案中，明确规定专项支出以照顾 L/B 中的群体 $(\alpha^l - \alpha^b)n$。这是由于行政机构通常不会将其可自由支配预算资金分配给这些群体，当遭受随机冲击 φ 时，这些群体将难

以应对。为避免这一情况的发生，立法机构通常以专项支出来维护这些群体的利益。就其余群体而言，立法机关面临的问题与前述行政机构利益更为广泛时的情况相同，在此不再赘述。行政机构 e 和立法机构 l 均关注集合 B 中的群体 $\alpha^b n$，而行政机构仅关注 E/B 群体 $(\alpha^e-\alpha^b)n$。此外，行政机构分配给 B 内群体的预算资金通常比立法机构更少，因为就 B 群体而言，规模较大的行政机构比规模较小的立法机构承担更多的成本。在这种情况下，立法机构通过制定一个预算限额，以限制行政机构自由支配预算的灵活性。由此可知，当 $B=L\cap E\neq\Phi$ 且 $0<\alpha^b<\alpha^l<\alpha^e$ 时，均衡预算法案可表示为：

$$\begin{cases}\underline{G}_{ik}^{l}=\underline{\hat{G}}_{ik}=\arg\max\limits_{G_{ik}}\hat{\varphi}\delta_k V(G_{ik})-\alpha^l G_{ik},\ i\in L/B\\ \underline{G}_{ik}^{l}=\underline{G}_{ik}^{R}\text{且}\ \overline{G}^{l}=\alpha^b n\underline{G}_{ik}^{R}+(\alpha^l-\alpha^b)n\underline{\hat{G}}_{ik},\ i\in B\\ \underline{G}_{ik}^{l}=\underline{G}_{ik}^{F}\geqslant 0\ \text{且}\ \alpha^b n\underline{G}_{ik}^{F}+(\alpha^l-\alpha^b)n\underline{\hat{G}}_{ik}\leqslant\overline{G}^{l}\leqslant\alpha^e n\overline{G}_{ik}+(\alpha^l-\alpha^b)n\underline{\hat{G}}_{ik},\ i\in B\end{cases}$$

当 $B=L\cap E\neq\Phi$ 且 $0<\alpha^b<\alpha^e<\alpha^l$ 时，实行严格的预算法案可能是最佳的策略。立法机构必须对行政机构不关心的 L/B 群体规定一个法定最低支出（$\underline{\hat{G}}_{ik}$）。同时，立法机构也须警惕行政机构只将预算资金分配给 E/L 群体，因为这种分配不仅不会为立法机构带来任何收益，还会给立法机构内部的群体增加额外负担。但与立法机构相比，行政机构倾向于为 B 群体分配更多的预算资金。此时，均衡预算法案可表示为：

$$\begin{cases}\underline{G}_{ik}^{l}=\underline{\hat{G}}_{ik}=\arg\max\limits_{G_{ik}}\hat{\varphi}\delta_k V(G_{ik})-\alpha^l G_{ik},\ i\in L/B\\ \underline{G}_{ik}^{l}=\underline{G}_{ik}^{R}\text{且}\ \overline{G}^{l}=\alpha^b n\underline{G}_{ik}^{R}+(\alpha^l-\alpha^b)n\underline{\hat{G}}_{ik},\ i\in B\\ \underline{G}_{ik}^{l}\leqslant\underline{G}_{ik}^{F}\text{且}\ \overline{G}^{l}=\alpha^e n\underline{G}_{ik}^{F}+(\alpha^l-\alpha^b)n\underline{G}_{ik}^{l}<\alpha^e n\overline{G}_{ik}+(\alpha^l-\alpha^b)n\underline{G}_{ik}^{l},\ i\in B\end{cases}$$

当 $\alpha^l-\alpha^b<\alpha^b<\alpha^e-\alpha^b$ 时，立法机构从对 B 群体的预算分配中，只能获得一个较小的预期收益，但却要承担行政机构将预算分配给 E/L 群体所产生的较大的预期成本。在这种情况下，立法机关比较明智的选择是实行严格的预算策略。相反地，当 $\alpha^e-\alpha^b<\alpha^b<\alpha^l-\alpha^b$ 时，则应赋予行政机构一定的灵活性。

当 $\alpha^l-\alpha^b<\alpha^e-\alpha^b<\alpha^b$ 以及 $\alpha^e-\alpha^b<\alpha^l-\alpha^b<\alpha^b$ 时，行政机构和立法机构所代表的群体几乎重合。在这两种情况下，行政机构将预算资金分配给 E/L 群体时，给立法机构所带来的预期成本均很小，此时，灵活的预算策略占优于严格的预算策略，也即赋予行政机构一定的自由裁量权是较为现实的选择。综上所述，不同利益角逐下预算决策最优策略可归纳如表 5 – 1 所示。

表 5 – 1　　不同利益角逐下预算决策的最优策略

相互关系	利益群体相对数量	最优策略
L = E	$\alpha^e = \alpha^l$	完全灵活预算策略
E⊂L	$\alpha^e < \alpha^l$	灵活预算策略
L⊂E	$\alpha^l < \alpha^e$	严格与灵活预算相结合
	α^l 远小于 α^e	严格预算策略
	α^l 接近于 α^e	灵活预算策略
B = L∩E	$0 < \alpha^b < \alpha^l < \alpha^e$	严格与灵活预算相结合
	$0 < \alpha^b < \alpha^e < \alpha^l$	严格与灵活预算相结合
	$\alpha^l - \alpha^b < \alpha^b < \alpha^e - \alpha^b$	严格预算策略
	$\alpha^e - \alpha^b < \alpha^b < \alpha^l - \alpha^b$	灵活预算策略
	$\alpha^l - \alpha^b < \alpha^e - \alpha^b < \alpha^b$	灵活预算策略
	$\alpha^e - \alpha^b < \alpha^l - \alpha^b < \alpha^b$	灵活预算策略

资料来源：笔者根据相关资料整理所得。

三、预算决策模型均衡结论分析

本节以代表不同群体的立法与行政机构的相对大小，作为预算法案的重要决性定因素。通过前述分析，对于现实预算决策过程而言，以下几方面的研究发现应该是具有一定启示价值的。

第一，当立法机构代表的群体比行政机构代表的群体更加狭窄，即 E > L 时，行政机构执行支出项目的成本通常高于立法机构，立法机构可能会为其偏爱的群体指定专项支出。同时，立法机构可能会削减那些只有行政机构才关注的 E/L 群体的支出。这可以通过制定一个严格的预算法案来实现，但立法机构必须承担为削减行政机构最偏好群体的支出所带来的不确定性成本。如果 E/L 中的群体不太大，则立法机构对 B = E∩L 中群体支出不足的关注，有可能超过对 E/L 中的群体过度支出的担忧。在这种情况下，立法机构不应对总支出施加限制，而应赋予行政机构充分的自由裁量权，以实现对 L 群体所规定的最低支出要求。

第二，当立法机构代表的群体比行政机构代表的群体更加广泛时，即 E < L 时，情况则大不相同。当 L 中的群体数量大于 E 中群体数量时，行政机构所承担的公共项目的成本小于立法机构所承担的成本。此时，预算法案总会包括一个支出上限，以约束行政机构的支出行为，因为行政机构不会将可支配资金用于 L/E 群体，其对 E/L 群体和 B 中的群体的支出，很可能会超过立法机构期望的支出。此外，预算法案中不会对 B 中群体规定任何专项支出，因为行政机构倾向于比立

法机构更希望在这些群体上分配更多的资金，除非在 E/L 中有许多吸引行政机构分配更多资金的群体。

研究表明，立法机构倾向于对不属于自己的群体设定零支出上限（或尽可能接近零），但立法机构不会为既在 E 内，也在 L 内的群体设定一个特定支出上限，总支出限额是立法机构限制行政官僚挥霍开支的一种有效手段。总体而言，立法机构总是试图限制行政机构的总支出，而非特定群体具体项目的支出，并且赋予行政机构一定的自由裁量权，如此才有可能灵活应对随机冲击，实现决策绩效的有效提升。从预算目标的实现程度以及政治权衡来看，一切预算决策都有可能是某种折中，最终的决策行为通常不会尽善尽美地实现预期目标，而只是在当前条件下，所能采取的最好办法。

第三节　立法与行政拉锯的苦果：预算决策僵局

善政（good governance）已成为运作良好的民主政府应如何作为的原则和口号，其核心是良好的财政治理。财政治理涉及与政府预算编制和执行有关的一系列制度规则和政策过程。公共预算及时是衡量财政治理效果，亦即绩效的原始指标之一[①]。然而，在现实预算决策过程中，行政机构与立法机构之间的拉锯常常导致预算僵局（budget impasses or budget gridlock）的出现，而其中尤以美国最为突出。因此，本节主要透视美国的预算决策僵局，以此说明行政与立法之间利益冲突与角逐的严重性。

一、预算决策延迟之美国特写

1915 年，弗雷德里克·克利夫兰（Cleveland）曾说过，“预算的通过是主权的一个属性”[②]。但现实中，预算延迟（budget delays）比预期的更为常见。自 1975 年至 2010 年，纽约州仅有 6 次按时通过预算[③]。美国全国州立法会议（NCSL）2010 年的一份报告指出：自 2002 年以来，至少有 19 个州在新财年开始时，仍没有通过最终预算，占所有州总数的 38%，只有 62% 的州在新财年开始前通

① Putnam R D, Leonardi R, Nonetti R Y. Making Democracy Work: Civic Traditions in Modern Italy [M]. Princeton University Press, 1994.

② Cleveland F A. Evolution of the Budget Idea in the United States [J]. Annals of the American Academy of Political & Social Science, 1915, 62 (1): 15 - 35.

③ http://www.wnyc.org/story/33179 - governor - paterson - late - budget/.

过了预算法案①。曾出现预算延迟的州包括亚利桑那州、加利福尼亚州、康涅狄格州、伊利诺伊州、肯塔基州、马萨诸塞州、密歇根州、明尼苏达州、密西西比州、内华达州、新泽西州、纽约州、北卡利纳州、俄亥俄州、宾夕法尼亚州、罗得岛州、田纳西州和威斯康星州。其中，有5个州（密歇根州、宾夕法尼亚州、新泽西州、明尼苏达州、田纳西州）经历了政府关闭的情形。

美国各州财政年度不尽一致，纽约州于4月1日开始其财政年度，得克萨斯州于9月1日开始其财政年度，亚拉巴马州和密歇根州于10月1日开始。截至2015年10月8日，50个州中有48个颁布了2016财年的预算。截至2016年，已有20个州实行“双年度预算”（见表3－6）。

据统计，截至2016年，至少有25个州在预算通过之前就已开始了新的财政年度②，其中，纽约州则较为突出（见表5－2）。1970～2012年共42年的时间里，纽约州就有27年（约占64.29%）没有及时或按时通过预算，及时预算时间只占35.71%。图5－5和图5－6分别显示了1970～2012年纽约州预算拨款法案的立法延迟时间和州长签署延迟时间。由表5－2和图5－5可看出，立法机关通过预算拨款法案平均延迟21.3天，最高峰值和最低峰值分别发生在2004年（延迟111天）和1976年（提前15天通过）。由表5－2和图5－6可看出，州长签署预算拨款法案平均延迟31.6天，最高峰值和最低峰值分别发生在1996年（延迟121天）和1976年（提前1天通过）。

表5－2　　纽约州预算延迟情况（1970～2012年）

年份	立法通过延迟（Pass_lateness）	州长签署延迟（Sign_lateness）	年份	立法通过延迟（Pass_lateness）	州长签署延迟（Sign_lateness）
1970	－5	11	1978	1	13.2
1971	1	2	1979	3	9
1972	－3	5	1980	－1	3
1973	－3	10	1981	33.4	40.2
1974	－4.8	9	1982	0	10.6
1975	－6.2	1	1983	－3	0
1976	－14.6	－1	1984	－0.6	8.8
1977	0	12	1985	3.8	14.4

① National Conference of State Legislatures（NCSL）. Late State Budgets［EB/OL］. Accessed October 29, 2010. http：// www. ncsl. org/research/fiscal－policy/late－state－budgets. aspx.

② http：//www. ncsl. org/bookstore/state－legislatures－magazine/rancor－causes－budget－impasses－illinois－pennsylvania. aspx.

续表

年份	立法通过延迟 (Pass_lateness)	州长签署延迟 (Sign_lateness)	年份	立法通过延迟 (Pass_lateness)	州长签署延迟 (Sign_lateness)
1986	1. 8	10. 6	2000	28. 7	37. 3
1987	10	19	2001	103	113
1988	8	19	2002	37. 5	48. 7
1989	18	29. 4	2003	25	36. 7
1990	42. 4	60. 2	2004	110. 7	118. 3
1991	61. 6	70	2005	-4. 3	5. 3
1992	-1. 8	8. 4	2006	-3. 3	9. 5
1993	2. 8	12. 6	2007	0	5. 8
1994	54	55. 4	2008	0. 8	16
1995	53. 2	78. 6	2009	-2. 8	2. 2
1996	85. 5	120. 7	2010	70	72. 8
1997	106. 4	119. 4	2011	-3. 8	5. 4
1998	10. 5	23	2012	-3	6. 2
1999	104	109. 2	平均	21. 3	31. 6

注：立法通过延迟（Pass_lateness），即拨款法案被立法机构通过的延迟，用财政年度开始时间与立法机关通过拨款日期之间的差距来衡量。签署延迟（Sign_lateness）是指州长签署拨款法案的延迟，用财政年度开始和州长签署拨款法案日期之间的差距来衡量。负值则表示提早通过预算。

资料来源：Lu E Y，Chen G. A Day Late and a Dollar Short? A Study of Budget Passage in New York State [J]. Public Budgeting & Finance，2016，36（3）：3-21.

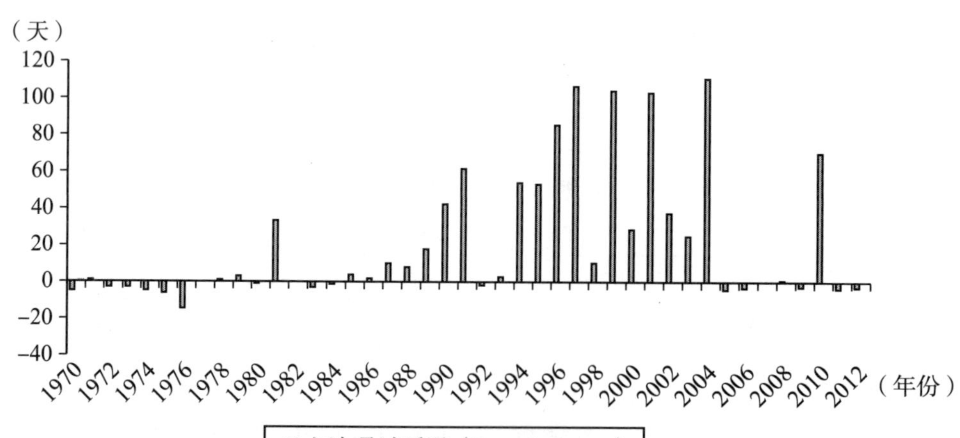

图 5-5　纽约州预算拨款法案立法通过延迟时间

纽约州预算延迟似乎不断循环往复，当然也不排除偶然按时通过预算的情况。如图 5-5 所示，在 20 世纪 70 年代初，立法机关提前或按时通过预算法案，但州长通常在相应财政年度开始后才签署预算法案（见图 5-6）。在 20 世纪 80 年代，预算法案大多延迟，只有少数例外，但平均延迟大多控制在一个月内。从 1990 年到 2004 年初，预算法案开始大幅度延迟。在此期间，几乎所有预算法案延迟都超过了一个月，只有少数年份例外。2005 年以后，除 2010 财年外，预算延迟情况有所改善。平均而言，州长一般在州立法机构通过 10 天后才签署一份拨款法案（见图 5-7）。

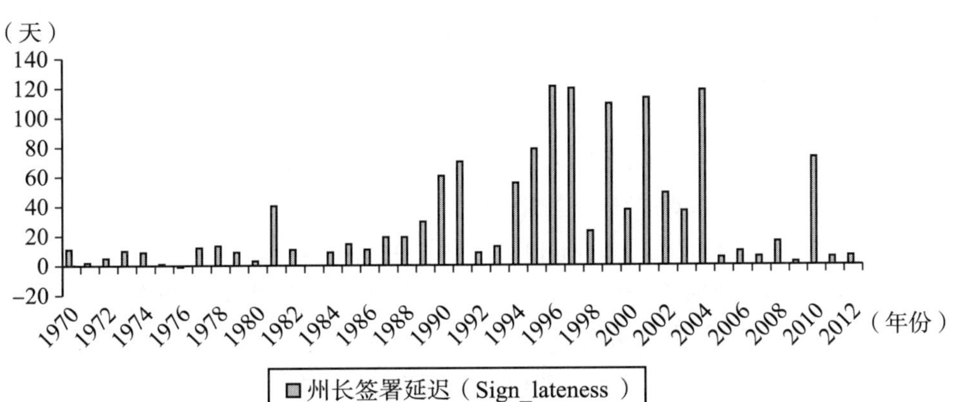

图 5-6 纽约州预算拨款法案州长签署延迟时间

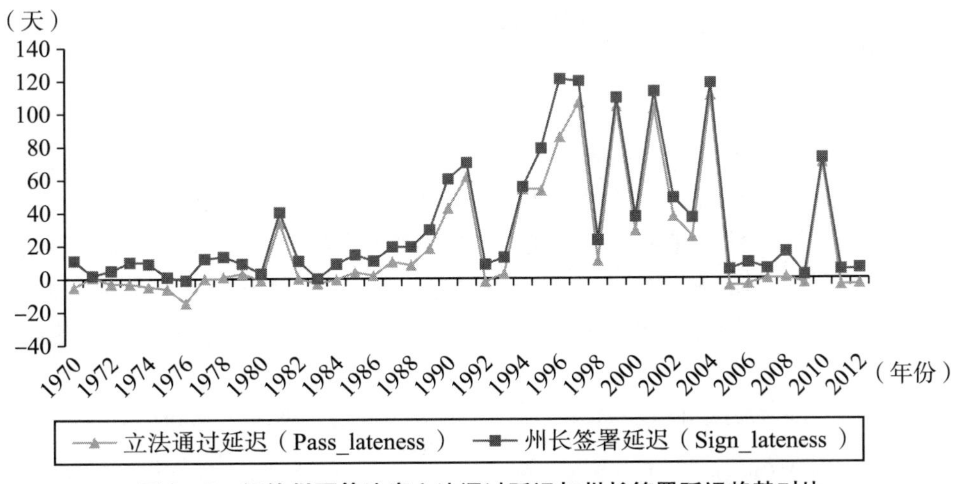

图 5-7 纽约州预算法案立法通过延迟与州长签署延迟趋势对比

美国各州预算延迟传染的广泛性一时引起了媒体的轰动，譬如，当宾夕法尼亚州立法者超过截止日期 3 个月才递交该州 2009 ~ 2010 年的预算时，批评者认为这是“不可原谅的”（unforgivable）[①]。当加利福尼亚在2010年延迟100天才通过预算时，纽约时报认为：“突破最后期限的记录，是困扰加利福尼亚州政府的一大问题，由于其经历了历史上最严峻的财政危机之一[②]。”这种不满意的情绪不只在媒体成员中流行，也在政府内部人员之间产生共鸣。州审计长托马斯·迪纳波利（Thomas Dinapoli）2010年在观察纽约州预算延迟的历史后曾说过：“我把去年的预算称为争取时间的预算……，而今年的预算只是浪费时间的预算”[③]。当然，预算延迟并不仅仅局限于州政府，联邦政府也不能幸免于预算延迟。乔伊斯（Joyce，2012）曾指出，在过去37年中，只有4个州在下一财政年度之前将联邦政府的所有拨款法案敲定成为法律[④]。

《旧金山纪事报》（*San Francisco Chronicle*）曾刊登过一则《预算僵局仍未打破》（*Budget Deadlock Is Still Unbroken*）的新闻头条。鉴于加利福尼亚州的预算经常延迟，因此，这一头条对加利福尼亚州政治观察员来说应该不会感到特别惊讶。然而，这次的情况却不同于以往，因为这是第一次在7月1日财政年度开始之前，州长未能签署年度预算，这次预算僵局在州历史上是前所未有的。这一年是1969年，共和党州长罗纳德·里根与议会民主党就K－12资助水平和财产税改革进行争辩。州长里根最终于7月3日签署了1969～1970财政年度的预算，但它预示了将在随后几年困扰国家的一个常见问题，即预算延迟。自初次延迟发生以来，州预算在2008年底已经延迟签署了26次，占1950～2008年预算签署总次数的44%。

二、预算决策延迟的影响因素

虽然短暂的延误对州及其居民几乎没有什么较大的影响，但是在过去20年中，延误时间变得更长，也更为频繁，导致了严重的后果，例如信用评级降低，借款成本增加，以及那些依赖州资助的公共和私人部门的工作更加不稳定。当每年预算僵局被解决时，许多评论家和学者指出预算频繁拖延的原因。立法者之间意识形态的分化、限制条款13（财产税限制）和98（教育开支限制），以及波动（或不稳定）的收入结构，被认为是预算延误的潜在影响因素。尽管媒体对

① Readingeagle. com. Legislators' Failure to Pass Budget on Time Unforgivable ［EB/OL］. Accessed October 29, 2009. http://readingeagle. com/article. aspx? id1? 4161468.

② Nagourney A. California Lawmakers Pass Overdue Budget ［N］. New York Times, October 7, 2010.

③ Office of the New York State Comptroller. DiNapoli: Late Budget Hurting Schools, Local Governments – Urges End to Budget Delay ［EB/OL］. Accessed October 29, 2010. http://www. osc. state. ny. us/press/releases/may10/051710. htm.

④ Joyce P. The Costs of Budget Uncertainty: Analyzing the Impact of Late Appropriations ［R］. Washington: IBM Center for the Business of Government, 2012: 7. http://www. businessofgovernment. org/report/costs – budget – uncertainty – analyzing – impact – late – appropriations.

这个问题已有相当多的关注，但是很少有研究系统地探讨这些预算延迟背后的因素。

许多学者对美国州和国家预算僵局进行了研究[①②③④]，但很少有专门针对经济衰退期间经常发生在州层面的预算僵局的研究。有学者通过研究 40 年间美国 48 个州的预算延迟，发现有几个因素导致预算僵局：包括分立的政府和立法会议的时限等[⑤]。这项研究增加了我们对预算僵局的了解，但遗憾的是，它并没有考虑到政党极化和收入波动等特定变量。在州政府层面，加利福尼亚州立法机构通常被视为国会的缩影（microcosm）[⑥]，因其与众议院和参议院存在一些共性：包括专业性、会期长度以及意识形态环境等。加利福尼亚州年度预算法案通过的高门槛，类似于参议院的“多数票规则”（majority vote rules）。鉴于这些相似之处，有学者认为加利福尼亚州预算僵局的因素，大致可以揭开华盛顿预算和政策僵局背后的神秘面纱。总的来说，预算延迟的影响因素可归纳为以下三大方面。

（一）政治因素：政府分立、政党极化以及选举周期

第一，政府分立（divided government）。政治观念上的分歧增加了预算通过的交易成本。政府分立（分立的立法机构和分支机构）增加了预算延迟的频率，政府分立以及总统和国会之间的政策差异，导致决策者在预算拨款上互不赞成。当政府分立时，额外的政治问题有可能会进入到预算编制过程中，这无疑增加了预算谈判成本，导致难以及时通过预算。此外，当行政机构和立法机构的一个或两个院由不同政党控制时，我们应预期到预算分歧的出现，在这种情况下，预算延迟通过的概率往往大于由同一政党控制的情况。查阅相关文献也发现，大多数学者都非常关注政府分立对财政结果，以及州和国家层面立法通过的影响[⑦⑧]。大量研究表明，政府分立对预算和立法结果有着重要的影响，政府分立会延迟预

① Binder S A. The Dynamics of Legislative Gridlock, 1947 – 1996 [J]. American Political Science Review, 1999, 93 (3): 519 – 533.

② Clarke W. Divided Government and Budget Conflict in the U. S. States [J]. Legislative Studies Quarterly, 1998, 23 (1): 5 – 22.

③ Kousser T B. Does Partisan Polarization Lead to Policy Gridlock in California? [J]. California Journal of Politics & Policy, 2010, 2 (2): 1 – 23.

④ Mayhew D R. Divided We Govern: Party Control, Lawmaking, and Investigations, 1946 – 2002, Second Edition [M]. Yale University Press, 2005.

⑤ Klarner C, Muckler M, Phillips J. The Causes of Fiscal Stalemate [J]. Social Science Electronic Publishing, 2010.

⑥ Squire P. Measuring State Legislative Professionalism: The Squire Index Revisited [J]. State Politics & Policy Quarterly, 2007, 7 (7): 211 – 227.

⑦ Alt J E, Lowry R C. Divided Government, Fiscal Institutions, and Budget Deficits: Evidence from the States [J]. American Political Science Review, 1994, 88 (4): 811 – 828.

⑧ Bohn H, Inman R P. Balanced – Budget Rules and Public Deficits: Evidence from the U. S. States [J]. Nber Working Papers, 1996, 45 (1): 77 – 87.

算通过，造成预算僵局[①]，但也有一些学者认为政府分立对州政府支出水平的影响很小（如果有的话）[②③]。与其他州和联邦政府一样，加利福尼亚州对政府分立并不陌生。从 1950 年到 2008 年的 59 个年份中，加州经历了 29 次政府分立，占到 49% 的时间。有实证研究表明，在统一的政府下，在财政期限之后才颁布预算，也会使债券利差从 0.682 降低到 0.143。这可能表明，统一的政府更有能力缓解预算问题[④]。

第二，政党极化（party polarization）。就预算僵局而言，政党两极分化无疑是重要因素之一，因为不同党派（共和党与民主党）对年度预算法案的投票通常必须满足 2/3 的“绝大多数投票要求”（supermajority vote requirements）。因此，部分学者将立法僵局归因于日益突出的政党极化[⑤⑥]，认为政党间意识形态的差异加剧了预算冲突。近年来，在加州的立法机构中，参议院和议会中的多数民主党人试图引诱足够多的共和党人倒向他们一方，以满足 2/3 的大多数投票要求。随着共和党中“温和派”在立法机构中的逐渐减少，这项引诱任务似乎变得越来越困难。有学者在对政党两极分化的研究中发现，单就政党两极分化而言，其本身不会影响预算僵局，而政府分立则会。但值得注意的是，政党极化加剧了政府分立对预算僵局的负面影响。有研究表明，党派偏见在加利福尼亚州立法机构中已经达到了最高水平，这种趋势与其更频繁以及更长的预算延迟相吻合。由此看来，政党极化无疑是导致预算僵局的主要因素之一。

第三，政治选举周期。预算延迟的另一个潜在因素是立法机构和州长的选举周期。选举是选民评价民选代表的重要手段和渠道，选民借此表达他们对当选官员的不满或满意情绪。倘若一个州在选举年份无法按时通过预算，那么民选代表给选民留下的将是消极印象，这会影响下一届能否成功继任或当选。为了在选民的头脑中留下更积极的印象，备选官员在选举年份更有可能在接近最后期限时通过预算法案。实践表明，每每大选年份，预算延迟现象会明显减少。

（二）经济因素：极端财政状况

首先，当州经济状况出现下滑时，会对州预算产生不利后果。譬如，失业率

---

① Andersen A L, Lassen D D, Nielsen L H W. Late Budgets [J]. American Economic Journal Economic Policy, 2012, 4 (4): 1 - 40.

② Gilligan T W, Matsusaka J G. Deviations From Constituent Interests: The Role of Legislative Structure and Political Parties in The States [J]. Economic Inquiry, 1995, 33 (3): 383 - 401.

③ Gilligan T W, Matsusaka J G. Fiscal Policy, Legislature Size, and Political Parties: Evidence from State and Local Governments in the First Half of the 20th Century [J]. National Tax Journal, 2001, 54 (1): 57 - 82.

④ Cummins J. An Empirical Analysis of California Budget Gridlock [J]. State Politics & Policy Quarterly, 2012, 12 (12): 23 - 42.

⑤ Binder S A. The Dynamics of Legislative Gridlock, 1947 - 96 [J]. American Political Science Review, 1999, 93 (3): 519 - 533.

⑥ Masket S E. It Takes an Outsider: Extralegislative Organization and Partisanship in the California Assembly, 1849 - 2006 [J]. American Journal of Political Science, 2007, 51 (3): 482 - 497.

上升会对财政收入产生负面影响：所得税的下降以及零售收入的下降。收入的下降通常会导致财政赤字，而日益增长的福利需求，进一步拉大了收支之间的缺口。由于立法机构通过预算的门槛很高，绝大多数的民主党和共和党很难就潜在的解决方案达成一致意见，民主党通常反对削减开支，而共和党人则反对增加收入。当经济状况恶化时，两党派间关于如何弥合收支差距的分歧，使得预算谈判常常旷日持久，最终导致了预算延迟。此外，个人所得税的波动对预算延迟也有着显著的影响。有研究表明，与个人所得税收入平均增长率偏离5%，则预算延迟增加5天。由此看出，减少对个人所得税的依赖或平滑其波动性，将有助于缓解预算僵局（budget impasses）。

其次，极端的财政状况（包括正面和负面）增加了及时通过预算的难度[①]。一般认为，不利的经济环境增加了财政的不确定性，以及达成预算一致性的交易成本，并增加了预算延迟的风险。譬如，2001年3月至11月，美国经历了一次大的全国经济衰退期，致使2002财年和2003财年大多数州的预算收入低于其预测数，这也导致巨大的预算缺口，最终导致8个州（加利福尼亚州、康涅狄格州、内华达州、新罕布什尔州、纽约州、俄勒冈州、宾夕法尼亚州和罗得岛州）在2004财年经历了预算延迟。在此之后，2008年的金融危机，也曾导致2009年美国预算缺口累计超过1170亿美元。在制定2010年预算时，州立法者还面临累积亏空达1450亿美元。要解决这些巨大的缺口可能会使预算审议工作复杂化，并经常导致预算延迟，有9个州（亚利桑那州、加利福尼亚州、康涅狄格州、伊利诺伊州、密歇根州、密西西比州、北卡罗来纳州、俄亥俄州和宾夕法尼亚州）在2010财政年度开始时仍没有通过最终预算。

穆迪公司（Moody，2012）指出，经济和收入增长有助于克服标志经济衰退的预算僵局，及时预算（timely budgets）的流行反映了州收入趋势的改善[②]。然而，值得注意的是，异常良好的财政状况也会影响预算决策的时限。因为更多的财政资源有可能会导致更激烈的资金竞争，如此则更难以就预算达成协议。此外，当预算规模增加时，预算分配中涉及的计算量也相应增加，由此导致预算延迟。譬如，在20世纪90年代后期，关于如何处理意外盈余的长期争论也曾导致预算延迟的出现。

（三）制度因素：规则和程序

首先，立法议会的会期会影响预算的准时性（punctuality）。没有限制立法会

① National Conference of State Legislatures（NCSL）. Late State Budgets［EB/OL］. Accessed October 29, 2010. http：// www. ncsl. org/research/fiscal – policy/late – state – budgets. aspx.

② Moody. Trend of on Time State Budgets Continues as Revenues Improve［R］. Moody's Investor Service, 2012：4.

议期限的州，特别容易出现预算迟缓。譬如，1991 财政年度预算迟缓的 11 个州中有 8 个没有议会会期限制，2004 财政年度预算迟缓的 8 个州中有 5 个也没有会期限制，2010 财政年度 9 个预算延迟的州中有 6 个州同样缺乏会期限制。

其次，对通过预算拨款法案的“大多数投票规则”要求也可能导致预算延迟。譬如，具有这种要求的 3 个州中有 2 个州在 2004 财年出现预算延迟现象。加利福尼亚州 2/3 的投票要求是所有这些要求中最为严格的，往往被认为是众多州预算延迟的主要原因。当然，还有许多其他因素也会影响预算延迟，诸如预算延迟的历史惯性、在预算法案中列入一些非财政相关问题，以及较短的审议时间，都有可能会增加预算延迟的可能性。在纽约，这些因素都是导致其预算延迟的原因①。

当然，也有部分州制定一些规则或条款（如短期借款机制、扣除立法者的薪金直到预算通过为止、将更多的预算权力转移给州长等）来鼓励预算的及时性。例如，在伊利诺伊州，要求在 6 月 1 日前以多数票规则通过预算，在该日期之后，所需的投票数则增加到 3/3，即需要全票通过。尽管有这一要求，在 2010 财年，伊利诺伊州预算还是延迟了 16 天。在马里兰州，州宪法要求在立法会议（会期 90 天）的第 83 天通过预算。在第 83 天之后，立法机构可以考虑将唯一的预算草案作为其预算法案。

如果说预算规则是预算过程行进的轨迹，那么政治和经济因素则可喻为吹过轨迹的风力，预算决策者需要通过这些有风的轨迹，来使得预算程序为其工作。预算决策者，尤其是州领导人的特性是很重要的。在纽约州，“房间里的三个人”（three men in the room）通常指的是州长、议会议长和参议院多数派领导人，三者的立场在决定重要的政策问题，特别是预算问题时是非常重要的②。一些学者认为，领导者更长的任期可以引致更多的准时预算，因为具有更长期限的领导，能更好地理解预算过程以及彼此的需求，从而减少了预算谈判的成本。一个强大的州领导能够巧妙地利用他手中的权力，更有效地使其预算优先通过。在这种情况下，正如纽约时报所描述的那样，准时通过预算显然是一个守时的壮举，州领导在其党派中可赢得核心地位③。然而，一些学者则持不同的声音，认为稳定反而会延迟预算，因为拥有较长任期的领导具有更多的政治资源，也更愿意承担延迟风险，并且与更多刚上任的领导人相比，在就预算问题而与对手的博弈上，也

① A New Fiscl Year – A Better Budget. Staff report to the New York Senate Select Committee on Budget and Tax Reform. April, 2010. http://www.nysenate.gov/files/pdfs/FINALFiscalYearWhitePaper.pdf.

② Lu E Y, Chen G. A Day Late and A Dollar Short? A Study of Budget Passage in New York State [J]. Public Budgeting & Finance, 2016, 36 (3): 3 – 21.

③ Kaplan T. Cuomo Gets Timely New York Budget but Pays Price [N]. New York Times. Accessed October 29, 2015. http://www.nytimes.com/2015/03/31/nyregion/cuomo-gets-timely-new-york-budget-but-pays-price.html.

可能显得更加自信。

三、预算决策延迟的成本及后果

(一) 预算决策延迟的成本

当然，预算延迟不是无成本的。对于按时通过预算的支持者来说，没有预算则意味着违反计划的本质，这是预算的一个重要功能①。预算延迟意味着在新财政年度开始时，仍没有对公共预算资金及其应该实现的目标有一个明确且全面的理解。预算延迟对公共服务具有广泛的影响，在极端的情况下，预算僵局会导致政府关闭。例如，全国州立法机构会议（NCSL，2010）指出，田纳西州政府在 2003 财年关闭了三天。在此期间，公立大学停课、国家公园关闭、驾驶执照停止发行和道路建设停止。即使一些政府可以使用持续决议以缓解预算延迟的资金危机，但持续决议具有不确定性，特别是对依赖州援助的地方政府而言，不确定性更为突出。此外，一贯的预算延迟可能会在公众心目中树立一个功能失调的政府形象。债券买家以及信用评级机构有可能将预算延迟视为缺乏财政能力或财政纪律的表现。例如，穆迪公司（Moody）最近降低了纽瓦克（Newark）的长期债务评级，并指出其财务状况将会由于预算延迟而呈持续紧张状态②。

预算可以被视为利益相关者间的合同（Wildavsky，1964），并且达成该“合同”的交易成本将影响预算的通过。达成预算协议的主要利益相关方需要应对两类主要的成本：即达成预算协议的交易成本和未能达成预算协议的成本。达成协议的成本主要表现为预算谈判的形式，而谈判失败的成本则包括增加借款成本、民众的不满、来自未来选民的选举惩罚，以及突然停止公共服务等。一般而言，达成预算协议的成本越高，预算越容易延迟，而协商失败的成本（未通过预算的成本）越高则有可能加速预算法案的通过。预算协商过程除受到政治和经济环境的影响外，还会受预算规则的约束。在预算谈判过程中，这三种力量（政治因素、经济因素和预算规则）汇聚到预算参决策者手中，而这些决策者在预算谈判中具有不同的风险偏好③，并试图以他们所期望的方式通过预算。

---

① Schick A. The Road to PPB：The Stages of Budget Reform [J]. Public Administration Review，1966，26 (4)：243 – 258.

② Nix，Naomi. Moody's Downgrades Newark's Long – Term Debt Rating [EB/OL]. Accessed October 29，2014. http：// www. nj. com/essex/index. ssf/2014/05/moodys_downgrades_newark_debt. html.

③ Bartle J R，Jun M. Applying Transaction Cost Theory to Public Budgeting and Finance [M]. In Evolving Theories of Public Budgeting，Edited by John R. Bartle. New York：JAI Press，2001：157 – 181.

（二）预算决策延迟的后果

近年来，越来越少的政府预算按时通过。联邦政府依赖连续决议提供临时资金的时期逐年稳步增加。结果，不可避免的是政府关闭的恐慌。联邦政府关闭对国家和全球经济的影响是未知的。然而，政府关闭在州和地方层面也具有普遍的后果。

第一，政府部分关闭。譬如，在 21 世纪初，密歇根州政府关闭了两次，每次只有几个小时。第一次是 2007 年，虽然当时州政府关闭只持续了 4 个小时（从 2006 财政年度最后一天的零点到 2007 年 10 月 1 日上午 4 点），凌晨 4 点州长与立法机构随即就临时资金拨款达成一致协议，但短暂的关闭仍导致公路上巡逻警察数量的减少、公路休息站设有路障、吊桥关闭、交通录像机关闭。此外，该州 53000 名政府工作人员中被迫临时裁员 35000 名。第二次是 2010 年，当时是因为立法者制订了一个临时支出计划，导致州经历了一个技术性的两小时政府关闭。但是，州公共服务的提供并没有因此中断。

明尼苏达州在 2006 年出现了政府关闭的情形，这是该州历史上的第一次关闭。在新财政年度的第 9 天，州长和立法机构就临时筹资措施达成了一致协议，使得 9000 名在政府关闭期间休假的职员回到工作岗位。时隔 5 年之后，在 2011 年又关闭了 20 天，据预算管理办公室（OMB）估计，明尼苏达州预算僵局导致了 4970 万美元的收入损失。田纳西州的州政府在 2003 财政年度关闭了 3 天。在此期间，公立大学停课、州公园关闭、不发驾驶执照、道路建设停止。但也有许多服务，诸如公共卫生、福利、儿童抚养、心理健康、监狱和高速公路巡逻等仍继续提供。

宾夕法尼亚州在 2008 财政年度也经历了政府关闭的情形。州长和立法机构在新财政年度开始的第 9 天达成了预算协议。在此之前，州长下令让近 24000 名州政府雇员留在家中。此外，新泽西州在 2006 年经历了 8 天的政府关闭，大西洋城的赌场自从 1978 年开业以来首次关闭 3 天，这是因为当时法律规定，需要在赌场出现的州赌场视察员，也包含在那些被命令在家休假的人员中，致使赌场无视察员。2007 年州政府持续经历了关闭困境，预算法案在新财年后的第 8 天签署，在此之前，45000 名非必要雇员被安排无薪休假。而其中一个令人震惊的结果是，大西洋城娱乐场自推出以来第一次关闭了 3 天。

由此看出，在新财年开始时没有预算或临时拨款法案的情况下，许多州将面临政府关闭。这通常涉及那些被认为对维护公共安全和健康不是至关重要的州职员。国家公园常常关闭，还有一些州办事处，例如签发驾驶执照的州办事处。免于强制性休假的职位通常被称为“基本职位”，通常包括整改部门、州警察和疾病控制中心的职员。虽然一些州通过临时预算拨款以维持预算延迟情况下政府的运作，但大多数州并没有相关规定，在极端情况下，政府可能无法履行其财政义务，包括向政府职员支付工资，或向公共服务供应商和承包商付款等。此外，常规立法会议或召开特别会议时间的延长，增加了运营成本。州政府职员休假导致工资损失。譬如，在2008财政年度，宾夕法尼亚州将近24000名州职员休假一天造成了大约350万美元的工资损失。这意味着州经济的开支减少，并放弃了对这些工资征收所得税。由于失去相应补偿，州政府也可能遭到职员的法律诉讼。

第二，预算持续延迟也可能会影响州的信用评级。信用评级不良可能会对后续贷款产生不利影响，从而增加州的偿债成本。纽约审计长办公室（New York Comptroller's Office）1997年的一项研究发现，在所审查债务的生命周期内，信用等级的升级将使得州节省大约1.58亿美元[①]。此外，当延迟预算导致政府部分关闭时，也可能会影响收入的产生。当新泽西州政府在2007年被下令关闭时，州官员汇报说，关闭大西洋城赌场导致每日损失的赌博税收收入高达130万美元。若考虑州彩票的线下成本，则州每天损失的收入约为200万美元。除了可衡量的直接成本外，各州还面临其他不确定性后果，诸如公众对当选官员的信心下降以及州形象受损。

州政府信用度受损，还会导致大量的利率溢价。预算颁布延迟会影响各州发行的一般债务的债券利差，收益利差的增加会使投资者面临更大的风险，譬如发行人在未来可能需要支付违约金。虽然债券收益利差的波动可能不像政府关闭那样对公众显而易见，但预算延迟的累积影响可能会导致政府未来公共支出的借款受到限制[②]。有研究发现，一次性30天的预算延迟可能导致债券利差上升约10个百分点。而更加令人不安的是，这一影响在预算延迟的后3年仍然存在，虽然后期影响只是初始冲击的一半。据估计，要想从整个延迟冲击的影响中恢复过来，大约需要10年的时间。当然，这种影响会随社会经济状况的变化而有所扩大或缩小，而财政紧缩时期的预算延迟影响则更为深远。因此，各级政府官员必须认真对待财政治理问题，通过消除新财政年度“软期限”（soft deadline）的趋势，以便更好地为其经济服务，提高公众对市场经济状况的信心。

四、美国各州采取的应对措施

如何决策最终会影响做出何种决策，亦即决策方式会影响决策内容。就现实

① http：//www. ncsl. org/research/fiscal – policy/late – state – budgets. aspx.

② Andersen A L，Lassen D D，Nielsen L H W. The Impact of Late Budgets on State Government Borrowing Costs［J］. Journal of Public Economics，2014，109（1）：27 – 35.

而言，预算决策过程很重要，但预算制度也同样很重要的，预算规则最终以法律、程序、指南等多种形式呈现。预算过程处于一个富有争议和混乱的环境中，政治周期、利益集团、机构权力、预算规则的变化，以及领导能力等，都会影响预算过程的平滑性或平稳性（smoothness of the process）。预算周期可能很容易理解为在一个周期中明确划分的四个步骤（即编制、审批、执行、决算），但实际情况是，预算决策受来自多方面、多源头的竞争压力所推动、阻碍、颠覆和冲击[①]。纽约州预算案通过的历史变迁反映了预算过程中唯一暂时的稳定状态[②]。面对日益严重的政治两极分化和经济动荡，当前需要做的是，如何一起及时地进行预算谈判？研究表明，明确的预算规则、谈判和妥协的意愿，以及有效的领导能力，可以改善预算通过的状况。为避免预算延迟导致政府关闭等后果，部分州采取了一些相应措施，主要包括以下几点：

第一，立法机构通过一项临时拨款法案，也称为“持续决议”（continuing resolution）或“权宜之计”（stopgap measure）。针对预算在新财政年度开始时尚未颁布的情况，11 个州使用临时拨款法案来维持政府运作。在 2004 财年预算延迟的 8 个州中，有 6 个州通过了临时拨款法案。康涅狄格州、密歇根州、北卡罗来纳州、俄亥俄州和宾夕法尼亚州在 2010 财年通过了临时拨款法案。

第二，制定宪法条款或其他程序以确保政府的持续运作。12 个州有各种规定，允许在没有新预算的情况下，为机构和服务继续支付资金，比如威斯康星州。目前加利福尼亚州法院对于有关预算延迟案件裁决的结果是，允许大多数州政府以上一年度的自主资金维持运作。在亚利桑那州，尽管 2010 财年缺乏预算，但仍继续用专项收入资助支出。

此外，一些州法院规定了在没有新预算的情况下必须持续获得资金支持的领域。譬如，内华达州议会在州最高法院干预后，通过了 2004 财年的州预算，这打破了州长和立法机关之间的僵局。1992 年，佛罗里达州州长为避免政府关闭，承诺为那些继续为预算工作的立法者补发工资。当然，也有比较特殊的情况，目前有 11 个州政府官员不知道如果预算延迟会产生什么后果，州法律也没有直接解决这个问题的办法，主要是因为这些州的预算总是按时通过，所以从未经历过预算延迟这一困境[③]。

由上述分析不难看出，在立法审议阶段，作为主要预算参与者的立法机构与行政机构在理性追求整体利益最大化的过程中，双方充满了利益的角逐与妥协。

---

① Lewis C W, Hildreth W B. Budgeting: Politics and Power [M]. New York: Oxford University Press, 2011: 80.

② Davis O A, Dempster M A H, Wildavsky A. A Theory of the Budgetary Process [J]. American Political-Science Review, 1966, 60 (3): 529-547.

③ 有关各州预算延迟规定的更多信息，请参见：http://www.ncsl.org/default.aspx? tabid=12616.

虽然以上预算僵局只涉及美国案例，但已足以说明“理”与“力”贯穿于立法审议全过程。且美国立法审议阶段的“角力”成分显然大于“理性”成分。

当然，预算延迟也并非美国之特例，诚如第四章所言，由于预算周期与人大会期的错配，使得我国同样存在预算延迟情况，即新财年开始至人大批准这 3 个多月的“约束空档期”严格来说是没有预算的。但与美国不同的是，我国的预算延迟多是由客观制度因素所造成的，而非现实利益角逐与妥协的产物，因此，尚未引起足够的重视。当然，要想改变诸如此类历史体制惯性的弊端也绝非旦夕之功，好在中期预算改革为避免年度预算周期与人大会期的错配提供了一条切实可行的路径。由此看来，我国中期财政规划改革以及跨年度预算平衡机制的构建实属当前有效避免预算延迟的最佳选择。

第六章

预算决策绩效提升的现实路径与机制设计

公共预算作为一种制度规则，“是随时地而适应的，不能推之四海而皆准，正如其不能行之百世而无弊。”① 为了提升国家治理水平，革新与改进现有制度中的弊端，几乎是举国一致的期待，其中，预算制度的改进无疑是多方关切的重点之一，而预算决策绩效的提升则是重中之重。

众所周知，预算决策绩效的高低取决于一国的预算管理水平。从某种意义上说，预算管理是预算决策绩效能否提升的关键和保证。没有高效、有力的管理水平，预算决策绩效的提升也只能是纸上谈兵。毋庸置疑，我国目前的公共预算决策水平仍徘徊于现代之门，绩效预算、结果导向预算等先进理念和做法，虽早已在个别地方政府开始试点，但结果往往挂一漏万、貌合神离，与预期相差甚远，整个公共预算绩效管理水平仍停留在较为原始的落后状态。公共预算绩效管理和决策中的问题如果不加以解决，则会进入一个永远解不开的死胡同。

总体而言，今后公共预算决策绩效至少还有三个“增效剂”发挥作用，让预算管理绩效“更有感”。一是时间与培训上增效。无论是理论还是实践均证明，中期预算推进时间越长，效应就会越显著。预算周期由年度向中长期拓展，可有效加强计划、政策与预算之间的联系。此外，提高中期预算编制人员的技术水平，以及绩效评估水平。二是预算参与上增效。对于关系重大民生的预算支出项目，鼓励公民积极参与预算决策，听取民众意见。三是信息与评估上增效。将绩效信息积极纳入预算过程，作为预算决策的依据，引入“第三方评价机制”，以增强绩效评估的客观性与公平性。我坚信，只要各参与者众志成城，中期预算改革的多重效应将会逐步显现。

具体而言，本书将主要围绕以下几个方面加以精进，以期对未来公共预算决策绩效的提升有所助益。

---

① 钱穆. 中国历代政治得失［M］//马蔡琛. 变革世界中的政府预算管理. 北京：中国社会科学出版社，2010：145.

第一节 时间与培训上增效：多维纵深推进中期财政规划改革

现实中，我国中期预算改革也并非一帆风顺的，在某些方面仍存在一些顽疾，不可能即刻消除。譬如预算与政策的联结，年度预算与中期预算的联结，部门参与意识的转换非一夕之功。各地中期财政规划改革仍在艰难探索中，跨年度预算平衡机制建构任重而道远。以上种种问题正是未来预算管理改革的主攻方向①。

总体而言，我国中期财政规划改革路径、预算与政策计划之间的关联性以及契合度都应该审慎设计，避免叠床架屋，徒增烦琐的文书作业。我国中期预算的实施架构，应依据国家中长期展望，并参酌中期预算收支估计结果，制定国家中长期发展规划以及中期预算资源分配方针，再由各主管机关制订中期施政计划以及优先支出事项，并配合年度预算支出估计，按照优先顺序编制年度预算。亦即，应结合中长期经济发展规划、中期预算收支估计、年度施政计划，以及年度预算，使年度预算决策更具中长期视野，并将事后绩效评估信息纳入下一轮预算决策过程加以考量。唯推动之际，宜参考国外经验，采取渐推渐进的方式，鼓励各预算单位积极参与，且致力于研发更精确的预算收支估测模式。具体来说，可从以下几方面加以谋划：

一、完善中期财政规划编制程序，推进标准化周期管理

（一）实行“自上而下”为主、“自下而上”为辅的集中型预算模式

整个中期财政规划编制过程，实际上是财政部门与各支出部门间反复博弈、讨价还价的过程②。在实践中，为了更好地控制资源再分配，大部分国家倾向于采取“自下而上”与“自上而下”相结合的预算编制模式，我国也如此。但值得注意的是，我国现行“二上二下”的预算程序中，“一上”的部门上报建议数往往流于形式，“一下”的财政部门下达预算控制数才具备实际意义的约束力，因此总体上仍旧属于“自上而下”的预算程序，尚未实现“自下而上”与“自

① 段炳德．大国财政砥砺前行［N］．中国经济时报，2017－3－23. http：//business. sohu. com/20170323/n484348863. shtml.

② 闫晓燕，徐卫．OECD 国家预算编制新模式［J］．中国财政，2009（6）：69－70.

上而下”的真正结合。在各部门编制预算之前，并未制订一个完整的战略计划来引导资金的分配，部门预算也逐渐倾向于以部门利益为基础①。

在这方面，可借鉴国际经验，实行以“自上而下”为主、“自下而上”为辅的集中型预算决策模式，实现财政部门与各支出部门之间的有机联动。具体设想是：首先，遵循财政总额控制的思路，由财政部门设定总支出限额和各部门的支出上限，且限额一经确定不可随意突破。限额的设定一方面要反映公共政策的优先次序，另一方面要发挥抑制部门支出自动增长的作用。其次，在增进部门预算管理能力的同时，向支出部门下放预算编制权，赋予各部门更大的预算管理权限和责任，亦即授权各部委在支出限额内，可自主决定资金在各项活动间的最终分配。

（二）扩大中期支出覆盖范围，适当延长预算编制准备时间

在我国省级三年期滚动预算的早期试点中，其计划覆盖范围应由 2008 年的 15 个部门，逐步扩展到省级所有分管发展性支出的部门，试图建立覆盖省级财政所有发展性支出的省级三年滚动预算体系。就试点情况来看，尽管支出覆盖范围不断扩大，但却只关注发展性预算，尚未涉及经常性预算支出。对此，我国应吸取马拉维和莫桑比克的教训，将部门所有支出预算纳入中期财政规划的范围，适当延续复式预算的管理经验，进而实现发展性预算和经常性预算的统分结合，防止发展性预算中的“切块资金”，沦为“口袋预算”②。

与其他国家一样，我国也存在预算编制时间比较紧的问题，尤其是基层财政部门的预算编制时间更加难以保证。我国传统预算编制周期一般为 3 ~ 4 个月，地方财政没有充足的时间对预算过程进行全面审核和调整，使预算编制过粗，影响预算编制科学性。因此，在中期财政规划编制过程中，应合理安排预算编制时间，实现年度预算与中期财政规划的有机整合。可参考新加坡的实践，在下一财年开始前，预留出充足的时间由立法监督机构审议预算草案。对此，我国部分地方政府也积极进行了一些实践，比如将过去预算部门、预算单位和业务部门分别单独编制的方法，改为三者通过“二上二下”程序共同编制，使得部门预算从基层预算单位逐级编制，层层汇总，提高了预算编制的科学化与理性化水平。

此外，各地方政府还可根据预算管理需要和实际情况，合理延长部门预算编制时间。在具体时间节点的设计上，可以借鉴天津市执行“标准周期预算”的管理模式（即“12 + 12 + 6”模式），将每一年度预算的标准周期定为 30 个月。从

① 马骏，牛美丽．重构中国公共预算体制：权力与关系——基于地方预算的调研［J］．中国发展观察，2007（2）：13 – 16.

② 席斯．发改委审批分配 3800 多亿“口袋预算”不知去向［EB/OL］．经济观察网．http：//news.cntv.cn/china/20110530/101073.shtml.

时间上划分为三个标准阶段：预算编制阶段（12 个月）、预算执行与调整阶段（12 个月）、决算与绩效评价阶段（6 个月）①。对每一个预算周期而言，上述三个阶段在时间上是彼此连接的。对不同预算周期而言，这三个阶段在空间上又是同时并存、相辅相成的。这一标准周期预算涵盖了预算管理的全过程，增强了预算的前瞻性、连续性和可控性②。在推行标准预算周期的初期，为确保实现改革既定目标，天津市财政局由预算处牵头，成立了专门的标准预算周期编制小组（从业务处和直属基层单位抽调 16 名人员），负责预算编制工作，这为标准预算周期的实施提供了有力的组织保障。除天津外，河北、辽宁、湖南、安徽、黑龙江、福建、陕西等地均已实行标准的周期预算制度，为规范预算管理创造了条件。

二、加强中期财政规划与经济社会发展规划的衔接

长期以来，我国的各种多年度计划（或规划），如“国民经济和社会发展五年规划”和“财政五年规划”等，未能与年度预算有机结合起来，有时甚至脱离整个预算过程。很多支出安排都是“一年一定”，目前虽要求编制中期财政规划，将“一年一定”改为“一定三年”，实行滚动调整③，但“三年滚动期”仍与“固定的五年规划期”不相匹配④。就前期试点情况来看，在实践中，国民经济发展规划与三年期滚动预算衔接得不好。因此，当前应按照“放管服”改革要求，认真梳理部门职能和工作计划，科学合理地编制中期支出规划，加强与国民经济和社会发展五年规划纲要、相关专项规划、区域规划等的衔接。

目前，大多数国家建立了为期三年或五年的中期预算框架。但现实中，许多发展中国家很难整合中期预算与国家发展规划，因为发展规划部门通常比财政部门更有权力，倾向于制定不切实际的政策目标，且制度刚性很难改变。对此，乌干达将财政部与规划部合并在一起，实现了国家计划与中期预算框架的耦合⑤。2008 年，韩国也将“财政经济部”与“计划和预算部”合并建立“企划财政部”。在我国，发改委负责制订国家发展计划，财政部据此编制预算，前者重计划，后者重执行。在现实的中国，在大部制的框架下，财政部与发改委的整合还会经历一个相对较长的过程，但仍旧值得期待。

① 马蔡琛．关于标准周期预算的理论思考［J］．中国财政，1999（10）：20－21.

② 蔡军．绩效导向型公共预算管理研究［M］．北京：中国书籍出版社，2013：76.

③ 郑建新．关于推进财税体制改革的思考［J］．湖南财政经济学院学报，2014，30（5）：5－14.

④ 马蔡琛．现代预算制度的演化特征与路径选择［J］．中国人民大学学报，2014，V28（5）：27－34.

⑤ Mfandaedza H，WynneA. The Experience of MTEF and Intergrated Financial Management Information System Refroms in Sub－Africa－What is the Balance Sheet?［R］. OCCASIONAL PAPER，2010（9）：18.

三、提高宏观经济预测能力以及中期收支预估能力

中期财政规划改革的难点和关键节点在于宏观经济预测和中期收支预测，这需要对宏观财政政策进行量化。对各部门而言，良好的分析和管理技能是必不可少的。就宏观经济预测能力而言，可借鉴 OECD 国家的做法，委托专业机构设计科学合理的经济预测模型，对未来 3 ~5 年的主要经济指标和财政收支进行预测。同时，也可成立由预算编制人员、经济学家、政府官员等组成的独立的分析机构，如德国的“财政计划委员会”（the Financial Planning Committee），专门负责中期财政收支预测，每年定期发布关于经济展望的预测报告和财政预测报告。此外，在编制中期规划时，还应经常与国家经济研究中心、统计局等单位合作，预测经济增长率、投资率、财政收支等主要经济指标。

在预算决策过程中，有必要对财政不确定性以及预算偏差进行相对详尽的预测，以便决策者做出更为明智的选择。为避免预算拖延的出现，还应积极营造一个稳定的财政环境，制定有利于平滑收入波动的预算制度，如完善预算稳定调节基金，建立跨年度预算平衡机制，充分发挥财政政策自动稳定器的作用，以抑制收入波动对预算决策的影响。此外，还应重点强化财政收入下降年份的预算管理与控制，以防止该时期的预算决策拖延更久。

四、完善项目库建设，提升中期预算编制技术水平

在现实中，由于损失厌恶和特定支出偏好的存在，当预算收入增加时，决策者会保持其他项目或活动的预算支出不变，而相应增加其最偏好、最为重视优先项目或活动的预算支出；而当面临预算削减时，则倾向于保持其最偏好的项目或活动的预算支出不变，相应削减那些可有可无的、最不重要的项目或活动。因此，完善项目库建设，对项目或活动事先进行优先排序也是非常重要的。决策者的首要任务是在完善项目库的基础上，根据国家战略目标及经济政策，对支出项目进行优先排序，以此减少因项目库不完善或项目排序混乱而引发的预算决策拖延。

就预算编制而言，与年度预算相比，中期财政规划使得预算编制更加复杂，这对预算编制人员提出了更高的技术要求。因此，在开始编制中期预算前，需要对财政部和各支出机构的相关人员进行培训，以确保中期预算编制人员的技术水平。此外，对于绩效指标的制定，普遍缺少正确的概念与合理的做法，譬如，对于目标与指标之间的关系认识不清，指标的量化与质化如何兼顾，投入、过程、

产出之间的指标该如何区分，三者之间的权重又该如何设定等一系列问题，行政人员对此常常莫衷一是，以至于一些机构在制定绩效指标时，犹如“盲人摸象”，多少显得有些信心不足。基于此，对行政人员进行中期绩效管理与绩效指标的培训就显得非常重要以及必要。

第二节 预算参与上增效：重塑利益主体共治的良性管理机制

一、注重相关利益主体协调配合形成推进合力

中期财政规划改革是一个系统工程，涉及政府管理的方方面面，其中很多已经超出了财政部门的职能范围，需要更多的外部支持。实践表明，获得决策层支持是中期财政规划改革成功的关键。如果缺少决策高层的支持，中期财政规划就会被视为是财政部门用来限制支出或者争夺预算资源的工具。在各国中期预算改革实践中，政治支持经常缺失或者仅是暂时的，一些国家在改革之初雄心勃勃，但随着热情逐渐消退，改革却以失败告终。我国部分地方政府三年期滚动预算试点曾经一度暂停编制，除缺乏法律约束外，另一个重要原因是政府官员的换届以及宏观政策的不断变化，使得部分项目在后两年未能付诸实施。

与非洲等国“被动型”改革不同，我国中期财政规划体现为“主动型”改革，主要是为改进预算管理制度和提高公共财政治理能力。为保持强劲且可持续的改革发展势头，可借鉴新加坡、韩国、俄罗斯和南非的经验，将预算决策的参与面，拓展到所有利益相关主体的高管和高层次技术专家，为中期财政规划改革的顺利推进积蓄更多的支持力量，以此减少中期预算决策过程中的“角力”行为。这不仅有利于预算决策的科学化、理性化与民主化，而且也便于预算通过后的有效执行和政策的顺利推进①。

就现实而言，公共预算决策过程更多体现的是其错综复杂的政治属性，而非简单的技术编制属性。因此，各利益相关主体（如立法部门、财政部门、各支出部门、广大民众等）必须了解公共预算的政治动态，充分参与到预算治理过程中。具体来说，在法律层面，需要立法机构（即各级人大）的介入；在行政层面，需要政府高层决策者的鼎力支持；在技术层面，需要审计部门、外部机构

① 郭小聪，程鹏．政府预算的民主性：历史与现实［J］．东南学术，2005（1）：56－62.

（如第三方评价机构）的介入、相关社会精英（专家学者）以及民众的广泛参与，以保证绩效信息的准确性与完整性。

总而言之，在中期财政规划改革过程中，要加强财政部门与其他支出部门间的沟通协调，充分依靠和借助人大、纪检监察和审计等多方力量，化解改革阻力，形成推进合力。同时，积极探究引入第三方力量参与预算绩效评价工作，以此提高评价结果的客观性和公正性，保证预算绩效管理的顺利推进。在中期预算决策过程中，各利益相关主体间更需要紧密联系、无缝沟通、有效协调，以为谈判和建立共识、编制和审批预算，提供更为有利的政治环境，并借此实现预算决策“理性”的提升，以及“角力”行为的减少，最终实现预算决策绩效提升的美好期冀。

二、重塑立法与行政预算权力分配与监督制衡机制

预算决策的过程同时也是预算权力的分配过程。一般而言，在行政预算体制下，行政机构主导着预算决策，而立法预算体制下，立法机构拥有更大的预算决策权力。西蒙认为，衡量权力分配是否合理的两个准则是：一是其对集体决策的推动或阻碍；二是其减少权力争夺的程度。

就预算分权与监督制衡而言，预算权力是国家公共权力的核心之一，也是国家利益冲突最为集中的地方。预算决策权分配的核心问题，就是要矫正立法部门与行政部门在预算决策权上的“缺位”和“越位”现象，将预算决策权力在立法机构与行政机构等各利益主体间进行合理分配，以形成一个相互制约的体系。譬如，建立预算编制、执行、监督三者之间相互分离的制度，并形成三套相互制约的机构。建立资金的使用权、支付权、审批权相互分离的制度，实行财政集中支付和政府采购制度，建立一套独立于政府、直接对人大负责的审计监督系统，并独立行使监督权①。

在现代国家建设的历史上，许多国家都以预算改革作为“突破口”，我国也不例外。2000 年启动的预算改革，对我国国家治理转型具有非常深远的意义。经历近 20 年的努力，我国已初步建立现代公共预算体制，但仍有诸多精进的空间。政府部门的行政控制与立法机构的预算监督堪称是现代公共预算的“两条腿”，这两条腿相互支撑、互为补充。一方面，需要进一步完善政府部门的行政控制，理顺财政部门与其他享有资金分配权部门之间的关系，以提高预算分配决策绩效。另一方面，需要加强和完善立法机构（即人大）的监督，让人大更好地

① 程瑜．政府预算契约论——一种委托—代理理论的研究视角［M］．北京：经济科学出版社，2008：115.

为党和人民看好“钱袋子”。

三、适度权衡预算控制与灵活性，严格预算追加

早在1996年，艾伦·希克就曾指出，“发达国家只有在他们已经建立起了可靠的控制制度之后（而不是之前），才赋予管理者运作的自由，将先后顺序颠倒就要冒这样的风险，即在有效的制度建立以前就给予管理者随心所欲地支配财政资金的权力”①。由此可见，二者是相对而言的，控制是灵活性的前提，没有控制，则灵活性无从谈起。毫不夸张地说，任何没有预算控制的国家，必将陷入困窘与混乱。

严格执行预算是现代公共预算的基本要求，在预算决策过程中，通常设置了各种各样的控制机制，确保预算得以严格执行。然而，由于经济趋势变幻无常，未来充满不确定性，在预算编制阶段，由于“脑力有限”以及“技术边界”的存在，通常难以预期到未来可能发生的所有随机冲击，譬如，经济衰退或者地质灾害等特殊情形。当遭遇这些随机冲击时，预算变更在所难免。因此，在预算决策时，除了设定总支出限额外，通常会赋予行政部门一定的灵活性，以便及时应对随机冲击。正如爱伦·鲁宾所言，“在预算年度里，一定程度的机动性与调整都是必要且值得的”。当然，灵活性也并非是漫无边界的。

目前，大多数国家都倾向于扩大预算弹性授权，从制度或契约设计视角来看，其目的在于改变委托人（民意机构）与代理人（行政机构）间的监督机制，从以往注重“行为基础”的契约（投入控制），转变为注重“结果基础”契约（绩效导向）。如此设计可以改变部门追求预算最大化的文化，转为追求绩效目标。然而，在扩大弹性授权追求绩效的同时必须对部门加强问责，建立恰当的绩效指标作为问责依据，否则易产生代理人怠忽职守的行为。

此外，需要思考的是，到底该赋予多大的自由裁量权呢？现实中，自由裁量权的“度”通常很难把握。如果赋予行政机构过大的自由裁量权，很可能降低预算对政府活动的约束力，降低预算的权威性和严肃性，最终使得预算无法成为一个确保政府履责的有效工具。在预算决策中，控制与灵活性的需要之间一直存在着冲突。预算决策的悖论在于：行政部门通常认为在预算执行中，它们应该拥有更多的灵活性，而立法机构则认为，因为信息不对称的存在，如果不对预算进行严格的控制，它们就无法很好地监督行政部门的预算支出行为。

如何权衡控制与灵活机动性显得尤为重要。对此，时下流行的观点是：无论如何，灵活机动性不能损害财政责任，亦即在适度平衡预算控制与灵活性时，必

① 艾伦·希克．当代公共支出管理方法［M］．北京：经济管理出版社，2000：34.

须以履行财政责任为底线。在预算决策过程中，应设置适当的约束以确保无论发生何种调整均不会威胁到公众的接受能力或预算的会计责任。目前，许多预算制度比较成熟的国家一般坚持以下两大原则：

第一，尽量减少预算变更的需要和程度。因为预算变更改变了立法机构在批准的预算中所体现的政策意图。目前，大部分国家都对预算变更采取了更为严格的限定。一般而言，所采取的预算变更顺序如下：首先进行预算调剂，调剂不成，再进行预算调整，最后才考虑预算追加。在预算体制比较成熟的国家较少使用预算追加，如美国、英国、法国、日本、印度、泰国等。

第二，在制度上明确规定，哪些预算变更须事先报立法机构审查批准，并建立相应的审批程序，未经立法机构同意，不得进行任何预算变更。譬如，在美国联邦一级，追加拨款不经常使用，如若必须追加，则必须经由议会审查批准。在英国，追加预算需要先报财政部审核后，再报议会审批，在未经议会批准前，包括首相在内，任何人都无权同意追加支出①。就我国而言，也应对预算追加实行严格的审批程序，预算追加必须经人大审查批准后方可生效。

四、设计预算决策偏好表达机制，推进预算决策程序“白箱化”

公共预算反映着政府的职能与政策方向，预算过程实质上是政治决策过程。公众对预算决策程序的参与，是预算程序内在价值得以体现的重要保障，也是现代公共预算制度所内涵的要求。在我国，预算常因“外行看不懂，内行看不清”而饱受争议。为改变这一窘境，应努力为广大民众搭建一个预算参与平台，使其能够通过此平台充分表达自身对公共商品或服务的真实偏好。各预算单位根据消费者的需求偏好以及预算限额，运用成本收益方法，最终确定公共商品或服务的供给种类以及供给数量，以此提高政策制定和预算资金分配的科学性和民主性，增加公民对政府的信任。

公民参与预算历时悠久，可追溯至20世纪80年代，其中，巴西参与式预算的成功引得各国纷纷效仿。为使政府项目更好地体现民众的意愿，将有限资金用在刀刃上，近年来我国一些地方政府已开始参与预算试点。譬如，2005年以来浙江温岭市泽国和新河两镇“以民主恳谈的形式”组织公民参与预算。前者是在预算编制环节引入公民参与，主要涵盖资本预算，后者是在人大预算审批环节引入公民参与，涵盖全部政府预算。此后，黑龙江省哈尔滨市和江苏省无锡市也于2006年引入了参与式预算，主要是在预算编制过程中，挑选部分项目让民众直

---

① 由于追加支出涉及资金的再分配，因此议会像对待正式预算案一样对待追加预算，需要重新编制，故称为修正预算。http：//gjs. mof. gov. cn/pindaoliebiao/cjgj/201406/t20140625_1104296. html.

接参与投票表决。值得一提的是，无锡市的试点方式是在会前邀请民众推荐项目、会上由民众投票决定项目、会后请民众跟踪监督，自始至终真正体现了民众参与的实质①。我国参与式预算试点累积了许多宝贵的经验，为后续参与式预算的逐步铺开奠定了坚实的基础。

实践表明，在预算编制及立法审议环节引入公民参与，充分吸纳民意，倾听民需，不仅有利于预算决策的科学化、理性化和民主化，以从真正意义上实现“众人之事，当由众人知晓，并由众人办理”的美好愿景，而且也便于预算通过后的有效执行和政策的顺利推进。当然，参与式预算的顺利推进，还有赖于一套理性的参与程序，对此，可借鉴浙江省新河镇的经验，依次设计三个预算民主恳谈程序：即预算初审民主恳谈、人代会预算民主恳谈以及预算修正程序，以确保公民有序、理性地参与预算决策。

第三节 信息与评估上增效：实现绩效信息与预算周期的融合

为提升公共预算资金的使用效率和效果，各国进行了多种方式的探索，其中最为醒目的是绩效预算改革，试图通过绩效评价中所形成的绩效信息用于预算决策过程。绩效预算秉承新公共管理运动的基本理念，强调在预算总量控制、目标导向的前提下，充分发挥各支出部门预算资金使用上的自主性，以调动各部门预算参与的积极性。作为现代政府治理变革的核心手段之一，绩效预算改革牵一发而动全身，其涉及面之广，所需技术水平之高，使得各国政府在此项改革的推行上都持较为谨慎的态度。美国就是一个典型的例子，其自 1992 年起开始酝酿实施绩效预算改革，但仅前期准备就花了 5 年之久，我国也是采取“先试点后铺开”的稳健改革思路。

截至目前，绩效预算已然成为当今世界各国政府治理和预算改革的主旋律，成为当代公共支出管理的一个重要主题。20 世纪 80 年代，新绩效预算改革浪潮开始席卷先进国家，之后逐渐蔓延至发展中国家和转型国家。新绩效预算改革既改变了公共部门的管理方式，也改变了公共部门和私人部门之间的边界。绩效预算与公共部门预算以及财务管理改革密切相关，这项改革不仅旨在改善公共部门令人失望的绩效问题，而且还致力于确保财政的可持续性。事实上，绩效和财政可持续性目标之间存在密切的联系，自 80 年代后期以来，许多国家进行财政整

① 中国发展研究基金会．公共预算读本［M］．北京：中国发展出版社，2008：241.

顿，确保将有限的公共资源用于最有利于社区的公共服务，并且保证这些服务的提供更有效率。

马塞尔·普鲁斯特在《追忆逝水年华》中曾说过："发现航程的真正之道并不在于寻找新的土地，而在于用新的眼光来看待事物"[①]。在我国预算管理改革进程中，需要重新审视预算决策中绩效信息的使用，打破旧有理念的束缚，探索提升预算管理绩效的新路径与新机制。鉴于此，为实现绩效信息与动态预算周期的有机融合，可考虑从以下三方面着手：

一、构建预算决策信息网络共享平台，实现绩效信息的共享共用

就预算管理目标而言，从"投入预算"到"产出预算"，继而过渡到"绩效预算"，意味着信息量的增加和信息类型的变化。绩效预算是在投入、产出和绩效之间建立联系的需要，其管理往往需要在更大程度上实现内部信息化[②]。绩效预算中所产生和运用的绩效信息，丰富了预算决策的依据，使得各预算参与者可以更好地了解预算支出，但这对预算管理信息系统也具有较高的要求。

在现实的预算决策过程中，代表不同利益集团的决策者所追求的目标难免存在差异，这导致预算决策过程充满冲突和妥协，信息的不完全性和不对称性加剧了决策者间的摩擦。因此，可通过构建预算决策信息网络共享平台，加强预算管理系统与财政基础数据库和各业务部门基础数据库的链接，以缩短决策者间信息的传导时间。现实中，通过该平台决策者可就预算决策问题进行及时沟通协调，并根据不断更新的政策信息适时调整预算，从而实现真正意义上的"实时预算决策"（real – time budget decision）。

就现实而言，在不断加快我国"金财工程"，也即"政府财政管理信息系统"（GFMIS）建设步伐的同时，也可借鉴其他国家财政信息化管理的先进理念和成功经验，尝试建立"财政云"，运用云计算和数据挖掘提升财政预算管理能力。譬如，韩国的"财政管理信息系统"（KFMIS）要求将预算编制、执行中的每个环节，以及财政收支所产生的会计处理方法与绩效评定等操作细节，都以"数据流"的形式加以体现。这种"一站式"服务的数据有助于各级政府官员掌握对其有用的各种决策信息[③]。该系统不仅提高了国家财政管理的办公效率，还

---

① 马塞尔·普鲁斯特．追忆逝水年华［M］．上海：上海译文出版社，2000.

② 中华人民共和国财政部．关于 OECD 实行绩效预算的总体情况［EB/OL］. http：//yss. mof. gov. cn/zhengwuxinxi/guojijiejian/200810/t20081023_83674. html.

③ 据 MOSF 的最新数据显示，截至 2013 年，韩国国内有超过 5.5 万名各级负责财政管理的政府官员都在使用"数字预算与会计制度"（DBAS）。在每天的财政管理工作中，韩国国内有超过 1.5 万名政府财政官员从 DBAS 中所调取的数据量超过 30 万条。（资料来源：韩国：公共财政管理离不开"数字大脑"，中国财经报 . http：//finance. ifeng. com/a/20140731/12833857_0. shtml）

为打造透明政府、反腐倡廉提供了技术保障。此外，哈萨克斯坦的“政府财政信息管理系统”也实现了在线接收任何一个支出部门的财政交易报告，其计算机数据库自动记录国家所有现金的流动情况。这些报告将有助于所有机构在预算执行过程中做出正确的决策，提供各级次的预算执行情况，提高预算的透明度。

二、注重绩效信息的“质”与“量”，重构绩效指标分类体系

自20世纪90年代以来，政府再造与行政改革一直是许多国家的必由之路，而绩效预算管理运动则是目前各国政府再造的核心策略之一。因此，将绩效信息纳入预算过程中乃是大势所趋，这也正好切中了当前预算浮编、浪费以及无效率等诸多弊端。

平心而论，绩效信息能否被运用在预算决策过程中？并对预算过程、行为及结果有所影响？这是会因时、因地、因人，更会因绩效信息的“质”与“量”而有所差异。现实中，影响理性预算运用与成效的结构性因素很多。就宏观层面而言，一个政府的政治经济环境，诸如政治运行的稳定与否，经济资源的充裕程度等，都会对该政府的预算制度、决策过程与行为，存有或多或少的影响。就微观层面而言，预算结构、计划的特性、首长的态度，乃至预算官员的数量与素质，均会对理性预算的运用与成效有所影响。而绩效信息的“质”与“量”，更是理性预算改革成效之关键。

20世纪50年代、60年代、70年代的三大预算改革，企图对所有的政府计划做全面且年度例行性的分析与评估，因而产生了劣质信息爆炸的现象，埋下了改革失败的种子。而在80年代、90年代许多政府预算制度的微调，虽然从过去失败经验中吸取教训，注意到绩效信息的质与量，然而一些实证研究显示，绩效信息在公共预算决策过程中并未受到应有的重视，其产生的影响十分有限，我国亦如此。因此，在现实中，应加强绩效信息与预算决策的协调配合，在增加绩效信息的“量”的同时，还应更加关注绩效信息的“质”，避免由于劣质信息造成预算决策的不合理。

绩效与预算二者之间的关系非常复杂，绩效不佳可能是因为问题本身过于复杂，而非大多数人认为的施政计划本身设计不合理、管理不善或决策失误所致。事实上，许多人总认为绩效不佳是因为预算经费不够，唯有增加预算才能提高绩效。这就导致绩效不佳的机构反而追加更多的预算，而那些绩效良好的机构反倒被忽略，由此滋生“劣币驱逐良币”的淘汰现象。

绩效指标代表施政计划的整体表现，欲将其作为决策依据，必须对于为何产生此绩效结果的原因予以检讨。譬如，计划结果绩效不佳的原因为何？是因为计

划本身不具体，还是管理不良？是顾客群不对，还是地点不对？是外在大环境的不利冲击造成的，还是人员配置不当？是预算资金不足，还是绩效测量不易，抑或是其他因素？首先，必须探究绩效不佳的原因，如果是预算资金不足，增加其预算确实可以实现绩效的提升。反之，如果是绩效评估良好，且运作适当，此时增加预算所能带来的额外收益可能相当有限。总之，不宜将绩效信息与预算决策作机械式的联结，而必须深入探讨绩效未如预期的原因，据此再作预算决策，如此，方能对症下药，祛除弊病。

就绩效指标而言，纵使存在绩效测量指标，也并非意味着可将其用于所有政府预算过程中作为预算分配的依据。现实中，几乎找不到可适用于所有政府活动的绩效指标，比如，就“政策成败”的绩效指标而言，公共卫生领域与国防领域所使用的绩效指标全然不同，如何将其作为两者计划优先性比较的基础呢？由于无法找到二者的“最大公约数”，因此，这两个领域根本无法进行绩效比较与预算的增减决策。

三、构建以绩效为导向的动态反馈和追踪问效机制

一般而言，行政机构的传统预算文化是因循守旧的渐进主义，每个机构首脑在预算编制中的底线都是至少要维持上一年的预算水平，那些积极有为的机构首脑倾向于扩大其机构预算，以此作为其发挥施政理念的唯一希望。基于此，过去的传统预算文化很少考量施政计划本身有无继续推动的价值，以至于预算之饼做大了，但无效而浪费的计划却越来越多。新绩效预算的出现，迫使机构首脑或计划管理者等必须从成本与收益角度提出预算请求，亦即在预算编制时，必须考虑计划的成本效益，如此一来，使得许多错误投资或失败的计划得以撤销，以减少预算浪费及无效等弊端。从某种意义上来说，新绩效预算最大的贡献当属于建构了“绩效导向”的新型预算文化。

“绩效”概念历久弥新，“绩效管理”可以说是当前公共管理与行政领域的“显学”。新绩效预算强调计划目标、绩效评估与预算分配的紧密结合，其实是将政策评估的概念与精神贯穿于整个预算过程。只不过，绩效评估的层面较为广泛，包括个人绩效、组织绩效与政策绩效。但无论如何，二者都重视“评估”的反馈（feedback）机制。由此可知，新绩效预算的兴起与推广对于政策评估的理论与实务而言具有非常重要的积极意义。

在现实预算管理中，应建立相应的奖惩激励机制，将预算决策及时与否作为评估决策者绩效的重要标准。对由于拖延决策而绩效不达标者，作为惩罚，可酌情削减其未来的预算拨款，并相应降低其支出项目在项目库中的评级。为避免因

个别部门或单位的预算资金削减，而导致向纳税人提供公共服务水平的降低，还应在公共服务供给中引入“货比三家”的竞争机制，可将部分公共事务外包给民间企业，让政府机关与民间企业共同提供。而对及时决策者则应给予相应的鼓励，提高其支出项目在项目库中的评级，并在未来预算安排中给予优先考虑。这种决策与绩效挂钩的做法，提高了拖延决策的成本，有助于及时做出预算决策，从而提升预算决策绩效。此外，在预算制度设计上，可以让各机构保留已达成绩效而未用完的预算经费，允许其移作其他计划用途，甚至提列奖金，如此制度性安排将会促使各机构改善其计划过程或节约预算资金。目前，新西兰、英国、澳大利亚以及美国部分州政府皆有此类制度设计，但美国联邦政府则尚无此设计。

然而，如何建立激励机制使各机构愿意提供正确的绩效信息，以供预算决策使用则是一种挑战。在传统强调控制的预算制度环境下，机构不愿意真实反映成本与绩效信息，因为机构的成本节约，可能带来的是下一年度预算的裁减。因此在传统预算制度环境下，机构会隐藏其成本绩效信息，而想办法争取更多的预算。从某种程度上说，预算决策绩效的提升依赖于制度设计，该制度设计包括如何提升各机构的施政效率与加强财务透明度，以及鼓励各机构对有关计划成本、产出与结果绩效信息作出迅速、简洁与正确的报告。如果没有这种制度设计，各机构提出的绩效报告很有可能只是作为争取更多预算资金的手段。

具体而言，可从“正式”与“非正式”“内部”与“外部”双重途径入手，尝试建构“以问责制为中心的绩效管理”系统，并通过技术培训、先期经验累积等方式来提高绩效管理水平（如图 6－1 所示）。其中，正式问责是指按照法律法规规定的责任归属进行问责；非正式问责则是指法律法规规定以外的问责方式，

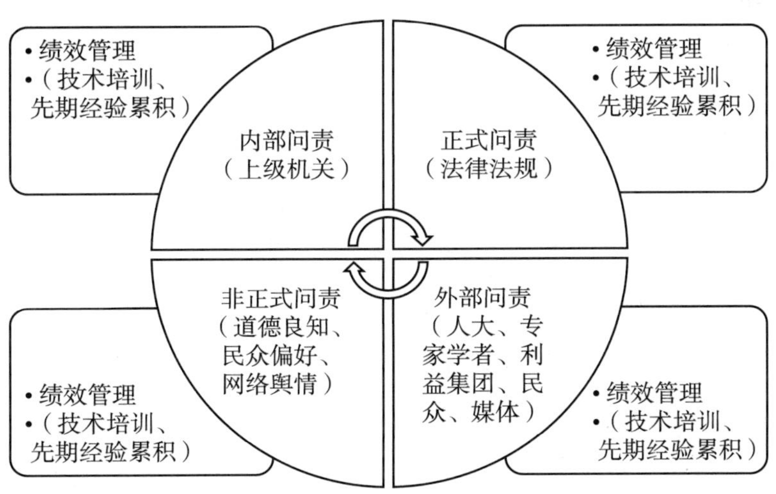

图 6－1 以“问责”为中心的绩效管理系统

资料来源：笔者根据相关资料整理所得。

诸如道德良知、民众的偏好、社会舆论、网络舆情等。内部问责是指上级机关对下级机关的问责；而外部问责则是指人大、专家学者、利益集团、民众、媒体等进行外部监督问责。这一“问责”系统的建立，可在确保扩大弹性授权的同时，加强各参与主体的责任意识，从而实现预算决策绩效的有效提升。

综上所述，除了充分发挥三个“增效剂”的作用之外，做好“加减乘”、深化“放管服”也是提升预算决策绩效的重要手段之一。近年来财政预算管理部门开展了一些工作，并取得了一定的成效，今后还应继续加大力度。归纳而言，今后可从以下几个方面加以谋划：第一，在简政放权上做好“减法”。财政预算部门应公布自己的权力和社会责任清单，晒出权责“家底”，接受社会公众以及媒体的监督。第二，在后续管理上做好“加法”。加大预算绩效信息共享共用的力度，加大各利益相关方共同治理的力度，建构预算支出激励机制，并就预算绩效建立支出部门诚信体系，让高绩效、高效率的支出部门一路绿灯，让低绩效、低效率的支出部门步步难行。第三，在优化服务上做好“乘法”。加快预算信息体系的建设步伐，让各预算参与者多跑“网路”少跑“马路”。加快绩效信息与预算程序融合的步伐，实现绩效信息一次录入，时时处处便利。

第七章

结语与展望

自公共预算诞生以来，其决策过程一直就是“理性”与“角力”的结合，亦即对科学理性决策的不懈追求，以及对现实利益角逐的不断妥协，二者总是双生于预算管理的全过程。具体而言，现代公共预算大致经历了从“投入控制—过程管理—结果导向”的变迁，这是一个不断试错的过程，也是逐步趋向理性的过程。社会经济的发展、政治利益的博弈、信息技术的进步等，都会对预算模式的演进产生直接或间接的影响，以至于难以辨清究竟是何者占据主导地位。但无论是何种预算模式，都只是政府以不同时代人们认为最为恰当的方式实现较好预算资源分配的选择。

20 世纪 80 年代以前的每一次预算改革主张，似乎均无法放诸四海而皆准，最终也总难逃脱“功败垂成”或“无疾而终”的命运。但不可否认的是，这些预算制度的精髓或观念，却也深深影响着诸多预算改革的演进。譬如，绩效预算将预算与绩效联结起来，计划项目预算强调中长期计划的重要性，亦即预算需跟着计划走；零基预算以自上而下的方式来控制预算规模，重视“不论新旧计划，都需重新进行优先序排列”等观念，都或多或少浮现在主要国家的预算决策过程中。

回顾当代预算制度的演进与发展，不难发现，世上没有十全十美的预算制度，任何预算制度均有其优劣，如何取长补短以适应时代的需要，是当前必须重视的课题。检视我国预算制度也如此，近年来虽在预算编制上采取多项革新与精进措施，但仍有检讨精进的空间。

综合而言，我国预算制度的演进历程，前后历经多次改革，陆续将西方绩效预算的理念、计划项目预算的观念、零基预算的精神、中期预算以及弹性授权导向等做法融入其中。但我国预算制度变迁内涵也并非全盘按照西方经验简单移植、生吞活剥地强行套用，而是研判我国实际情况后才进行的改革，因此，我国预算制度的某些特质更多彰显的是中国本土化的色彩。譬如，2014 年全面推行的中期财政规划改革，要求建构跨年度预算平衡机制等，迄今，已成为深化预算改革的重心。

简言之，我国预算制度的发展与演进，诚如预算制度理论建构所言，乃是权衡各国预算制度得失利弊之后，综合各国之长加以建构的。倘若不加以过分苛责的话，从历史演进的时间轴上来看，我国现行预算制度尚属完备，但若从空间轴上来看，我国预算制度尚有很大的改进空间，今后应紧扣时代需要，配合社会经济以及政治环境的变化持续精进，并予以贯彻实践，如此方能彰显其“国家治理”之特殊功能。

“冰冻三尺，非一日之寒”。虽然每一次理性改革尝试都未能彻底改变传统预算决策模式，但不可否认的是，每一次改革无疑都向“科学理性”迈进了一大步，都是在不断“试错”的过程中逐渐趋向“理性”。相信随着科学技术的不断发展进步，预算决策科学化与理性化之路不会太过遥远。正所谓“路虽弥，不行不至；事虽小，不为不成”，在预算理性化改革的道路上，我们要坚信“道阻且长，行则将至”。

展望未来，我国预算改革充满希望，大国财政建设正在路上。作为国家治理体系的基础和支柱，财政不但继续发挥着为改革破冰的尖兵作用，还在新时期的国家治理体系完善方面勇挑重担，砥砺前行。而作为现代财政制度建设的基础，现代预算制度正在发挥国家治理之锚的关键作用，未来更将加强与宏观经济政策的配合，成为国家治理体系与治理能力现代化的重要基础性制度载体。

参考文献

[1] [澳] 凯思·麦基. 建设更好的政府：建立监控与评估系统 [M]. 北京：中国人民大学出版社，2009.

[2] [德] 马克思. 第六届莱茵省议会的辩论（第一篇论文）(A). 中共中央马克思、恩格斯、列宁、斯大林著作编译局. 马克思恩格斯全集（第1卷）[C]. 北京：人民出版社，1964：82.

[3] [美] 阿尔伯特美，海迪. 公共预算经典. 第二卷：现代预算之路. 第三版 [M]. 上海：上海财经大学出版社，2006：3-5.

[4] [美] 阿伦·威尔达夫斯基. 预算：比较理论 [M]. 苟燕楠译. 上海：上海财经大学出版社，2009：4.

[5] [美] 阿伦·威尔达夫斯基，娜奥米·凯顿等. 预算过程中的新政治 [M]. 北京：中国人民大学出版社，2014：40.

[6] [美] 阿伦·威尔达夫斯基，布莱登·斯瓦德洛. 预算与治理 [M]. 上海：上海财经大学出版社，2010：302.

[7] [美] 艾伦·希克. 当代公共支出管理方法 [M]. 北京：经济管理出版社，2000：34.

[8] [美] 爱伦·鲁宾. 公共预算中的政治：收入与支出，借贷与平衡 [M]. 北京：中国人民大学出版社，2001：91.

[9] [美] 戴维·杜鲁门. 政治过程：政治利益与公共舆论 [M]. 天津：天津人民出版社，2005.

[10] [美] 冯·诺伊曼，摩根斯顿. 博弈论与经济行为 [M]. 王文玉等译. 上海：生活·读书·新知三联书店，2004.

[11] [美] 赫伯特·西蒙. 管理行为 [M]. 詹正茂译. 北京：机械工业出版社，2004.

[12] [美] 杰克·瑞宾，托马斯·林奇. 国家预算与财政管理 [M]. 丁学东等译. 北京：中国财政经济出版社，1990.

[13] [美] 罗伯特·D. 李，罗纳德·约翰逊. 公共预算系统 [M]. 北京：清华大学出版社，2002.

[14] [美] 罗伊·T. 梅耶斯. 公共预算经典(第1卷)——面向绩效的新发展 [M]. 上海:上海财大出版社,2005.

[15] [美] 威廉姆·A. 尼斯坎南,王浦劬. 官僚制与公共经济学 [M]. 北京:中国青年出版社,2004.

[16] 安秀梅. 公共治理与中国政府预算管理改革 [M]. 北京:中国财政经济出版社,2005.

[17] 毕鹏志. 绩效信息失真的博弈分析 [J]. 科技情报开发与经济,2007,17(7):83-85.

[18] 财政部预算司. 中央部门预算编制指南(2017年) [M]. 北京:中国财政经济出版社,2016:8,10.

[19] 蔡军. 绩效导向型公共预算管理研究 [M]. 北京:中国书籍出版社,2013:76.

[20] 晁毓欣,赵文芳. 现阶段我国预算绩效信息利用的主要模式与问题 [J]. 财政科学,2016(10):100-107.

[21] 晁毓欣. 论政府绩效评价的动力机制——政府绩效信息供需螺旋互动模型 [J]. 山东财政学院学报,2012(5).

[22] 晁毓欣. 美国联邦政府绩效管理改革三部曲 [J]. 山东财政学院学报,2011(2):46-51.

[23] 陈东琪,宋立等. 新一轮财政税收体制改革思路 [M]. 北京:中国财政经济出版社,2009:207-208.

[24] 陈孝,李小丹. 浅探建立财政预算管理三权分离机制 [J]. 财会月刊,2009(32):20-21.

[25] 陈益刊. 中期财政规划实施编制预算放宽至三年期 [N]. 第一财经日报,2015-1-26.

[26] 程瑜. 政府预算契约论——一种委托代理理论的研究视角 [M]. 北京:经济科学出版社,2008:52,115.

[27] 邓研华. 公共预算研究述评:基于政治学的视角 [J]. 武汉大学学报(哲学社会科学版),2011(5):43-48.

[28] 董静,苟燕楠. 公共预算决策分析框架与中国预算管理制度改革 [J]. 财贸经济,2004(11):38-42.

[29] 董静. 绩效信息得到有效使用了吗?——对各国政府绩效管理效果的审视 [J]. 兰州大学学报(社会科学版),2014,42(3):73-79.

[30] 董静. 论政府绩效信息的全程管理——导向绩效管理有效性的提升 [J]. 东北大学学报(社会科学版),2015,17(2):175-180.

[31] 杜涛，黄文丽．三年滚动预算编制全国启动倒逼政府“从长计议”[N]．经济观察报，2014－2－28. http：//www. eeo. com. cn/2014/0301/256859. shtml.

[32] 段炳德．大国财政砥砺前行 [N]．中国经济时报，2017－3－23. http：//business. sohu. com/20170323/n484348863. shtml.

[33] 傅永红，李博．财政监督服务中期预算的跟进措施研究 [J]．财政监督，2014（9）：37－38.

[34] 傅志华，刘微．透视俄罗斯百年财政中的五次“预算困境”[J]．俄罗斯东欧中亚研究，2009（3）：50－56.

[35] 高培勇．论国家治理现代化框架下的财政基础理论建设 [J]．中国社会科学，2014（12）：102－122.

[36] 苟燕楠，董静．公共预算决策：现代观点 [M]．北京：中国财政经济出版社，2004：15，69，83，145.

[37] 郭小聪，程鹏．政府预算的民主性：历史与现实 [J]．东南学术，2005（1）：56－62.

[38] 胡春萍，孟凡蓉，Richard Walker. 中国地方政府绩效评估信息来源的现状——基于德尔菲法的研究 [J]．情报杂志，2009，28（10）：10－14.

[39] 黄恒学．公共经济学 [M]．北京：北京大学出版社，2009：313.

[40] 黄明．政府预算行为效率 [M]．北京：经济科学出版社，2001.

[41] 黄仁宇．黄河青山：黄仁宇回忆录 [M]．上海：生活·读书·新知三联书店，2001：281.

[42] 江钰辉，吴金光．财政监督嵌入预算编制的三方博弈分析与制度优化 [J]．湖南财政经济学院学报，2015，31（1）：37－44.

[43] 蒋会强．绩效信息：绩效预算与绩效评价的现实基础 [J]．中国财政，2005（3）：42－44.

[44] 经济合作与发展组织．比较预算 [M]．北京：人民出版社，2001.

[45] 李春根，廖清成．公共经济学 [M]．湖北：华中科技大学出版社，2007：227.

[46] 李洺，侯一麟．我国地方财政预算权及其决策过程分析 [J]．中国行政管理，2008（7）：37－41.

[47] 李燕．政府预算管理（第二版）[M]．北京：北京大学出版社，2016：91.

[48] 李允杰，孙克难，李显峰，林博文．政府财务与预算 [M]．台北：五南图书出版股份有限公司，2003：150.

［49］林慕华，马骏．中国地方人大预算监督研究：“钱袋子”权力的兴起［C］．北京论坛，2011－11－04.

［50］刘畅．美国的预算发展历程研究．http：//blog. renren. com/share/282151904/6771985776.

［51］刘京焕．公共需求研究［M］．北京：中国财政经济出版社，2000.

［52］刘明，欧阳华生．深化政府预算绩效管理改革：问题、思路与对策［J］．当代财经，2010（4）：35－41.

［53］楼继伟．建立现代财政制度［J］．国际商务财会，2014（10）：10－12.

［54］楼继伟，张少春等．深化财税体制改革［M］．北京：人民出版社，2015：100.

［55］栾晓峰．公共预算权利、体制与文化［M］．北京：社会科学文献出版社，2015：42.

［56］马蔡琛，孙利媛．中国财政政策的顺周期性问题——基于预算平衡准则的实证考察［J］．经济与管理研究，2015（4）：3－8.

［57］马蔡琛，童晓晴．公共支出绩效管理的国际比较与借鉴［J］．广东社会科学，2006（2）：30－34.

［58］马蔡琛，袁娇．中期预算改革的国际经验与中国现实［J］．经济纵横，2016（4）：114－120.

［59］马蔡琛，赵灿．公共预算遵从的行为经济学分析——基于前景理论的考察［J］．河北学刊，2013，33（4）：127－130.

［60］马蔡琛．变革世界中的政府预算管理：一种利益相关方视角的考察［M］．中国社会科学出版社，2010：1，54－55.

［61］马蔡琛．初论公共预算过程的交易特征［J］．河北学刊，2006，26（5）：156－159.

［62］马蔡琛．关于标准周期预算的理论思考［J］．中国财政，1999（10）：20－21.

［63］马蔡琛．现代预算制度的演化特征与路径选择［J］．中国人民大学学报，2014，V28（5）：27－34.

［64］马蔡琛．再论社会性别预算在中国的推广——基于焦作和张家口项目试点的考察［J］．中央财经大学学报，2010（8）：1－6.

［65］马蔡琛．政府预算［M］．大连：东北财经大学出版社，2007：75，134.

［66］马海涛，安秀梅．公共财政概论［M］．北京：中国财政经济出版社，2003：295.

[67] 马海涛，姜爱华．我国政府采购制度研究 [M]．北京：北京大学出版社，2007：226.

[68] 马洪范．绩效预算信息论：信息视角下的政府绩效预算管理与改革 [M]．北京：经济科学出版社，2008.

[69] 马骏，牛美丽．重构中国公共预算体制：权力与关系——基于地方预算的调研 [J]．中国发展观察，2007 (2)：13－16.

[70] 马骏．呼吁公共预算——来自政治学、公共行政学的声音 [M]．北京：中央编译出版社，2008.

[71] 马亮．政府绩效信息使用：理论整合、文献述评与研究展望 [J]．电子科技大学学报（社会科学版），2014 (5)：1－11.

[72] 马塞尔．普鲁斯特．追忆逝水年华 [M]．上海：上海译文出版社，2000.

[73] 马媛，卓越．政府绩效预算中的绩效信息使用探析 [J]．北京交通大学学报（社会科学版），2013 (1)：94－99.

[74] 马媛．政府绩效预算中的绩效信息 [M]．北京：国家行政学院出版社，2014：27.

[75] 马媛．政府绩效预算中的绩效信息研究 [D]．厦门：厦门大学学位论文，2012 (5).

[76] 牟治平，肖汉宇．绩效预算改革中政府部门行为与观念的差异：基于A市的个案分析 [J]．公共行政评论，2015 (4)：134－152.

[77] 牛美丽．预算民主恳谈：民主治理的挑战与机遇——新河镇预算民主恳谈案例研究 [J]．华中师范大学学报（人文社会科学版），2007，46 (1)：14－20.

[78] 彭健．中国政府预算制度的演进（1949—2006 年）[J]．中国经济史研究，2008 (3)：118－125.

[79] 钱穆．中国历代政治得失 [M]．上海：上海三联书店，2001：6. 转自：马蔡琛．变革世界中的政府预算管理 [M]．北京：中国社会科学出版社，2010：145.

[80] 盛明科，刘叶．政府绩效信息失真机制及规避路径研究——以新制度经济学为视角 [J]．湘潭大学学报（哲学社会科学版），2014，38 (3)：59－63.

[81] 世界银行．超越年度预算：中期支出框架的全球经验 [M]．北京：中国财政经济出版社，2013：1.

[82] 苏建华．政府预算内部控制制度设计 [M]．北京：中国财政经济出版社，2013：256.

[83] 童伟．抵御经济危机的国家安全气囊——俄罗斯财政预算稳定机制分

析［J］. 俄罗斯东欧中亚研究，2010（4）：37－42.

［84］王金秀．政府预算研究［M］. 北京：中国财政经济出版社，2000.

［85］王绍光．从税收国家到预算国家［J］. 浙江人大，2009（5）：26－27.

［86］王绍光．美国“进步时代”的启示［M］. 北京：中国财政经济出版社，2002：2.

［87］王雍君．朝向中期框架的全球预算改革：近期发展与借鉴［J］. 中央财经大学学报，2010（7）：1－6.

［88］王雍君．中国的预算改革：引入中期预算框架的策略与要点［J］. 中央财经大学学报，2008（9）：1－5.

［89］王雍君．中国公共预算改革：从年度到中期基础［M］. 北京：经济科学出版社，2011：7，67，204－205.

［90］吴建南，章磊，孟凡蓉．政府绩效信息失真的博弈分析［J］. 统计与决策，2008（19）：73－75.

［91］武彦民．一部解读当代政府预算改革的佳作——评《变革世界中的政府预算管理》［J］. 理论与现代化，2010（6）：125－125.

［92］肖鹏．中美政府预算编制机制设计差异与启示［J］. 中央财经大学学报，2009（11）：14－19.

［93］席斯．发改委审批分配3800多亿“口袋预算”不知去向［EB/OL］. 经济观察网，http：//news. cntv. cn/china/20110530/101073. shtml.

［94］肖鸣政（译），Polster T H. 公共与非营利组织绩效考评：方法与应用［M］. 北京：中国人民大学出版社，2001：179－196.

［95］谢庆奎，单继友．公共预算的本质：政治过程［J］. 天津社会科学，2009（1）：56－58.

［96］许云霄．美国联邦政府中长期预算运行机制及对我国的启示［J］. 山东社会科学，2015（11）：175－180.

［97］薛冰，梁仲明，柴生秦．行政管理学［M］. 北京：清华大学出版社，2012：207，209.

［98］闫晓燕，徐卫．OECD国家预算编制新模式［J］. 中国财政，2009（6）：69－70.

［99］颜佳华，盛明科．基于网络技术的政府绩效信息资源开发与共享研究［J］. 电子政务，2006（6）：77－81.

［100］张创新，芦刚．地方政府绩效评估信息失真的成因及其治理［J］. 中州学刊，2006（6）：41－43.

［101］张岌．后危机时代的韩国预算改革：通往财政可持续之路［J］. 公共

行政评论，2014，7（3）：25－50.

［102］张献勇．关于公众参与预算制度的思考［J］．财政研究，2008（1）：17－19.

［103］赵明亚．绩效管理三要素［J］．中国电力企业管理，2007（12）：24－24.

［104］赵文芳．论政府预算绩效信息的利用［D］．济南：山东财经大学，2016.

［105］赵早早．澳大利亚政府预算改革与财政可持续［J］．公共行政评论，2014，7（1）：4－22.

［106］郑惠文．加拿大政府财政管理制度之初探［J］．南华大学公共行政与政策研究所，2003.

［107］郑建新．关于推进财税体制改革的思考［J］．湖南财政经济学院学报，2014，30（5）：5－14.

［108］中国发展研究基金会．公共预算读本［M］．北京：中国发展出版社，2008：43.

［109］中华人民共和国财政部．关于OECD实行绩效预算的总体情况［EB/OL］．http：//yss.mof.gov.cn/zhengwuxinxi/guojijiejian/200810/t20081023_83674.html.

［110］朱国玮，黄珺，汪浩．政府绩效信息的获取、使用与公开制度研究［J］．情报科学，2005，23（4）：621－625.

［111］驻哈萨克使馆经商参处．哈萨克斯坦的预算管理［R］．2011（1）.

［112］卓越，张红春．绩效激励对评估对象绩效信息使用的影响［J］．公共行政评论，2016，9（2）：112－133.

［113］卓越，赵蕾．绩效评估：政府绩效管理系统中的元工具［J］．公共管理研究，2008（6）：207－217.

［114］卓越．政府绩效管理概论［M］．北京：清华大学出版社，2007：255.

［115］A New Fiscl Year－A Better Budget. Staff report to the New York Senate Select Committee on Budget and Tax Reform，April，2010. http：//www.nysenate.gov/files/pdfs/FINALFiscalYearWhitePaper.pdf.

［116］Acosta A M，Renzio P D. Aid，Rents，and the Politics of the Budget Process［J］. Institute of Development Studies，2008.

［117］Allen R，Hemming R，Potter B H. Introduction：The Meaning，Content and Objectives of Public Financial Management［M］// The International Handbook of

Public Financial Management. Palgrave Macmillan UK, 2013: 1 -12.

[118] Alt J E, Lowry R C. Divided Government, Fiscal Institutions, and Budget Deficits: Evidence from the States [J]. American Political Science Review, 1994, 88 (4): 811 -828.

[119] Andersen A L, Lassen D D, Nielsen L H W. Late Budgets [J]. American Economic Journal Economic Policy, 2012, 4 (4): 1 -40.

[120] Andersen A L, Lassen D D, Nielsen L H W. The Impact of Fiscal Governance on Bond Markets: Evidence from Late Budgets and State Government Borrowing Costs [J]. Epru Working Paper, 2010, 109.

[121] Andersen A L, Lassen D D, Nielsen L H W. The Impact of Late Budgets on State Government Borrowing Costs [J]. Journal of Public Economics, 2014, 109 (1): 27 -35.

[122] Anwar S. Public Sector Governance and Accountability Series: Participatory Budgeting [R]. The International Bank for Reconstruction and Development/. The World Bank, Washington, 2007.

[123] Aritzi P, Brumby J, Manning N, Senderowitsch R, Thomas T. Results, Performance Budgeting and Trust in Government [M]. Washington DC: World Bank, 2010: 15.

[124] Auerbach, Alan J. Fiscal Uncertainty and How to Deal with it [C]. Hutchins Center on Fiscal and Monetary Policy at the Brookings Institution Conference, The Long - Run Outlook for the Federal Budget: Do We Know Enough to Worry? Washington. D. C. December 15, 2014.

[125] Bartle J R, Jun M. Applying Transaction Cost Theory to Public Budgeting and Finance [M]. In Evolving Theories of Public Budgeting, edited by John R. Bartle. New York: JAI Press, 2001: 157 -181.

[126] Behn R D. Why Measure Performance? Different Purposes Require Different Measures [J]. Public Administration Review, 2003, 63 (5): 586 -606.

[127] Berry W D. The Confusing Case of Budgetary Incrementalism: Too Many Meanings for a Single Concept [J]. The Journal of Politics, 1990, 52 (Volume 52, Number 1): 167 -196.

[128] Bhatti I, Phaup M. Budgeting for Fiscal Uncertainty and Bias: A Federal Process Proposal [J]. Public Budgeting & Finance, 2015, 35 (2): 89 -105.

[129] Binder S A. The Dynamics of Legislative Gridlock, 1947 - 1996 [J]. American Political Science Review, 1999, 93 (3): 519 -533.

[130] Bleyen P, Lombaert S. The Integration of Performance Information in the Financial Cycle – Mapping and Explaining Performance Budgeting Practices in Flemish Local Governments [R]. Paper to be presented at EGPA, Speyer, 8 – 9 September 2014.

[131] Boex L F J, Martinez – Vazquez J, Mcnab R M. Multi – Year Budgeting: A Review of International Practices and Lessons for Developing and Transitional Economies [J]. Public Budgeting & Finance, 2000, 20 (2): 91 – 112.

[132] Bogt H J T, Helden G J V. Accounting change in Dutch government: Exploring the gap between expectations and realizations [J]. Management Accounting Research, 2000, 11 (2): 263 – 279.

[133] Bogt H J T. Politicians in Search of Performance Information? – Survey Research on Dutch Aldermen's Use of Performance Information [J]. Financial Accountability & Management, 2004, 20 (3): 221 – 252.

[134] Bohn H, Inman R P. Balanced – Budget Rules and Public Deficits: Evidence from the U. S. States [J]. Nber Working Papers, 1996, 45 (1): 77 – 87.

[135] Bouckaert G, Halligan J. Managing performance: International comparisons [J]. VABB – 2, 2007 (June 10).

[136] Brass, Clition T. Shutdown of the Federal Government: Causes, Processes, and Effects [R]. Congressional Research Service, September 8, 2014.

[137] Brender A, Drazen A. Elections, Leaders, and the Composition of Government Spending [J]. Journal of Public Economics, 2013, 97 (1): 18 – 31.

[138] Brender A, Drazen A. Political Budget Cycles in New Versus Established Democracies [J]. Journal of Monetary Economics, 2005, 52 (7): 1271 – 1295.

[139] Caiden N, Wildavsky A B. Planning and Budgeting in Poor Countries [M]// Planning and budgeting in poor countries /. Transaction Books, 1980: 538.

[140] Caiden N. A New Perspective on Budgetary Reform [J]. Australia Journal of Public Administration, 1989, 48 (1): 53 – 60.

[141] Charles W. Wiggins and Keith E. Hamm. Annual Versus Biennial Budgeting? [J]. Public Policy Paper, Austin, Texas: Public Policy Resources Laboratory, Texas A&M University, 1984 (7): Ⅲ – 15.

[142] Clarke W. Divided Government and Budget Conflict in the U. S. States [J]. Legislative Studies Quarterly, 1998, 23 (1): 5 – 22.

[143] Cleveland F A. Evolution of the Budget Idea in the United States [J]. Annals of the American Academy of Political & Social Science, 1915, 62 (1): 15 – 35.

[144] Clingermayer J C, Wood B D. Disentangling Patterns of State Debt Financing [J]. American Political Science Review, 1995, 89 (1): 108 -120.

[145] Commonwealth of Australia. Mid - Year Economic and Fiscal Outlook (2012 -2013) [R]. 2012. http://budget. gov. au/2012 -13/content/myefo/html/.

[146] Conley B R S. The Presidency, Congress, and Divided Government: A Postwar Assessment [M]. Texas A & M University Press, 2003.

[147] Connecticut Commission to Study the Management of State Government, Final Implementation Report [R]. Hartford, Conn.: CSCMG, 1991.

[148] Connecticut General Assembly, Legislative Program Review and Investigations Committee, Connecticut Budget Process: Findings and Recommendations [R]. Hartford, Conn.: Conn. General Assembly, Dec. 9, 2003. https://www. cga. ct. gov/2003/pridata/Studies/Budget_Final_Report. htm.

[149] Council of State Governments. Annual or Biennial Budgets? [R]. Lexington, Ky.: CSG, 1972: 23.

[150] Cummins J. An Empirical Analysis of California Budget Gridlock [J]. State Politics & Policy Quarterly, 2012, 12 (12): 23 -42.

[151] Cangiano M, Curristine T, Lazare M. Public Financial Management and its Emerging Architecture (1st ed.) [M]. Washington DC: International Monetary Fund, 2013: 225 -258.

[152] Curristine T. Experience of OECD Countries with Performance Budgeting [M]// Performance Budgeting. Palgrave Macmillan UK, 2007: 129.

[153] Curristine T. Performance Information in the Budget Process: Results of the OECD 2005 Questionnaire [J]. Oecd Journal on Budgeting, 2005, 5 (2): 87 -131.

[154] David I, Fligstein S. The Causes of Budget Gridlock in California - Institutions, Parties, and Conflict [D]. University of California, Los Angeles, 2016.

[155] Davis O A, Dempster M A H, Wildavsky A. A Theory of the Budgetary Process [J]. American Political Science Review, 1966, 60 (3): 529 -547.

[156] Debrun X, Kinda T, Curristine T, Eyraud L, J. Harris, Seiwald J. The Functions and Impact of Fiscal Councils [R]. IMF Policy Paper, July 16, International Monetary Fund, Washington, DC, 2013 (6): 11 -13, 51.

[157] Debrun X, Kinda T. Strengthening Post - Crisis Fiscal Credibility - Fiscal Councils on the Rise. A New Dataset [R]. IMF Working Paper, 2014.

[158] Demeulenaere E, Corvo L, Bouckaert G, et al. Measuring Performance

Based Budgeting in Flemish and Italian Municipalities [J]. Paper Presented at EGPA, Edinburgh, 11 - 13 September 2013.

[159] Diamond J. From Program to Performance Budgeting the Challenge for Emerging Market Economies [R]. IMF Working Paper, 2003, 3 (169).

[160] Dooren W V, Bouckaert G, Halligan J. Performance Management in the Public Sector [M]. London: Routledge, 2015: 73 - 81.

[161] Dooren W V. Performance Measurement in the Flemish Public Sector: A Supply and Demand Approach [J]. Kul Nieuwe Reeks Van Doctoraten in De Sociale Wetenschappen, 2006, 96.

[162] Elaine L Y, Chen G. A Day Late and A Dollar Short? A Study of Budget Passage in New York State [J]. Public Budgeting & Finance, 2016, 36 (3): 3 - 21.

[163] Elizabeth M. Mozambique: Assistance with the Development of a Medium Term Expenditure Framework [R]. June 1997: 12, 27 - 30.

[164] General Accounting Office. Managing For Results: State Experiences Provide Insights for Federal Management Reforms [J]. GAO/GGD - 95 - 22, 1994: 4.

[165] General Accounting Office. Performance Budgeting: Past Initiative Offer Insights for GPRA Implementation [R]. GAO/AOMD - 97 - 46, 1997.

[166] Gilligan T W, Matsusaka J G. Deviations From Constituent Interests: The Role of Legislative Structure and Political Parties in The States [J]. Economic Inquiry, 1995, 33 (3): 383 - 401.

[167] Gilligan T W, Matsusaka J G. Fiscal Policy, Legislature Size, and Political Parties: Evidence from State and Local Governments in the First Half of the 20th Century [J]. National Tax Journal, 2001, 54 (1): 57 - 82.

[168] Gilmour J B, Lewis D E. Assessing Performance Budgeting at OMB: The Influence of Politics, Performance, and Program Size [J]. Journal of Public Administration Research & Theory, 2005, 16 (2): 169 - 186.

[169] Gilmour J B, Lewis D E. Does Performance Budgeting Work? An Examination of the Office of Management and Budget's PART Scores [J]. Public Administration Review, 2006, 66 (5): 742 - 752.

[170] Goodman D, Clynch E J. Budgetary Decision Making by Executive and Legislative Budget Analysts: The Impact of Political Cues and Analytical Information [J]. Public Budgeting & Finance, 2004, 24 (3): 20 - 37.

[171] Gosling J J. Budgetary Politics in American Governments [M]. New York: Routledge, 2002.

[172] Green M, Thompson F. Organizational Process Models of Budgeting [J]. Ssrn Electronic Journal, 2002.

[173] Grossi G, Reichard C, Ruggiero P. Appropriateness and Use of Performance Information in the Budgeting Process of Municipalities: Some Experiences from Germany and Italy [J]. Public Performance & Management Review, 2015, 39 (3): 581 - 606.

[174] Guthrie J, Olson O, Humphrey C. Debating Developments in New Public Management: The Limits of Global Theorising and Some New Ways Forward [J]. Financial Accountability & Management, 2002, 15 (3 - 4): 209 - 228.

[175] Hagemann R. Improving Fiscal Performance through Fiscal Councils [R]. Economics Department Working Papers, 2010.

[176] Hammerschmid G, Walle S V D, Stimac V. Internal and External Use of Performance Information in Public Organizations: Results from an International Survey [J]. Public Money & Management, 2013, 33 (4): 261 - 268.

[177] Hatry H P. Performance Measurement: Fashions and Fallacies [J]. Public Performance & Management Review, 2002, 25 (4): 352 - 358.

[178] Hatry H. Epilogue: The Many Faces of Use [M]// Performance Information in the Public Sector. Palgrave Macmillan UK, 2008.

[179] Havens H S. Integrating Evaluation and Budgeting [J]. Public Budgeting & Finance, 1983, 3 (2): 102 - 113.

[180] Hearn J J, Phaup M. Making Better Budget Decisions Easier: Some Changes Suggested by Behavioral Research [R]. A Series of Discussion Papers on Re - Imagining the Federal Budget Process, No. 5, June 17, 2016.

[181] Hemming R, Joyce P. The Role of Fiscal Councils in Promoting Fiscal Responsibility and Sound Government Finances [R]. International Monetary Fund, Washington, DC, 2012.

[182] Ho T K. PBB in American Local Governments: It's More than a Management Tool [J]. Public Administration Review, 2011, 71 (3): 402 - 404.

[183] Holmes M, Evans A. A Review of Experience in Implementing Medium Term Expenditure Frameworks in a PRSP Context: A Synthesis of Eight Country Studies [J]. Overseas Development Institute, 2003.

[184] Houerou P L, Taliercio R. Medium Term Expenditure Frameworks: From Concept to Practice. Preliminary Lessons from Africa [J]. Preliminary Lessons from Africa World Bank Africa Region Working Paper, 2002: 19.

[185] Huckaby H M, Lauth T P. Budget Redirection in Georgia State Government [J]. Public Budgeting & Finance, 2003, 18 (4): 36 –44.

[186] Hughes O E. Public Management and Administration. An Introduction (4th Ed) [M]. New York: Palgrave Macmillan, 2012: 250.

[187] Jón R. Blöndal. Budgeting in Singapore [J]. OECD Journal on Budgeting, 2006, 6 (1): 51 –52.

[188] Jones L R, Kettl D F. Assessing Public Management Reforms in an International Context [J]. International Public Management Review, 2003, 4 (1): 1 –19.

[189] Jordan M M, Hackbart M M. Performance Budgeting and Performance Funding in the States: A States Assessment [J]. Public Budgeting & Finance, 1999, 19 (1): 68 –88.

[190] Joyce P G. Linking Performance and Budgeting: Opportunities in the Federal Budget Process [J]. Managing for Results, 2003: 6 –7.

[191] Joyce P G. Using Performance Measures for Federal Budgeting: Proposals and Prospects [J]. Public Budgeting & Finance, 1993, 13 (4): 3 –17.

[192] Joyce P. The Costs of Budget Uncertainty: Analyzing the Impact of Late Appropriations [R]. Washington: IBM Center for the Business of Government, 2012: 7. http: //www. businessofgovernment. org/report/costs – budget – uncertainty – analyzing – impact – late – appropriations.

[193] Kahneman D, Tversky A. Prospect Theory: An Analysis of Decision under Risk [J]. Econometrica: Journal of the Econometric Society, 1979.

[194] Kahneman D. Thinking, Fast and Slow [M]. New York: Farrar, Straus, and Giroux. [In Memory of Amos Tversky]. 2011: 242.

[195] Kaplan T. Cuomo Gets Timely New York Budget but Pays Price [N]. New York Times. Accessed October 29, 2015. http: //www. nytimes. com/2015/03/31/nyregion/cuomo – gets – timely – new – york – budget – but – pays – price. html.

[196] Kelly J, Wanna J, Bank W. New Public Management And The Politics of Government Budgeting [J]. International Public Management Review, 2000, 1 (1).

[197] Key V O. The Lack of a Budgetary Theory [J]. American Political Science Review, 1940, 34 (6): 1137 –1144.

[198] Kiewiet D R, Mccubbins M D. The Logic of Delegation: Congressional Parties and the Appropriations Process [J]. American Political Science Association, 1992, 86 (3): 806.

[199] Klarner C E, Phillips J H, Muckler M. Overcoming Fiscal Gridlock: In-

stitutions and Budget Bargaining [J]. The Journal of Politics, 2012, 74 (4): 992 - 1009.

[200] Klarner C, Muckler M, Phillips J. The Causes of Fiscal Stalemate [J]. Social Science Electronic Publishing, 2010.

[201] Kopits G. Independent Fiscal Institutions: Developing Good Practices [J]. OECD Journal on Budgeting, 2011 (11): 1 - 18.

[202] Lægreid P, Roness P G, Rubecksen K. Performance Management in Practice: The Norwegian Way [J]. Financial Accountability & Management, 2006, 22 (3): 251 - 270.

[203] Lauth T P. Zero - Base Budgeting in Georgia State Government: Myth and Reality [J]. Public Administration Review, 1978, 38 (5): 420 - 430.

[204] Lee Y J. Towards an Integrated New - Institutional Approach: Reviews & Comments on the Contending Models of Policy Process Study [J]. Open Public Administration Review, 1996 (5): 301 - 326.

[205] Leloup L T. From Micro Budgeting to Macro Budgeting: Evolution in Theory and Practice in Irene Rubin, ed. , New Directions in Budget Theory [M]. State University of New York Press, Albany, 1988.

[206] Lewis C W, Hildreth W B. Budgeting: Politics and Power [M]. New York: Oxford University Press, 2011: 80.

[207] Lewis V B. Toward a Theory of Budgeting [J]. Public Administration Review, 1952, 12 (1): 42.

[208] Liguori M. Radical Change, Accounting and Public Sector Reforms: A Comparison of Italian and Canadian Municipalities [J]. Financial Accountability & Management, 2012, 28 (4): 437 - 463.

[209] Limongi F, Figueiredo A. The Budget Process and Legislative Behavior: Individual Amendments, Support for the Executive Branch, and Government Programs [J]. Dados, 2005, 48 (3): 737 - 776.

[210] Lu E Y, Chen G. A Day Late and a Dollar Short? A Study of Budget Passage in New York State [J]. Public Budgeting & Finance, 2016, 36 (3): 3 - 21.

[211] Lu Yi. Performance Budgeting: The Perspective of State Agencies [J]. Public Budgeting & Finance, 2007, 27 (4): 1 - 17.

[212] Ma J, Hou Y. Budgeting for Accountability: A Comparative Study of Budget Reforms in the United States during the Progressive Era and in Contemporary China [J]. Public Administration Review, 2009, 69 (Supplement): S53 - S59.

[213] Masket S E. It Takes an Outsider: Extralegislative Organization and Partisanship in the California Assembly, 1849 - 2006 [J]. American Journal of Political Science, 2007, 51 (3): 482 - 497.

[214] Mayhew D R. Divided We Govern: Party Control, Lawmaking, and Investigations, 1946 - 2002, Second Edition [M]. Yale University Press, 2005.

[215] Mccue C P. The Impact of Objective and Empathic Dispositions on Local Government Budget Analysts' Spending Preferences [J]. Public Budgeting & Finance, 1999, 19 (1): 89 - 114.

[216] Melkers J, Pratrik M. Case Study: Wisconsin. Use and Effects of Using Performance Measures for Budgeting, Management and Reporting [R]. Government Accounting Standards Board, 2002: 21, 29.

[217] Melkers J, Willoughby K. The State of the States: Performance - Based Budgeting Requirements in 47 out of 50 [J]. Public Administration Review, 1998, 58 (1): 66.

[218] Meyers R T, Rubin I S. The Executive Budget in the Federal Government: The First Century and Beyond [J]. Public Administration Review, 2011, 71 (3): 334 - 344.

[219] Meyers R T. Biennial Budgeting by the U. S. Congress [J]. Public Budgeting & Finance, 2009, 8 (2): 21 - 32.

[220] Meyers R T. Late Appropriations and Government Shutdowns: Frequency, Causes, Consequences, and Remedies [J]. Public Budgeting & Finance, 1997, 17 (3): 25 - 38.

[221] Mfandaedza H, Wynne A. The Experience of MTEF and Intergrated Financial Management Information System Refroms in Sub - Africa - What is the Balance Sheet? [R]. Occasional Paper, 2010 (9): 18.

[222] Mikesell J L. Fiscal Administration: Analysis and Applications for the Public Sector [M]. Wadsworth Publishers, 2014.

[223] Ministry of Strategy and Finance. The Budget System of Korea [R]. 2014: 12. http: //english. mosf. go. kr/upload/pdf/The Budget System of Korea. pdf.

[224] Mitchell W C, Niskanen W A. Bureaucracy and Representative Government [J]. American Political Science Association, 1974, 68 (4): 1775.

[225] Moe T M. The New Economics of Organization [J]. American Journal of Political Science, 1984, 28 (4): 739 - 777.

[226] Monge P R. Theoretical and Analytical Issues in Studying Organizational

Processes [J]. Organization Science, 1990, 1 (4): 406 -430.

[227] Moody. Trend of on Time State Budgets Continues as Revenues Improve [R]. Moody's Investor Service, 2012: 4.

[228] Moynihan D P, Pandey S K. The Big Qquestion for Performance Management: Why do Managers Use Performance Information? [J]. Journal of Public Administration Research and Theory, 2010, 20 (4): 849 -866.

[229] Moynihan D P. What Do We Talk about When We Talk about Performance? Dialogue Theory and Performance Budgeting [J]. Journal of Public Administration Research & Theory, 2005, 16 (2): 151 -168.

[230] Nagourney A. California Lawmakers Pass Overdue Budget [N]. New York Times, October 7, 2010.

[231] NCSL. A Guide to Better State Budgeting Practices [R]. NCSL State Fiscal Health Work Group, Oct 2016.

[232] NCSL. Late State Budgets [EB/OL]. August 27, 2010. http: //www. ncsl. org/research/fiscal - policy/late - state - budgets. aspx.

[233] Niskanen W. Bureaucracy and Representative Government [M]. Chicago: Aldine, 1971.

[234] Nix, Naomi. Moody's Downgrades Newark's Long - Term Debt Rating [EB/OL]. Accessed October 29, 2014. http: // www. nj. com/essex/index. ssf/2014/05/moodys_downgrades_newark_debt. html.

[235] OECD. Government at a Glance 2009 [M]. OECD Publishing, 2009.

[236] OECD. Government at a Glance 2013 [M]. OECD Publishing, 2013.

[237] OECD. Introduction to 2011 OECD Performance Budgeting Survey [C]. Paper presented at the 7th Annual Meeting on Performance & Results, 2011.

[238] OECD. Managing Public Expenditure A Reference Book for Transition Countries (Edition complète - ISBN 9264186530 - enangl. seulement) [J]. Sourceoc-de Economies En Transition, 2001: Ⅰ -497.

[239] OECD. Performance Information in the Budget Process: An Overview of OECD Country Experiences [J]. Sourceoecd Governance, 2007 (28): 23 -99 (77).

[240] OECD. Public Sector Modernization: Governing for Performance [R]. GOV/PUMA, 2003: 7.

[241] Office of the New York State Comptroller. DiNapoli: Late Budget Hurting Schools, Local Governments - Urges End to Budget Delay [EB/OL]. Accessed October 29, 2010. http: //www. osc. state. ny. us/press/ releases/may10/051710. htm.

[242] Office U S C B. Using Performance Measures in the Federal Budget Process [M]. William S. Hein, 1993: x.

[243] Office U S G A. Managing for Results: Federal Managers' Views on Key Management Issues Vary Widely Across Agencies [J]. Government Accountability Office Reports, 2001 (1).

[244] Ogujiuba K, Ezema B, Sola O. Medium Term Expenditure and Fiscal Management in Nigeria: A Review of the (2005 – 2008) Framework [J]. Journal of Economics & Behavioral Studies, 2013, 5 (5): 292 – 293.

[245] Osborne D, Gaebler T. Reinventing Government: How the Entrepreneurial Spirit is Transforming the Public Sector, From Schoolhouse to Statehouse, City Hall to the Pentagon, Reading [M]. MA: Addison – Wesley Pub. Co, 1993: 237.

[246] Oyakojo M. The Political Dynamics Behind Government Budgeting Process [EB/OL]. February 17, 2015. http://patimes.org/political – dynamics – government – budgeting – process/.

[247] Park N, Choi J. Making Performance Budgeting Reform Work: A Case Study of Korea [J]. Policy Research Working Paper, 2013.

[248] Parker R J, Kyj L. Vertical Information Sharing in the Budgeting Process [J]. Accounting Organizations & Society, 2006, 31 (1): 27 – 45.

[249] Patashnik E M. The Contractual Nature of Budgeting: A Transaction Cost Perspective on the Design of Budgeting Institutions [J]. Policy Sciences, 1996, 29 (3): 189 – 212.

[250] Patz R. From Politicised Budgeting to Political Budgets in the EU? [C]. International Conference on Public Policy, Milan, 1 – 4 July 2015.

[251] Peterson S B. Budgeting in Kenya: Practice and Prescription [J]. Public Budgeting & Finance, 1994, 14 (3): 55 – 76.

[252] Pollitt C. Integrating Financial Management and Performance Management [J]. OECD Journal on Budgeting, 2001, 1 (2): 7 – 37.

[253] Poterba J M. State Responses to Fiscal Crises: The Effects of Budgetary Institutions and Politics [J]. Journal of Political Economy, 1994, 102 (4): 799 – 821.

[254] Priya B, Oliver M. The Fiscal Impact of Adjustment in Tanzania in the 1980s, in Fiscal Reform in the Least Developed Countries [M]. Chandra Kant Patel. Cheltenham, U. K.: Edward Elgar, 1997: 160.

[255] Public Affairs Research Council of Louisiana. Results of PAR Survey on

Annual vs. Biennial State Budgeting [R]. Baton Rouge, La., Public Affairs Research Council, 1982.

[256] Putnam R D, Leonardi R, Nonetti R Y. Making Democracy Work: Civic Traditions in Modern Italy [M]. Princeton University Press, 1994.

[257] Quality Assurance Group. Improving Public Sector Governance Portfolio: Quality Enhancement Review [R]. QAG, World Bank, Washington, DC, 2008.

[258] Rabin, Matthew. Economics and Paychology [J]. Journal of Economic Literature, 1998.

[259] Raghunandan M, Fyfe D, Kistow B, et al. Examining the Behavioural Aspects of Budgeting with particular emphasis on Public Sector/Service Budgets [J]. International Journal of Business & Social Science, 2012.

[260] Readingeagle. com. Legislators' Failure to Pass Budget on Time Unforgivable [EB/OL]. Accessed October 29, 2009. http: //readingeagle. com/article. aspx? id1? 4161468.

[261] Robinson M, Brumby J. Does Performance Budgeting Work? An Analytical Review of the Empirical Literature [R]. IMF Working Paper, November 2005.

[262] Robinson M. Contract Budgeting [J]. Public Administration, 2000, 78 (1): 75-91.

[263] Robinson M. Performance Budgeting: Linking Funding and Results [M]. Palgrave Macmillan, New York, 2007: 46-62.

[264] Ron Snell, State Experiences with Annual and Biennial Budgeting [EB/OL]. http: //www. ncsl. org/research/fiscal-policy/state-experiences-with-annual-and-biennial-budgeti. aspx.

[265] Rubin I S. Budget Theory and Budget Practice: How Good the Fit? [J]. Public Administration Review, 1990, 50 (2): 179-189.

[266] Rubin I S. Early Budget Reformers: Democracy, Efficiency, and Budget Reforms [J]. The American Review of Public Administration, 1994, 24 (3): 229-252.

[267] Rubin I. The Politics of Public Budgeting: Getting and Spending, Borrowing and Balancing [M]. Sage/CQ Press, 2014.

[268] Saliterer I, Korac S. Performance Information Use by Politicians and Public Managers for Internal Control and External Accountability Purposes [J]. Critical Perspectives on Accounting, 2013, 24 (s7-8): 502-517.

[269] Santos, Maria H D C, Machado, Erica M, Rocha, Paulo E N D M. O

Jogo Orçamentário da União: Relações Executivo – Legislativo na Terra do Pork – Barrel [R]. In E. Diniz and S. Azevedo eds. Reforma do Estado e Democracia no Brasil. Brasília: Editora da UnB/ENAP, 1997: 83 – 124.

[270] Savoie D J. The Politics of Budgeting in Canada [M]. Toronto: University of Toronto Press, 1990.

[271] Schiavo – Campo S. Of Mountains and Molehills: The Medium – Term Expenditure Framework [EB/OL]. Public Financial Management blog, IMF, Washington, DC, 2008.

[272] Schick A. An Inquiry into The Possibilty of a Budget Theory [M]. In Irene Rubin. Eds. New York: State University of New York Press, 1988.

[273] Schick A. The Federal Budget: Politics, Policy, and Process (3rd ed.) [M]. Washington, DC: Brookings Institution Press, 2007: 67.

[274] Schick A. The Performing State: Reflection on an Idea Whose Time Has Come but Whose Implementation Has Not [J]. OECD Journal on Budgeting, 2003, 3 (2): 71 – 103.

[275] Schick A. The Road to PPB: The Stages of Budget Reform [J]. Public Administration Review, 1966, 26 (4): 243 – 258.

[276] Schick, A. Post – Crisis Fiscal Rules: Stabilising Public Finance while Responding to Economic Aftershocks [J]. OECD Journal on Budgeting, 2010, 10 (2): 7.

[277] Shand D. Budgetary Reforms in OECD Member Countries [J]. Journal of Public Budgeting Accounting & Financial Management, 1997, 10: 63 – 88.

[278] Shi M, Svensson J. Political Budget Cycles: Do They Differ Across Countries and Why? [J]. Journal of Public Economics, 2006, 90 (8 – 9): 1367 – 1389.

[279] Skok J E. Budgetary Politics and Decision – Making: Development of an Alternative Hypothesis for State Government [J]. Administration & Society, 1980 (4).

[280] Soulet A, Crémilleux B, Rioult F. The Performing State: Reflection on an Idea Whose Time Has Come but Whose Implementation Has Not [J]. Oecd Journal on Budgeting, 2003, volume 3 (2): 74 – 108 (35).

[281] Squire P. Measuring State Legislative Professionalism: The Squire Index Revisited [J]. State Politics & Policy Quarterly, 2007, 7 (7): 211 – 227.

[282] Straussman, Jeffrey. Right – based Budgeting [M]. // In Irene Rubin. Eds. New directions in budget history. Albany: State University of New York, 1988.

[283] Subramaniam R. Budgeting and Financial Management in Sub – Saharan Af-

rica: Key Policy and Institutional Issues [J]. Development Discussion Paper, Cambridge, MA: Harvard Institute of International Development, January 1998 (622): 29.

[284] The World Bank. The First MTEF Experience in Malawi, in Public Expenditure Management Handbook [M]. Washington: The World Bank, 1998: 42 – 43.

[285] Tyrone M. Carlin. Accrual Output – Based Budgeting Systems in Australia – A Great Leap Backwards? [J]. Public Management Review, 2003, 5 (2): 41 – 47.

[286] U. S. GAO. Budget Issues: Current Status and Recent Trends of State Biennial and Annual Budgeting [R]. Publicly Released: Jul 15, 1987. http://www.gao.gov/products/AFMD – 87 – 53FS.

[287] Van Garsse S, Windey J. Handleiding Invoeren Van Elementen Van Prestatiebegroting [J]. Instituut Voor De Overheid Faculteit Sociale Wetenschappen, 2006.

[288] Wall T, OECD. Budgeting for Results: Perspectives on Public Expenditure Management [J]. 1995.

[289] Wang X H. Performance Measurement in Budgeting: A Study of County Governments [J]. Public Budgeting & Finance, 2000, 20 (3): 102 – 118.

[290] Weets K. Van Decreet tot Praktijk? – Een Onderzoek Naar de Invoering Van Elementen Van Prestatiebegroting in Vlaamse Gemeenten. [From decree till practice? – Research Concerning the Introduction of Elements of Performance Budgeting in Flemish municipalities] [C]. Unpublished doctoral dissertation, KU Leuven, Leuven, 2012.

[291] Wholey J S. Performance – Based Management: Responding to the Challenges [J]. Public Productivity & Management Review, 1999, 22 (3): 288.

[292] Wildavsky A, NAOMI C. The New Politics of the Budgetary Process. 5th ed [M]. New York: Longman, 2003.

[293] Wildavsky A. Budgeting: A Comparative Theory of Budgetary Processes [M]. New Brunswick, NJ: Transaction Books, 1986: 7.

[294] Wildavsky A. If You Can't Budget, How Can You Govern? [M]. In Thinking about America: The United States in the 1990s, edited by A. Anderson and D. L. Bark. Stanford, CA: Hoover Institution Press, 1988: 265 – 275.

[295] Wildavsky A. Political Implications of Budgetary Reform [J]. Public Administration Review, 1961, 21 (4): 183.

[296] Wildavsky A. The Politics of The Budgetary Process [M]. 2 edition, Boston: Little, Brown & Co, 1974: 189 – 194.

[297] Wildavsky A. The Politics of the Budgetary Process [M]. Boston: Little, Brown and Company, 4rd, 1984.

[298] Wilhelm V, Krause P. Minding the Gaps: Integrating Poverty Reduction Strategies and Budgets for Domestic Accountability [J]. World Bank Publications, 2008, 19 (1): 2 -3.

[299] Willoughby K G, Finn M A. Decision Strategies of the Legislative Budget Analyst: Economist or Politician? [J]. Journal of Public Administration Research & Theory, 1996 (6): 523 -546.

[300] Willoughby K G, Melkers J E. Implementing PBB: Conflicting Views of Success [J]. Public Budgeting & Finance, 1999, 20 (1): 85 -120.

[301] Willoughby K. Patterns of Behavior: Factors Influencing the Spending Judgments of Public Budgeters [M]. in The Handbook of Comparative Public Budgeting and Financial Management, eds. Thomas D. Lynch and Lawrence L. Martin. New York: Marcel Dekker, 1993: 103 -132.

[302] World Bank. Beyond the Annual Budget - Global Experience with Medium - Term Expenditure Frameworks [J]. The World Bank, Washington, DC. 2013: 27.

[303] World Bank. Malawi - Public Expenditures: Issues and Options [R]. Washington, DC, 2001: 8.

[304] World Bank. Mozambique: Public Expenditure Management Review [R]. Washington, DC, 2001: 17.

[305] World Bank. Performance Management (PM) in Russia [R]. World Bank Policy Note prepared for the Ministry of Economic Development of the Russian Federation. World Bank, Washington, DC, January, 2011.

[306] Yang Dali. Remaking the Chinese Leviathan: Market Transition and the Politics of Governance in China [M]. Stanford, CA: Stanford University Press, 2004: 299.

后　　记

在本书即将出版之际，时常回想起在我学术生涯中给予帮助的各位师长朋友。首先，最需要感谢的当属我的博导——马蔡琛教授。本书的顺利完成以及博士期间的点滴收获无不源自于恩师。天涯海角有穷时，唯有师恩无穷尽。三年的博士生涯，马老师的言传身教，于我而言，无论是专业知识的累积、科研的进步、视野的开阔等，都产生了非常深远的影响。其渊博的学识、严谨执着的学术精神和治学态度，使我深感师者的伟岸。

同时，特别感谢我的科研引路人，我的硕导——王敏教授，其严谨的学术作风、谦逊宽容的待人方式、高尚的人格品性，都将是我一生学习的榜样。今天我所取得的成绩，无不凝聚着恩师一直以来的悉心指导与栽培。在我的学术生涯中，王老师温暖的关怀与鼓励，是支撑我闯过一道道关卡的动力。感谢恩师，启迪之恩，毕生难忘！

在此，尤其要感谢我的父母以及爱人高省的鼓励与支持。这些年，一路风雨兼程，是你们为我撑起了一片灿烂无比的晴空，用细致无私的爱赐予我温暖的港湾和不断前行的力量。此外，还要特别感谢刚满 10 个月的儿子——高景宣，他的出现无疑为我的科研生活增添了诸多色彩。

感谢云南财经大学对本书的出版资助。同时，还要感谢参与本书审校工作的成员，包括云南财经大学的彭敏娇、董琦、张彤、夏凡、潘钒、徐晓晖、陈俊言、周彤，以及中国财政科学研究院的陈彦廷。此外，特别感谢经济科学出版社的编辑老师对本书出版所给予的大力支持。诚然，本书难免有不尽如人意之处，恳请读者朋友批评指正！

袁娇

2020 年 8 月于昆明